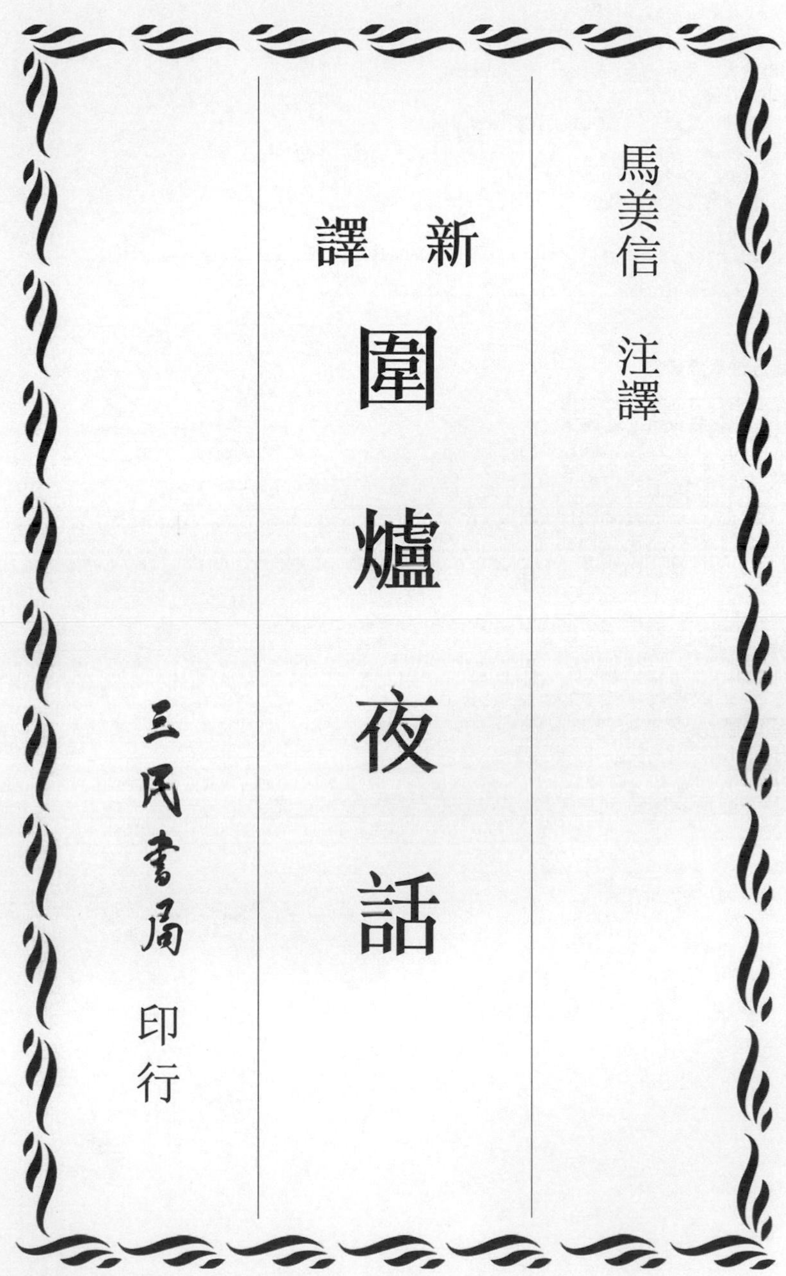

新譯圍爐夜話

馬美信　注譯

三民書局　印行

國家圖書館出版品預行編目資料

新譯圍爐夜話／馬美信注譯.——初版三刷.——臺北市：三民，2021
面； 公分.——(古籍今注新譯叢書)

ISBN 978-957-14-6295-0（平裝）
1. 圍爐夜話 2. 注釋

192.8 106009195

古籍今注新譯叢書

新譯圍爐夜話

注 譯 者 馬美信
發 行 人 劉振強
出 版 者 三民書局股份有限公司
地 址 臺北市復興北路386號(復北門市)
臺北市重慶南路一段61號(重南門市)
電 話 (02)25006600
網 址 三民網路書店 https://www.sanmin.com.tw

出版日期 初版一刷 2017年6月
初版三刷 2021年10月
書籍編號 S033960
ISBN 978-957-14-6295-0

三民書局

刊印古籍今注新譯叢書緣起

劉振強

人類歷史發展，每至偏執一端，往而不返的關頭，總有一股新興的反本運動繼起，要求回顧過往的源頭，從中汲取新生的創造力量。孔子所謂的述而不作，溫故知新，以及西方文藝復興所強調的再生精神，都體現了創造源頭這股日新不竭的力量。古典之所以重要，古籍之所以不可不讀，正在這層尋本與啟示的意義上。處於現代世界而倡言讀古書，並不是迷信傳統，更不是故步自封；而是當我們愈懂得聆聽來自根源的聲音，我們就愈懂得如何向歷史追問，也就愈能夠清醒正對當世的苦厄。要擴大心量，冥契古今心靈，會通宇宙精神，不能不由學會讀古書這一層根本的工夫做起。

基於這樣的想法，本局自草創以來，即懷著注譯傳統重要典籍的理想，由第一部的四書做起，希望藉由文字障礙的掃除，幫助有心的讀者，打開禁錮於古老話語中的豐沛寶藏。我們工作的原則是「兼取諸家，直注明解」。一方面熔鑄眾說，擇善而從；

一方面也力求明白可喻，達到學術普及化的要求。叢書自陸續出刊以來，頗受各界的喜愛，使我們得到很大的鼓勵，也有信心繼續推廣這項工作。隨著海峽兩岸的交流，我們注譯的成員，也由臺灣各大學的教授，擴及大陸各有專長的學者。陣容的充實，使我們有更多的資源，整理更多樣化的古籍。兼採經、史、子、集四部的要典，重拾對通才器識的重視，將是我們進一步工作的目標。

古籍的注譯，固然是一件繁難的工作，但其實也只是整個工作的開端而已，最後的完成與意義的賦予，全賴讀者的閱讀與自得自證。我們期望這項工作能有助於為世界文化的未來匯流，注入一股源頭活水；也希望各界博雅君子不吝指正，讓我們的步伐能夠更堅穩地走下去。

自序

馬美信

《圍爐夜話》是明清清言小品的代表作。清言小品是一種格言式、語錄體的小品文，文字駢散相間，簡練精警，雅俗串連，飄逸自如，或引用前人名言佳句，或抒發個人感慨，言簡意賅，內容十分豐富，涉及到人生哲理、道德修養、處世態度、家庭教育、生活情趣、文藝欣賞等各個方面。明代後期，出現了大量清言小品，如屠隆的《娑羅館清言》、黃汝亨的《寓林清言》、呂坤的《呻吟語》、田藝蘅的《玉笑零音》、洪自誠的《菜根譚》、陳繼儒的《岩棲幽事》、吳從先的《小窗自紀》、陸紹珩《醉古堂劍掃》（又名《小窗幽記》）等。清代的清言小品雖不復有晚明之盛況，但也不絕如縷，並產生一些頗有影響的作品，如張潮的《幽夢影》，而《圍爐夜話》則與《菜根譚》、《小窗幽記》並稱為處世三大奇書。

《圍爐夜話》是作者與家人的談話記錄，文字平易通順，雖也採用清言小品駢儷對仗的句式，但接近口語，與《菜根譚》、《小窗幽記》等大量引用經典和前人警句的作品比較，相對容易理解，沒有太多的閱讀障礙。然而此書問世距今已百餘年，有些詞語如今雖常見，其意義卻有所不同，或義有多出，若不加注釋，容易引起誤解。如『博學篤志，切問近思』，此八字是收放心的功夫」此處的「放心」，是古代哲學用語，指散漫不受約束之心，收放心意為約束放縱不守禮法的思想。現在「放心」多形容心情安定，沒有憂慮和牽掛。又如「安得有講名節之大人，光爭日月」中「大人」，指道德高尚的人，現在經常用於成年人、長輩，或下屬對上司的習慣稱呼，很少用來指稱道德高尚的人了。類似此種情況，是應加註的。此書也引用了不少典故和前人格言，必須註明其出處和意思，有助於讀者理解文義。如「古人比父子為橋梓，比兄弟為花萼，比朋友為芝蘭，敦倫者，當即物窮理也」，若不搞清「橋梓」、「花萼」、「芝蘭」的出典，就不能理解下文「即物窮理」的涵義。此書的研析，遵循〈刊印古籍今注新譯叢書緣起〉所提出「尋本與啟示」的原則，「尋本」即盡量按照作者的本意解釋此書各條的內容，通過對其引用典故成語的講解，揭示其文字深層的涵義。「啟示」則站在今人的立場，運用現代的觀點對其內容作出恰當的評價，指出哪些思想和觀點至今猶有啟示和借鑑作用，哪些思想和觀點已經過時，或有其侷限性，應該加以揚棄，並從文本引申出去，對當今的社會現象和思潮作出批評。對古書的注釋、語譯和研析，代表了讀書不同的層次，指示了讀書的必由途徑。讀書首先要讀懂字面上的意思，明趙謙說：「窮理必先讀書，讀書必先識字。」在此基礎上探求隱藏在文字背後的深層涵義。其次，讀書要敢於質疑，發現書中的問題，孔子說：「學而不思則罔。」孟子說：「盡信書不如無書。」就是說讀書要勤於思考，不能盲從，要有自己的見地。最後，讀書要觸類旁通，舉一反三，要用古人精闢的思想和理論來認識和解決現實問題，既要進得去，又要出得來，此為讀書的最高境界，也是讀書的最終目的。

此書是普及性的通俗讀物，故注釋力求詳盡明瞭，也許有過於繁冗之弊。因為此書是作者談話記錄，未經精心編排，內容多有重複，從閱讀方便起見，注釋、語譯、研析不作「重見」之省略，因而文字也多重複。凡此種種，望讀者見諒，對本書的疏漏錯誤之處，請不吝指正。

二〇一七年五月

新譯圍爐夜話　目次

導讀

《圍爐夜話》，清王永彬著，與《菜根譚》、《小窗幽記》並稱為處世三大奇書。王永彬（西元一七九二—一八六九年），字宜山，湖北枝江縣（今屬宜都市）人。年少時家境貧寒，一度面臨輟學，後入縣學讀書，一生科舉坎坷，以授徒教書為業，很晚才獲得恩貢生的名義。曾任修職郎，候選教諭，參與編修同治版《枝江縣志》。其著作除《圍爐夜話》，同治《枝江縣志》、光緒《荊州府志》載錄有《孝經襯解》、《帝統年表》、《格言集句》三部。中國國家圖書館（北京）藏有《橋西山館雜著八種》，包括《歷代帝統年表》一卷、《先正格言集句》一卷、《朱子治家格言》一卷、《六書辨略》一卷、《音義辨略》一卷、《禊帖集字楹聯》一卷、《孝經襯解》一卷、《圍爐夜話》一卷。王柏心〈敕授修職郎宜山王公傳〉記載：「公著述外，尤好吟詠，與高安周柳溪、彝陵（夷陵）羅夢生結詩社，號吟壇三友。」詩文多散佚不存，僅存同治《枝江縣志》、同治《遠安縣志》所錄詩四首。

《圍爐夜話》序云：

寒夜圍爐，田家婦子之樂也。顧篝燈坐對，或默默然無一言，或嘻嘻然言非所宜言，皆無所謂樂，不將虛此良夜乎？余識字農人也，歲晚務閒，家人聚處，相與燒煨山芋，心有所得，輒述諸口，命兒輩繕寫存之，題曰《圍爐夜話》。

寒冬夜長，一家人圍爐而坐，閒話聊天，其樂融融。此書是王永彬談話的記錄，內容涉及道德修養、為人處世、家庭教育、門風傳承各個方面，其中最有名的一段話是：

常存仁孝心，則天下凡不可為者皆不忍為，所以孝居百行之先；一起邪淫念，則生平極不欲為者皆不難為，所以淫是萬惡之首。

後來流傳甚廣的格言：「百善孝為先，萬惡淫為首。」即出於此。勸忠勸孝是此書的主旨，作者反覆強調：「人須從孝悌立根基」，「生資之高在忠信」，「忠有愚忠，孝有愚孝，可知『忠孝』二字，不是伶俐人做得來」。忠孝是儒家倫理的基本內容，也是傳統道德的核心。孔子說：「君子務本，本立而道生，孝弟也者，其為仁之本與！」《孝經》說：「夫孝，始於事親，中於事君，終於立身。」忠孝是立身之本，在家事孝，在外盡忠，求忠臣必於孝子，是古代社會做人的原則，也是治國的方略。

盡忠盡孝是最重要的道德修養，而道德修養源於日常的學習和鍛煉，此書提出「守身必謹嚴，凡足以戕吾身者宜戒之；養心須淡泊，凡足以累吾心者勿為也」。守身必謹嚴，是要時刻檢點自己，一言一行都不逾越道德規範；養心須淡泊，是要克制自己的私欲，保持心情的寧靜和平。此書很注重道德修養的實踐性，反對不切實際的空談，主張「志不可不高，志不高，則同流合污，無足有為矣；心不可太大，心太大，則舍近圖遠，難期有成矣」，「慎大德，不矜細行，行跡終可疑也」，所謂志向高遠，指希聖希哲的道德追求，心不可太大，是要從具體的事情做起。大德是由細行累積而成，不拘細節，於大德有虧。《尚書》說：「不矜細行，終累大德。」王夫之《讀通鑑論》說：「不慮于微，始成大患；不防于小，終虧大德。」這也是「守身必謹嚴」的道理。在談到道德修養時，此書還強調要「平和」，提倡「和平處事，勿矯俗以為高」，要聽穩當話，做本分人，「穩當話，卻是平常話，所以聽穩當話者不多；本分人，即是快活人，無奈做本分人者甚少」，「聽切實話，覺得津津有味，則進德可期也」。所謂和平處事，聽穩當話，做本分人，就是循常守分，不說偏激的話，不做出格的事。

此書以大量篇幅講述為人處世的道理，首先將「信」作為立身之本：「一『信』字是立身之本，所以人不可無也。」信即誠實、守信，是做人的道德底線，孔子說：「人而無信，不知其可也。」能否堅守誠信，是區別君子和小人的重要標準，荀子說：「言無常信，行無常貞，惟利所在，無所不傾，若是則可謂小人矣。」此書還提出「做人要立定腳跟」，即要固守應有的道德規範，堅持原則，明辨是非，「大丈夫處事，論是非，不論禍福」。在待人接物方面，將「恕」作為處理人際關係的基本原則，「一『恕』字是接物之要，所以終身可行也」。以恕待人，就是要嚴以律己、寬以待人，「求個良心管我，留些餘地處人」，「但責己，不責人，此遠怨之道也」，「處事要代人作想」，在考慮事情時，要作換位思考，設身處地為對方著想，不能把自己的意志強加於別人。對待他人不能求全責備，過於嚴苛，要多看別人的長處，少挑剔別人的缺點，要允許別人犯錯誤，給人以改正錯誤的機會。當自己與他人發生利益衝突時，「處世能退一步為高」，要學會吃虧，「一味學吃虧，是處事之良方」。人生活在社會中，必然有千絲萬縷的人際關係，只有寬容大度，以恕待人，才能與人和睦相處，社會才能和諧穩定，個人也能獲得良好的生存和發展環境。此書在講到待人接物時，很大程度上是從明哲保身出發，也即將處世之道視作「遠怨之道」，因此他告誡家人「一言足以召大禍，故古人守口如瓶，惟恐其覆墜也」，「禍出於口，而口則有唇，闔之可以防禍也」。慎言謹行，是此書論述處世之道的一個重要方面。

《圍爐夜話》作為王永彬與家人談話的記錄，家庭教育和門風的傳承就成為重要的話題。此書開卷即說教育子女要從幼年開始，「教子弟于幼時，便當有正大光明氣象」，揭示作者談話的宗旨就是教育子女，將他們培養成光明正大的人。作者指出，家庭教育對於一個人成長有決定性的作用：「每見待弟子嚴厲者易至成德，姑息者多有敗行，則父兄之教育所系也。又見有弟子聰穎者忽入下流，庸愚者較為上達，則父兄之培植所關也。」在教育方法上，作者提出身教重於言教：

父兄有善行，子弟學之或不肖，父兄有惡行，子弟學之則無不肖，可知父兄教子弟，必正其身以率之，無庸徒事言詞也。

孔子說：「其身正，不令而行；其身不正，雖令不從。」第五倫說：「以言教者訟，以身教者從。」青少年閱歷尚淺，對人生的大道理並無深刻的體會，對空洞的說教往往有牴觸情緒。青少年對陌生的世界充滿了好奇，具有模仿大人的天性和興趣，家長的言行舉止對他們有深刻的影響，因此「正其身以率之」，比「徒事言詞」更加有效。此書多處強調教育子女要嚴，同時指出：「家之長幼，皆依賴於我，我亦嘗體其情否也？」家長既要嚴格要求子女，又要體察他們的心情，不能將自己的意志強加於子女。在古代的專制家庭中，家長具有絕對的權威，子女必須無條件服從，於是有了「父要子亡，子不得不亡」的愚孝之說。其實孔孟提倡孝道，並不是無條件服從父母的愚孝，《孝經》載曾參問孔子：「敢問子從父之令，可謂孝乎？」孔子回答說：「是何言與！是何言與！……父有爭（諍）子，則身不陷於不義。」「故當不義，則爭之，從父之令，又焉得為孝乎？」孔子注重父子自然親情，倡導子女人格平等，父義則從，不義則諫，不可無原則地服從父親。此書提出家長要體察子女的心情，了解他們的精神需求，與孔子論孝的角度雖不同，精神是一致的。

此書強調對子女的教育，是與傳承家業門風緊密相關的，作者指出：「何謂創家之人，能教子者便是。」在中國宗法社會中，傳承家業、光大門庭是人們極為關注的事情。隨著商品經濟的發展，財富流轉的加劇，原先穩定的經濟結構被打破，家庭的興衰變遷更為頻繁，如何保持家業、繼承門風，成為人們必須思考的現實問題。作者認為繼承家業的關鍵在於教育子女，「門戶之衰，總由於子孫之驕惰」，其中最主要的兩條是「以耕讀為業」和「勤儉持家」：

念祖考創家基，不知櫛風沐雨，受多少苦辛，才能足食足衣，以貽後世。為子孫計長久，除卻讀書耕田，恐別無生活，總期克勤克儉，毋負先人。

中國有悠久的耕讀傳統，「讀可榮身，耕可致富」，耕讀並重，形成了具有中國特色的耕讀文化，並對政治和經濟具有重大的影響。「以忠孝節義為紀綱，以耕讀勤儉為本務」，「一等人忠臣孝子，兩件事讀書耕田」，成了許多地方的家訓族規。此書的作者也屢次提出「以耕讀為本業」，「世上言樂者，但曰讀書樂、田家樂，可知務本業者，其境常安」，「耕讀何妨兼營，古人有出而負耒，入而横經者矣」。勤儉持家是中華民族的優良傳統，《周易》說：「君子以儉德辟難。」《左傳》說：「儉，德之共也；侈，惡之大也。」張載說：「貧賤憂戚，庸玉汝于成也。」歐陽修說：「憂勞可以興國，逸豫可以亡身。」節儉不僅能減少財富的流失，而且能磨練人的意志，培養艱苦奮鬥的作風。崇尚節儉，反對奢靡，不僅是生活方式和作風問題，實際上反映了一個人的道德修養，關係到家庭的盛衰和國家的興旺。有鑑於此，作者諄諄教導家人：

處世以忠厚人為法，傳家得勤儉意便佳。

貧可無奈惟求儉，拙亦何妨只要勤。

富貴易生禍端，必忠厚謙恭，才無大患；衣祿原有定數，必節儉簡省，乃可久延。

門戶之衰，總由於子孫之驕惰；風俗之壞，多起於富貴之奢淫。

縱子孫偷安，其後必至耽酒色而敗門庭；教子孫謀利，其後必至爭貲財而傷骨肉。

人生不可安閒，有恆業才足以收放心；日用必須簡省，杜奢端即以昭儉德。

作者崇尚節儉，既承襲了傳統觀念，也是針對現實有感而發。作者身處清代後期，社會風尚日趨奢靡，傳統道德失去了原有的約束力，世風日下、人心不古的現狀不能不引起作者的憂慮和警覺，對此提出了嚴厲的批評：

風俗日趨于奢淫，靡所底止，安得有敦古樸之君子，力挽江河；人心日喪其廉恥，漸至消亡，安得有講名節之大人，光爭日月。

世風之狡詐多端，到底忠厚人顛撲不破；末俗以繁華相尚，終覺冷淡處趣味彌長。

耕所以養生，讀所以明道，此耕讀之本原也，而後世乃假以謀富貴矣。衣取其蔽體，食取其充飢，此衣食之實用也，而時人乃藉以逞豪奢矣。

作者為挽救世道人心，開出了復古的藥方。他認為「今人不及古人者，事事皆虛浮也」，提出要「抗心希古」，「不必於世事件件皆能，惟求與古人心心相印」。中國古代文人都有復古情結，認為上古三代是最理想的社會，那個時代人心淳樸，風俗醇厚，政治清明，社會穩定，於是「致君堯舜上，再使風俗淳」成了許多人追求的理想，此書的作者也不例外。

此書以忠孝為立身之本，重視道德修養，認為「孝子忠臣，是天地正氣所鍾，鬼神亦為之呵護；聖經賢傳，乃古今命脈所繫，人物悉賴以裁成」，說明作者是個深受儒家思想薰陶的知識分子。作者信奉宋明理學，以朱子之學為正學：「自紫陽集四子成書，然後天下有正學。」他談及做學問和修養之途徑，取兩程之「靜」和朱熹之「敬」：

程子教人以靜，朱子教人以敬。靜者心不妄動之謂也，敬者心常惺惺之謂也。又況靜能延壽，敬則日強，為學之功在是，養生之道亦在是，靜敬之益大矣哉，學者可不務乎？

作者又說：「為學不外『靜』『敬』二字，教人先去『驕』『惰』二字。」宋代理學家程頤、程顥創立靜坐修養的方法，要通過靜坐擯除心中雜念，保持本性之靈活妙覺，明儒陳獻章說：「伊川先生（程頤）每見人靜坐，便嘆其善學。此一靜字，自濂溪先生（周敦頤）主靜發源，後來程門諸公遞相傳授，至於豫章、延平，尤專提此教人，學者亦以此得力。」朱熹論學主敬，提出「敬之一字，聖學之所以成始而成終也」，朱熹解釋「敬」為「主一無適」，主一即專一、專心，無適即不放逸、定心。朱熹認為無論做學問還是做事，都要懷有敬慎之心，要有嚴肅認真的態度，要堅持不懈地刻苦努力。作者以朱子之學為正學，但並不排斥陸王心學，他曾談及「良心」：「天地生人，都有一個良心，苟喪此良心，則其去禽獸不遠矣。聖賢教人，總是一條正路，若舍此正路，則常行荊棘之中矣。」良心之說，始於孟子，至王陽明發揮到極致。陽明心學認為「心外無理」，人心本有仁義道德的種子，只是後天為物欲蒙蔽，人心失去了良知。通過靜修去除心中物欲雜念，保持心地明淨，即為「致良知」的工夫。陽明心學在修養的方法上與程朱理學的格物致知不同，但在「存天理，去人欲」的核心理論上是一致的。此書作者認為程朱理學和陽明心學可以互補：「紫陽補《大學》『格致』之章，恐人入於虛無，而必使之即物窮理，所以維正教也。陽明取孟子良知之說，恐人徒事記誦，而必使之反己省心，所以救末流也。」作者又說：「『博學篤志，切問近思』，此八字是收放心的功夫。」「博學篤志，切問近思」是程朱理學提倡的做學問方法，「收放心」即「致良知」，是陽明心學提倡的修養工夫，作者將兩者結合起來，顯示出兼收並蓄的學術傾向。

此書在論及道德修養時，恪守儒家教條，但在談到為人處世時，明顯受到佛道兩家的影響。如作者認為「世人皆苦人，何能獨享安閒」，「人面合眉眼鼻口，以成一字曰『苦』，知終身無安逸之時」，將人生視作苦難，是佛教的人生觀。佛教認為人生多苦難，概括起來有八苦：生苦、老苦、病苦、死苦、怨憎會苦、愛別離苦、求不得苦、五陰熾盛苦。脫離苦海的唯一方法就是割斷塵緣，擺脫愛欲情仇的牽纏。佛教宣揚四大皆空，認為現世一切，包括自己的存在皆是虛幻不實的意念，若自己的個體都不存在，依附於個體的一切痛苦也都不存在了。此書作者對人生的苦難未取佛教避世出家的路徑，而是採取了老莊順應自然，安命守分的方法來化解，在待人接物方面，更提倡退守忍讓以求自保。他說：「顏子之不較，孟子之自反，是賢人處橫逆之方；子貢之無諂，原思之坐弦，是賢人守貧窮之法。」「守分安貧，何等清閒，而好事者偏自尋煩惱；持盈保泰，總須忍讓，而恃強者乃自取滅亡。」「人誠能作內而不作外，用靜而不用作，循分守常，斯亦安往而不吉哉。」作者深知事物盈虛消長之理，主張平情應物，藏器待時，以靜制動，以柔克剛，可謂深得老莊處世之道的精髓。

《圍爐夜話》作為作者與家人談話的記錄，不像《菜根譚》和《小窗幽記》那樣引經據典，或摘錄前人的文章言辭、流行的格言警句，雖然沒有深奧的理論和華美的辭藻，卻都是作者對人生的體悟，讀來平易淺近、自然親切。書中談到的為人處世之道，對今人依然很有啟示意義。然而作為封建時代的文人，作者的思想必然有其侷限性，有些看法現在已經過時，且作者的談話往往隨感而發，由於語境的不同，談話的側重點也有所不同，因此有些觀點似乎前後不一致，甚至有自相矛盾之處。如作者強調順應自然，安分守命，同時又強調人貴自立，依靠自身的努力可以改變命運。作者多次提到「積善之家，必有餘慶，積不善之家，必有餘殃」，然而無情的現實又使他對此信條產生了懷疑，「堯、舜大聖，而生朱、均；瞽、鯀至愚，而生舜、禹，揆以餘慶餘殃之理，似覺難憑」。對此在「研析」中已略加說明，還望讀者諸君仔細體察。

馬美信

二〇一七年一月

序

寒夜圍爐，田家婦子之樂也。顧篝燈坐對，或默默然無一言，或嘻嘻然言非所宜言，皆無所謂樂，不將虛此良夜乎？余識字農人也，歲晚務閒，家人聚處，相與燒煨山芋，心有所得，輒述諸口，命兒輩繕寫存之，題曰《圍爐夜話》。但其中皆隨得隨錄，語無倫次，且意淺辭蕪，多非信心之論，特以課家人消永夜耳，不足為外人道也。倘蒙有道君子惠而正之，則幸甚。

咸豐甲寅二月既望王永彬書於橋西館之一經堂

一

教子弟於幼時，便當有正大光明氣象❶；檢❷身心❸於平日，不可無憂勤❹惕厲❺功夫。

【注釋】❶氣象　風度；氣概。此處指人的言行舉止和態度。❷檢　檢點；反省。❸身心　身指行為，心指思想。❹憂勤　憂慮勤勞。❺惕厲　警惕激勵。語出《周易．乾卦》：「君子終日乾乾，夕惕若厲，無咎。」惕，警惕。厲，同「礪」。磨礪。

【語譯】教導子弟要從幼年開始，應該培養他們具有正大光明的風度氣概；要在平日隨時檢點自己的言行和思想，不可沒有憂慮勤勞、警惕磨礪的修養功夫。

【研析】幼兒是張白紙，可以在上面畫最美的圖畫，也最容易受到污染。因此中國歷來注重幼兒教育，《三字經》即說：「人之初，性本善。性相近，習相遠。苟不教，性乃遷。」「幼不學，老何為。」孟子首先提出「性善說」，認為人天生有「赤子之心」，只是由於後天受到社會影響不同，才有了君子與小人，好人與壞人之分。所以加強幼兒教育，對於人的健康成長是十分必要的。陶行知認為六歲前是人格陶冶的重要時期，小學教育是建國之根本，幼稚教育尤為根本之根本。他說：「教人要從小教起，幼兒比如幼苗，培養得宜，方能發芽滋長，否則幼年受了損傷，即不夭折，也難成才。」中國古代對幼兒的教育，首先注重人格的培養，培養兒童有遠大的志向，坦誠的胸懷，良好的修養，即「正大光明氣象」。中國的傳統教育思想，有其合理、科學的部分，但忽視了幼兒的特點，教育過於成人化，往往扼殺了兒童活潑的天性。

「檢身心于平日」兩句，講的是道德修養的功夫和方法。儒家歷來強調道德的自我完善，《論語》就提出「吾日三省吾身」，每天要檢討自己的言行是否得當。儒家把道德修養視為一個向內用功，回歸本心的過程。修養的主要內容是在心中確立堅定至善的道德意識，修養的功夫首先體現為主體精神領域內自我修養，理學家稱之為心上用功或心上功夫。在修養的方法上，強調主敬、涵養。首先是專一，立志於誠，其次要有整齊嚴肅，敬畏謹慎的道德態度，做到不敢欺，不敢慢，不愧於屋漏。朱熹更將修養的範圍擴展到正衣冠、整思慮、動容貌、足容重、手容恭等日常生活的一舉一動之中。

二

與朋友交遊❶，須將他好處留心學來，方能受益；對聖賢言語，必要我平時照樣行去，才算讀書。

【注釋】❶交遊　交際往來。

【語譯】與朋友交際往來，應當留心學習他的長處，才能有所收益；學習聖賢的言論，必須在平時按照聖賢的教導去做，才是真正的讀書。

【研析】孔子說：「益者三友，損者三友。友直、友諒、友多聞，益矣。友便辟、友善柔、友便佞，損矣。」有益的朋友有三種：正直、誠信、知識廣博。與益友相交能有所收益。有害的朋友也有三種：善於迎合、諂媚逢迎、花言巧語。與損友相交便會受到傷害。孔子又說：「三人行必有我師。」每個人都有其特長和缺陷，我們應該抱有不恥下問的謙虛心，學習他人的長處來彌補自己的缺陷。學習他人的長處，需要「留心」，用心發現他人的優點和特長。有些人深藏不露，若不留心，就不能發現他的才能和長處。在與朋友相交的過程中，要善於在日常生活的細節裡學習他人的長處，這就需要細心觀察和揣摩。不但要用心去發現，而且要用心去學，才能真正把他人的長處學到手。

學習聖賢的言論，其目的是用聖賢的教導來指導自己的行為，若光讀書而不實踐，就失去了讀書的意義。只有通過不斷的實踐，才能加深對聖賢言論的理解，真正掌握聖賢的道理。讀聖賢書如此，學習其他知識也是如此。學習知識的目的就是用掌握的知識來認識世界，改變世界，讓世界變得更美好。也只有通過實踐，才能檢驗知識的真偽，發現原有知識的缺陷和不足，在實踐中加以充實和提高。讀書是學習，實踐也是學習，而且是更重要的學習。中國的文人，喜歡高談闊論，特別是宋明以後，理學家談空說玄，缺乏實際的經驗，遇到具體問題便束手無策。明清時期一些有識之士，痛感空談誤國，強調經世致用的實學，在學問上開闢了新途徑。

三

貧無可奈❶惟求儉，拙亦何妨只要勤。

【注釋】❶無可奈　無可奈何；沒有辦法。

【語譯】貧窮無法解脫，只能從節儉中求生。笨拙又有什麼關係，只要勤勞就能成功。

【研析】財富的積累無非是開源和節流兩條途徑。當開源受到限制，無法獲取更多財富的時候，節儉就成了擺脫貧困的唯一方法，西方思想家辛尼加說：「節儉本身就是一個大財源。」中國古代十分重視節儉，《周易》說：「君子以儉德辟難。」節儉不僅能減少財富的流失，而且能磨練人的意志，培養艱苦奮鬥的品格，宋代張載說：「貧賤憂戚，庸玉汝于成也。」當一個人具備節儉的品德時，就不會過度追求物質的滿足，也就能在相對貧困的處境中保持樂觀的態度，《小窗幽記》說：「以儉勝貧，貧忘。」提倡節儉，並非否定人們正當的物質需求，尤其在商品經濟發達的現代資本社會，市場的需求是推動經濟發展的槓桿，如果限制人們的消費欲望，經濟就會衰落，社會也就停滯不前。但在任何經濟發達的社會，提倡節儉，反對奢侈都是必要的。過度的奢侈消費，雖然能短期內刺激經濟的發展，但從長遠來說，社會資源的大量浪費，會影響經濟可持續性發展，而且會造成許多嚴重的社會問題。

人的天賦有差異，有的人聰敏，有的人笨拙。笨拙的人通過勤奮努力，照樣可以取得成就。這就是「以勤補拙」的道理。人們常說，成功等於天才加勤奮，或者說天才加勤奮加機遇。有天才的人，如果不勤奮，天才就會浪費或流失。王安石〈傷仲永〉以仲永為例，說明勤奮學習的重要性。仲永自幼便能作詩，被稱為神童。他父親領著他到處應酬，忽視了對他的教育和培養，等他長大，往昔的才能全部消失，與普通人沒有兩樣了。相對於天賦，勤奮似乎更加重要。一個人的成功要有機遇，然而當機遇降臨時，如果你不勤奮，機遇就會與你擦肩而過。

四

穩當❶話，卻是平常話，所以聽穩當話者不多；本分❷人，即是快活人，無奈做本分人者甚少。

【注釋】❶穩當　穩重妥當。❷本分　安分守己。

【語譯】穩重妥當的話，卻是平常的話，所以願意聽穩當話的人不多；安分守己的人，就是快活的人，無奈安分守己的人很少。

【研析】平常話即家常話，是談論日常生活的話頭。平常話初聽平淡無奇，卻往往包含著深刻的道理。程朱理學認為道是獨立於主體的先驗性存在，但其體現於萬事萬物之中，猶如一輪明月在空中，月光映照於萬川，在水中皆能見到月。因此他們提倡「格物致知」，通過體認各種事物來領悟其中包含的道理。陸王心學認為道在心中，只要不讓此心受外界的污染，就能保持天理不失，不必從客觀世界中求取道理。受心學影響，明代士大夫形成了空談心性的浮誇風尚。泰州學派創始人王艮針對心學的弊病，提出「百姓日用即道」，道就在民眾的日常生活中。李贄進一步提出「穿衣吃飯，即是人倫物理，除卻穿衣吃飯，無倫物矣」，因此那些講吃飯穿衣，耕田經商的日常話——李贄稱之為「邇言」，都是有道之言。李贄在《焚書》中說：「如好貨，如好色，如勤學，如進取，如多積金寶，如多買田宅為子孫謀，博求風水為兒孫福蔭，凡世間一切治生產業等事，皆其所共好而共習，共知而共言者，是真邇言也。……我之好察者，百姓日用之邇言也。」李贄認為這些邇言是符合道德的善言，「夫善言即在乎邇言之中，即邇言安可以不察乎」？現代社會的執政者，應該傾聽民眾的平常話，從平常話中了解民眾的日常需求，體察社會的民情風尚，這對於施行清明政治有重要作用。

本分人是滿足現狀，沒有非分之想的人。因為沒有非分之想，省卻了許多煩惱和精力，因為滿足現狀，所以一直是快樂的。然而，人總是受欲望驅使的，總是希望不斷改善自己的處境，真正本分的人很少。對於個人而言，太過本分就缺乏上進心，對於一個社會而言，本分人多了，社會就變得沒有活力。

五

處事要代人作想，讀書須切己❶用功。

【注釋】❶切己　切身；親身。明高攀龍〈就正錄自序〉：「第舉吾幼所誦讀者，切身體味之，而見矣。」

【語譯】處理事情要為他人著想，讀書必須自己用功。

【研析】我們生活的世界是一個人與人緊密相連的世界，每個人都有各種各樣的社會關係。每個人又都是一個獨立的主體，都是站在個體的立場去認識世界，處理事情的。由於立場的不同，人們在相處過程中必然會出現認識的差異、利益的矛盾，由此形成紛繁複雜的矛盾和爭執。當與他人發生糾紛時，如果不固執己見，而是作換位思考，那麼就容易達成共識，化解矛盾，人們就能和睦相處。為他人著想，是要懂得尊重別人、理解別人、寬容別人，這體現了一個人的修養和胸襟，一種高尚的人生境界。為他人著想，要像孔子說的那樣：「己所不欲，勿施於人。」自己不願意的事情，切勿強加於別人，這是對別人起碼的尊重。只有尊重別人，才會受到別人的尊重。為他人著想，是要關愛別人，要有助人為樂的精神。幫助別人，也會給自己帶來快樂。有這樣一個故事：一位盲人夜晚外出時，總要打個燈籠。有人奇怪地問他：你又看不見，為什麼還要打個燈籠?盲人回答說：「我打燈籠，可以給別人照路，也能讓別人看到我，大家都方便。」這就是老話所說：「與人方便，就是與己方便。」為他人著想，就是要嚴以律己，寬以待人，「以責人之心責己，以寬己之心寬人」。

讀書只能靠自己用功，任何人都代替不了，也沒有其他捷徑可走。讀書不光要理解字面的意思，更要聯繫自己的實際經驗加以消化領會，這樣才能有真正的收益。

六

一「信」[1]字是立身[2]之本，所以人不可無也；一「恕」[3]字是接物❹之要❺，所以終身可行也。

【注釋】❶信　誠信。❷立身　指立足、安身。❸恕　寬容。❹接物　即待人接物，與人交往。❺要　要訣；要領。

【語譯】一個「信」字是立身處世的根本，所以人不能沒有誠信；一個「恕」字是待人接物的要訣，所以終身都應該遵行。

【研析】信是立身之本，孔子說：「人而無信，不知其可也。」荀子也說：「言無常信，行無常貞，惟利所在，無所不傾，若是則可謂小人矣。」何謂信？揚雄《法言》說：「或問信，曰不食其言。」班固《白虎通義》說：「信者，誠也，專一不移也。」信即誠實、守信，現在通常稱為誠信。誠信即為人要忠誠老實，待人誠懇，不說假話，不做假事；做事要信守諾言，說話算數，講信譽，守信用。信是立身之本，只有誠信做人，講究信用，才能獲得別人的尊重和信任。一個人失去誠信，就會失去別人對他的信任，失去親情和友誼，在社會上處於孤立無援的境地。誠信也是立業之本，是一種財富，是一種重要的社會資源，是一種競爭力。一個企業講誠信，可以取得消費者的信任，從而占領更大的市場。中國許多著名的老字號，如同仁堂和胡慶餘堂中藥店，全聚德烤鴨店，瑞蚨祥綢緞鋪等，之所以能長盛不衰，獨領風騷百餘年，靠的就是貨真價實，童叟無欺的誠信。而今有些企業為追求高額利潤，刊登虛假廣告欺騙顧客，製假售假坑害民眾，一旦事情敗露，便無法生存下去。一個政府必須取信於民，只有受到民眾的信任，政權才能穩固。

水能載舟，也能覆舟，一旦失去民眾的信任，搞到民怨沸騰的地步，這個政權也就難以維持了。國家的外交也要講誠信，唯有誠信，才能與鄰邦和睦共處，為國家的建設創造安定良好的環境。現在有些無賴國家，慣於興風作浪，翻雲覆雨，希冀火中取栗，亂中獲利，其結果只能是搬起石頭砸自己的腳，在國際社會中越發孤立。

海爾普斯說：「寬容是文明的唯一考核。」據《不列顛百科全書》解釋，寬容是允許別人自由行動或判斷，耐心而毫無偏見地容忍與自己或公認的觀點不一致的意見。寬容要有愛心，要善待他人，設身處地為他人著想。要容許別人犯錯誤，並給他們改正錯誤的機會，而不是用苛刻的態度去對待他們。不要用自己的長處去和別人的短處相比較，明代薛瑄說：「人有不及者，不可以己能病之。」寬容要有廣闊的胸襟，要善於聽取不同的意見，李斯說：「泰山不讓土壤，故能成其大；河海不擇細流，故能就其深。」寬容要有瀟灑的生活態度，要善於忘卻。對於他人對自己的傷害，不要斤斤計較，更不能睚眥之仇必報。寬容是一種開朗豁達的人生觀，是一種深厚的涵養，是一種高尚的品德。寬容多一點，個人會更快樂，社會會更安定，國家會更富強。

七

人皆欲會說話，蘇秦❶乃因會說話而殺身；人皆欲多積財，石崇❷乃因多積財而喪命。

【注 釋】❶蘇秦 戰國時著名的縱橫家，有口才，善辭令。遊說六國合縱抗秦，迫使秦廢帝號，歸還魏、韓兩國的一部分土地。後張儀用連橫之策分化六國聯盟，蘇秦至齊為客卿，最終被車裂而死。❷石崇 晉人，曾任荊州刺史，劫殺客商積累了大量財產，富甲天下，生活奢靡荒淫。西晉八王之亂，石崇因結交齊王冏被免官。後為孫秀所誣，被處死。

【語 譯】人都希望自己能言善辯，蘇秦就是因為會說話而被殺；人都希望多積財產，石崇就是因為多積財產而喪命。

【研 析】古人強調慎言，孔子提出「敏於事而慎於言」，認為「慎言語，養德之大」，「慎言謹行，是修己第一事」。如果言語不慎，就會造成嚴重的後果，甚至帶來殺身之禍。《周易》說：「亂之所生也，則言語以為階。」諺語也有「口是禍福門，舌是斬身刀」，「莫言閒話是閒話，往往事從閒話來」之類的說法。在封建專制社會，人們沒有言論的自由，動輒以言獲禍，因此慎言就成為明哲保身的好方法。有些人能言善辯，鋒芒畢露，處處顯露自己的聰明，言辭多刻薄，措辭多犀利，常常中傷他人，結果禍從口出，招致別人的嫉恨和報復，聰明反被聰明誤。孔融就是因為聰明過人，能言善辯而被曹操所殺。那些巧言令色之輩，為謀一己私利而口蜜腹劍，雖或能得逞一時，最終都沒有好下場。

現在流傳著這樣一句話：「錢不是萬能的，沒有錢是萬萬不能的。」財富是滿足人們生活欲望的物質基礎，但也會給人們帶來災禍。財富能刺激人的欲望，財富的積累誘使人們熱衷於奢侈淫靡的生活，從而導致道德的墮落。人的欲望是無止境的，為了滿足不斷膨脹的欲望，於是更瘋狂地去追求財富，甚至不惜鋌而走險，為之失去了性命。也有人喜歡炫富，由此引起別人的嫉恨，甚至招致殺身之禍。中國古代是崇尚節儉的社會，因此更加強調財富的負面作用。

八

教小兒宜嚴，嚴氣❶足以平躁氣❷；待小人宜敬，敬心可以化邪心。

【注釋】❶嚴氣　剛正的性格；嚴厲的態度。❷躁氣　心浮氣躁的情緒。

【語譯】教育小孩應該嚴厲，嚴厲的態度足以平定浮躁的情緒；對待小人應該敬重，敬重之心可以消解邪惡之心。

【研析】俗話說：「嚴父出孝子，慈母多敗兒。」溺愛孩子，會養成孩子唯我獨尊，驕橫任性的性格，只有對孩子進行嚴格的教育，才能使他們健康成長。嚴格並不等於粗暴，「棍棒底下出孝子」的做法是行不通的。幼兒天真活潑，興趣廣泛，富於幻想，但缺乏對事物的認知和掌控能力，對幼兒的教育應採取順其自然，因勢利導的方法，使幼兒的個性能全面健康地發展。粗暴的教育方法會限制兒童的個性，培養出循規蹈矩，溫良順從，但缺乏想像力和創造力，沒有活潑生氣的乖小孩。中國的傳統教育方式，忽略了兒童的特點，總是用成人的標準去要求他們，其結果是拔苗助長，適得其反。

儒家歷來講究君子小人之分。小人指心術不正，奸詐狡猾，喜歡搬弄是非，挑撥離間，隔岸觀火，落井下石之類的人。對待小人的方法大致有三種：一是遠而避之，以此免受傷害。這種「惹不起躲得起」的消極態度，往往助長了小人的氣焰。二是針鋒相對，與小人作堅決的鬥爭，使其陰謀無從得逞。這樣做，難免受到小人的攻擊和陷害。小人詭計多端，害起人來防不勝防，與其鬥爭會有風險。三是以敬待之，用真情去感化他們。中國人講寬恕，講「以德報怨」，但這樣做並不一定有效。對付小人最好的方法，是寬猛相濟，打擊和教育相結合。邪不壓正，在正義和公理面前，小人最終會露出原形，遭到眾人的唾棄。

九

善謀生者，但令長幼內外❶勤修恆業❷，而不必富其家；善處事者，但就是非可否❸審定章程❹，而不必利於己。

【注釋】❶內外　指男女。❷恆業　固定長久的職業。❸可否　可行不可行；能不能。❹章程　指辦事的原則和方法。

【語譯】善於謀生的人，只是讓老老少少男男女女努力做好自己的事情，而不一定讓家庭很富足；善於做事的人，只是根據是非可否來決定辦事的原則和方法，而不一定要對自己有利。

【研　析】家和萬事興，家庭成員能各司其職，家庭就一定和睦興旺。家財萬貫，不如一技在身，錢再多也能花完，掌握了一門技能，就能確保終身衣食無憂。家財多了，也容易引起家庭內部矛盾，所以貧賤之家多安寧，富貴之家多紛爭。

處理事情，不能僅從自己的利益出發，而應該根據事情的實際情況去決定行動的原則和方法。當個人利益和國家、集體利益發生矛盾的時候，個人應該識大體顧大局，為國家和集體而放棄個人的利益。如果光從一己之私利考慮，就會缺乏遠大的目標和全局觀念，做事容易出現偏差犯錯誤。

十

名利之不宜得者竟得之，福終為禍；困窮之最難耐者能耐之，苦定回甘。

【語　譯】竟然得到不應有的名利，福最終成為禍；能忍耐最難以忍受的窮困，苦定會變為甜。

【研　析】中國人相信「一飲一啄，莫非前定」，命中註定莫強求。天道渺茫，命運難測，其中的事情也說不清楚。但人要守本分，不要妄求非分之名利，是應該遵循的基本道理。追求不應得的名利，勢必要使用不正當的手段，做出損人利己的事情來，事情一旦敗露，福也就變成禍。

唐黃蘗禪師詩云：「不經一番寒徹骨，焉得梅花撲鼻香。」只有經過艱難的磨練，才能成就一番事業。孟子則說：「生於憂患，死於安樂。」困窮憂患使人得以生存，安逸享樂則導致滅亡。世上的事情，禍福相依，盈虛消長，度過最困難的時刻，就會苦盡甜來。

十一

生資❶之高在忠信❷，非關機巧❸；學業之美在德行，不僅文章。

【注釋】❶生資　即天資、秉性。❷忠信　忠厚誠信。❸機巧　聰明靈巧。

【語譯】天資高體現在一個人的忠誠誠信，與聰明靈巧沒有關係；學業的成就看一個人的道德品行，不僅僅在於文章。

【研析】今人說起天賦，以聰明與否區分高下，然而古代論及人性，都與道德觀念相關，而與聰明無關。孟子提倡性善說，認為惻隱之心、羞惡之心、辭讓之心、是非之心人皆有之，「惻隱之心，仁之端也；羞惡之心，義之端也；辭讓之心，禮之端也；是非之心，智之端也」。即人性中已包含了仁義禮智的種子。韓愈提出「性三品說」，把人性分為上中下三品，上品為善，下品為惡，中品為可善可惡。他說：「性也者，與生俱生也。性之品有三，而其所以為性者五也，曰仁、曰義、曰禮、曰智、曰信。」朱熹把人性分為天地之性和氣質之性，天地之性是與生俱來的善，氣質之性有清濁，故有善惡之分。此條將仁義禮智信簡化為忠信，都是符合人性善的道德範疇。

中國古代有「立德、立功、立言」三不朽之說，以立德居首，以立言為末。重德輕文，是中國的傳統觀念，後來形成了「文皆從道出」、「文以載道」的理論。古代大多數文人認為，文章的用途就在於道德教化，讓人民遵循道德觀念行事。如果文章不能傳道，寫得再漂亮也無用。明代謝遷曾說：「李杜文章寫得再好，也不過是個酒徒。」他們還提出，人品決定文品，人品高，即作者道德高尚，寫出來的文章自然好，不必注重文章的藻飾修辭，因此在古代教育中，將道德修養的培養放在首位，文章寫得好壞則在其次。

十二

風俗日趨於奢淫❶，靡所底止❷，安得有敦❸古樸❹之君子，力挽江河；人心日喪其廉恥，漸至消亡，安得有講名節❺之大人❻，光爭日月。

【注釋】❶奢淫　奢侈荒淫。❷靡所底止　沒有盡頭。靡，無；沒有。底止，終止。❸敦　敦厚篤實，此處作動詞，指使敦厚篤實。❹古樸　古代質樸的風尚。❺名節　名譽節操。❻大人　指道德高尚的人。

【語譯】風俗一天天趨向奢侈淫靡，沒有終極，哪裡有發揚古樸之風的君子，能夠力挽狂瀾；人心一天天喪失廉恥，逐漸消亡，哪裡有講究名節的大人，能夠與日月爭光。

【研　析】隨著社會的發展，生產力水平的提高，物質資源的豐富，人們的生活方式和風尚習俗也發生了很大的改變。尤其是明清時代，市場經濟日趨繁榮，財富的積累成倍增長，給當時的社會生活帶來了巨大的變化。顧炎武在《天下郡國利病書》中論述了明代社會風尚的轉變，指出弘治之前，男耕女織，自給自足，昇平和睦，小康富足。至正德、嘉靖年間，人們熱衷於追求金錢財富，棄農經商蔚然成風，於是「高下失均，錙銖共競，互相凌奪，各自張皇。於是詐偽萌矣，訐爭起矣，靡汰臻矣」，及至明末，社會風氣敗壞到極點，「金令司天，錢神卓地，貪婪罔極，骨肉相殘，受享於身，不堪暴殄」。屠隆在《鴻苞》中形象地描繪了明代萬曆年間社會的奢靡風氣，縉紳官僚「田連阡陌，家累千萬」，「花臺月榭，歌妓舞女，甲於郡邑，擬於侯王」，士大夫則「望一旦得志而高堂廣廈，堆金積玉，妖姬孌童，清歌艷舞」，庶民「薄本業而好冶游」，追求「身披羅綺之服」，「縱飲博之樂」的生活方式。社會風俗日趨奢靡，傳統的道德觀念也受到極大的衝擊，人們為了追求金錢財富和生活享受，爾虞我詐，勾心鬥角，甚至不惜骨肉相殘，仁義廉恥已被許多人拋棄。明清時期的傳統文人，面對世風日下的現狀，希望能回歸到儉樸醇厚的古代社會，在他們的心目中，古代社會的政治和道德風尚是最完美的。在小說《醒世姻緣傳》中，作者虛構了一個古風醇厚的明水鎮，《儒林外史》則通過泰伯祠祭祀召喚已日漸消亡的古代禮儀和道德規範，這些都代表了文人們的復古理想。

十三

人心統耳目官骸❶，而於百體❷為君❸，必隨處見神明❹之宰❺；人面合眉眼鼻口，以成一字曰「苦」（兩眉為草，眼橫鼻直而下承口，乃苦字也），知終身無安逸之時。

【注　釋】❶官骸　五官身體。骸，形骸，指人的身體。❷百體　指人身體的各個部位。❸君　主體。❹神明　精神和心思。❺宰　主宰；支配。

【語　譯】人的心統率著五官形骸，是整個身體的主宰，必須隨時以精神支配形體的行為；人的臉有眉毛、眼睛、鼻子、嘴巴，組合成一個「苦」字（兩條眉毛是個艸字頭，眼睛是一橫，鼻子是一豎，下面接著口，就是「苦」字），由此知道人的一生沒有安逸的時候。

【研　析】孟子說：「心之官則思。」古人認為心是思維的器官，人類的思想和感情皆從心中產生。心能思考，因此不被外物蒙蔽，能明辨是非，而耳目等器官不能思考，容易被外物蒙蔽。心於是成了其他器官的主宰，支配著四體百骸的行為。孟子關於心和其他器官關係的論述，實際上已涉及感覺與理解，感性認識與理性認識的關係。

人生多苦難，每個人的一生都會遇到許多挫折和磨難。王國維在《紅樓夢評論》中引用叔本華的理論，認為人生是「欲與生活與痛苦」三者的結合，生活的本質就是「欲」，但欲望常常不能滿足，就釀成人生的大悲劇。佛教認為人生多苦難，概括起來有八苦：生苦、老苦、病苦（包括身病和心病）、死苦、怨憎會苦、愛別離苦，求不得苦、五陰熾盛苦。人的生老病死是痛苦，與憎恨的人相逢，與相愛的人別離是痛苦，欲求不能滿足是痛苦，這一切綜合成生理和精神的痛苦，即為「五取蘊苦」。人生只是個過程，生命猶如流淌不息的河流，其間固然充滿困難，也同樣充滿歡樂。生命的降生就是歡樂。人都會衰老，但也有過意氣風發的青春年華，暮年也老有所樂。生病是痛苦，但畢竟健康的時候多。死亡是自然歸宿，也是痛苦的解脫。欲求難滿足固然痛苦，但實現理想，達到奮鬥目標，也就收穫了快樂。如何對待人生的苦和樂，關係到一個人的人生觀。我們應當珍惜生命，珍惜時光，以樂觀的態度對待人生，充分享受生活的樂趣。

十四

伍子胥報父兄之仇而郢都滅❶，申包胥救君上之難而楚國存❷，可知人心❸之恃❹也；秦始皇滅東周之歲而劉季生❺，梁武帝滅南齊之年而侯景降❻，可知天道好還❼也。

【注　釋】❶伍子胥句　伍子胥，名員，春秋時楚國人。其父伍奢、兄伍尚被楚平王殺害，子胥投奔吳國，輔佐吳王闔閭伐楚，攻克楚都郢，掘平王墓，鞭屍三百以復仇。❷申包胥句　申包胥，春秋時楚國大夫，原是伍子胥好友。伍子胥投奔吳國前，對申包胥說：「我必覆楚國。」申包胥回答：「子能覆之，我必能興之。」伍子胥攻克郢都，楚昭王出逃。申包胥到秦國求救，在秦庭哭了七晝夜，秦國終於出兵，擊敗吳軍，助昭王返國。❸人心　此處指人的精神力量。❹恃　依靠；憑借。❺秦始皇句　秦始皇，姓嬴名政，中國第一個封建王朝秦朝的建立者。劉季，劉邦，字季，漢朝開國皇帝。西元前七七一年，犬戎殺幽王，滅西周。翌年（西元前七七○年），周平王遷都洛邑，史稱東周。周赧王五十九年（西元前二五六年），東周為秦所滅，劉邦即生於此年。滅東周的是秦昭王，而非秦始皇。❻梁武帝句　梁武帝蕭衍，在南齊任黃門侍郎、雍州刺史、大司馬等職，西元五○二年，逼迫齊和帝禪位，建立南梁。侯景，北魏鮮卑人，後投靠東魏丞相高歡。梁武帝太清元年（西元五四七年）率部降梁，次年即發動叛亂，攻入建康，圍困臺城，梁武帝被活活餓死。西元五五二年，兵敗被殺。梁武帝在西元五○二年代齊稱帝，侯景出生於西元五○三年，故云「梁武帝滅南齊之年而侯景降」。降，誕生；降生。❼天道好還　意謂天道循環，報應不爽。

【語　譯】伍子胥為報父兄之仇攻占了郢都，申包胥為解救君主的危難保全了楚國，可知人的精神力量之強大，足以依靠；秦始皇滅東周這一年劉邦出生（後來劉邦建立漢朝取代秦朝），梁武帝滅南齊這一年侯景出生（後來梁武帝死在侯景手裡），可知天道循環，報應不爽。

【研　析】伍子胥為報楚王滅門之仇，投奔吳國，興兵伐楚，攻克郢都，將平王挖墓鞭屍；申包胥在秦庭哭泣七晝夜，終於討得秦國救兵，收復楚國失地，顯示了精神力量的強大。有了明確的目標，具有堅強的意志和百折不撓的精神，就能創造出奇蹟。一個人沒有精神就沒有理想，一個民族沒有精神就沒有希望，一個國家沒有精神就沒有前途。當然，精神不是萬能的，不能光靠精神實現所有的理想，還需要有一定的物質基礎。伍子胥沒有吳國強盛的兵力，滅不了楚國，報不了家仇。沒有秦國出兵援助，光靠眼淚，申包胥也不能實現復國的偉業。脫離實際的精神，只能產生夢幻和空想。

古人宣揚天道循環，報應不爽。秦始皇滅東周稱帝，劉邦興兵滅秦建漢；梁武帝取代齊和帝，卻遭侯景兵變而被困餓死，古人認為這就是因果報應。朝代的更替是歷史的規律，但秦滅東周而劉邦生，武帝稱帝而侯景降，這純粹是時間上的巧合。元代詩人劉因〈書事五首〉之二寫道：「臥榻而今又屬誰？江南回首見旌旗。路人遙指降王道，好似周家七歲兒。」趙匡胤發動陳橋兵變，奪取後周政權，周恭帝柴宗訓年方七歲（一說五歲）。西元一二七六年，元兵攻克臨安，將年僅五歲的宋恭帝趙顯擄至北方。劉因此詩同樣宣揚了天道循環，報應不爽的思想。

十五

有才必韜藏❶，如渾金璞玉❷，暗然而日章❸也；為學無間斷，如流水行雲，日進而不已❹也。

【注釋】❶韜藏　隱藏。❷渾金璞玉　未提煉的金，未雕琢的玉。比喻人品的樸質純真。❸章　同「彰」。

明亮；顯著。❹不已 不停止。

【語譯】有才能的人一定會深藏不露，就像未提煉的金，未雕琢的玉，起初看起來昏暗不明，然而日益顯示出光彩；做學問沒有間斷，就像流水行雲，每日有所進步而沒有止境。

【研析】俗話說「一瓶水不響，半瓶水哐噹」，真正有才能的人是深藏不露的，只有那些淺薄之徒，才到處炫耀自己。才能猶如渾金璞玉，金藏沙中，只有經過淘洗冶煉，才能成為閃閃發光的金子；玉含石裡，只有經過雕琢磨練，才能成為圓潤光潔的美玉。才能也只有經過艱難的磨練才能逐漸顯露出來。戰國時毛遂在平原君門下三年，一直沒有突出的表現。平原君赴楚商談結盟之事，挑選隨從，毛遂主動請求隨平原君前往楚國。平原君說：「先生在我門下三年，並不知道你有什麼才能。」毛遂說：「我就像把錐子，藏在囊中，一旦有了機會，就會脫穎而出。」到了楚國，平原君勸楚王合縱抗秦，楚王猶豫不決，會談從上午持續到下午，還沒有結果，毛遂持劍直指楚王，痛陳合縱的重要性，逼迫楚王簽訂了盟約。「毛遂自薦」的故事，形象地說明了「有才必韜藏，如渾金璞玉，暗然而日章」的道理。

學無止境，貴在堅持，只有不間斷的努力，才能不斷進步。做學問也要循序前進，不能一蹴而就。想通過「惡補」來彌補知識之不足，只能解決眼前的問題，不可能有扎實的學問。學習既要有水滴石穿的恆心和毅力，又要像浮雲那樣舒卷自如，不能急躁冒進。

十六

積善之家，必有餘慶，積不善之家，必有餘殃❶，可知積善以遺子孫，其謀甚遠也；賢而多財，則損其志，愚昧而多財，則益其過，可知積財以遺子孫，其害無窮也。

【注釋】❶積善之家四句　語出《周易・坤卦》，意謂積善行德的家族，福報就會連綿不絕；經常做不善之事的家族，災禍就會殃及後代。慶，福。殃，禍害。

【語譯】積善行德的家族，一定會將福分遺留給後代，經常做不善之事的家族，一定會將禍害遺留給後代。可知積善行德將福分遺留給子孫，這樣的謀慮是很深遠的。有才智的人財產多了，就會折損他的志氣，愚昧的人財產多了，就會增加他的過錯。可知積累財產留給子孫，這樣的禍害是無窮無盡的。

【研析】「積善之家，必有餘慶」，是一句流傳非常廣泛的格言，意為祖先積善行德，必然會給子孫帶來福祉，而祖先行兇作惡，必然會貽害後代。這句話既有宣揚因果報應的成分，也自有其科學的道理。一個家庭，如果注重教育，形成優良的傳統，子孫耳濡目染，也容易成為道德高尚，有切實才能的人，家族也會保持長盛不衰。中國長期處於宗法社會，十分注重家族傳統的承繼，產生了許多歷史悠久的舊家望族，因此如何加強家庭教育，保持家族的興盛，就成為人們關注的問題。

〈司馬光家訓〉說：「積金遺於子孫，子孫未必能守。積書遺於子孫，子孫未必能讀。不如積陰德於冥冥之重，此萬世傳家之寶也。」古人還說：「積德為產業，強勝于良田美宅。」「勿以嗜欲殺身，勿以財貨殺子孫。」《小窗幽記》也說：「以財貨害子孫，不必操戈入室。」廣積財富留給子孫，不注意對子孫的道德和知識教育，只能培養出驕奢淫逸的紈絝子弟，家產再多，也要被他們揮霍殆盡。待到家財散盡，紈絝子弟又無謀生的才能和本領，他們就難以生存了。留萬貫家財給子孫，不如教會他們做人的道理和賴以謀生的技能。

十七

每見待弟子嚴厲者易至成德❶，姑息者多有敗行❷，則父兄之教育所係也；又見有弟子聰穎者忽入下流❸，庸愚者較為上達❹，則父兄之培植所關也。

人品之不高，總為一「利」字看不破；學業之不進，總為一「懶」

字丟不開。德足以感人，而以有德當❺大權，其感❻尤速；財足以累❼己，而以有財處亂世，其累尤深。

【注釋】❶成德　盛德；高尚的品德。❷敗行　敗壞的德行。❸下流　指品行卑劣低下。❹上達　上進。❺當　擔當；擔任。❻感　感化。❼累　拖累；受害。

【語譯】常見對待弟子嚴厲的容易有高尚的品德，姑息縱容的多有敗壞的德行，這是父兄教育的關係；又見弟子聰明伶俐的忽然墮入下品，平庸愚劣的較為上進，這與父兄的培養有關。人品不高，總是因為看不破一個「利」字；學業不上進，總是離不開一個「懶」字。道德足以感動人，而以有道德的人掌握大權，感化作用尤其迅速；財產足以拖累自己，而有財產的人處於亂世之間，拖累更深。

【研　析】對子女的教育應該嚴格，姑息縱容只會貽誤子女的一生。人的天資有聰穎和愚笨之分，但更重要的是後天的教育。天資聰穎，如不努力學習，就會止步不前，落在人後，天資愚笨，只要發憤用功，就能以勤補拙，不斷上進。

天下熙熙，皆為名來；天下攘攘，皆為利往。一個「利」字，坑害了多少人。貪利的人，總是做損公肥私、損人利己的事情；貪利的人，總是不講誠信，不擇手段；貪利的人，唯利是圖，不顧親情友情；貪利的人，為了一己私利，可以置道德於不顧，棄仁義如敝屣。貪利的人人品低下，最終必遭眾人遺棄，落個身敗名裂的下場。古人深知「利」之禍害，告誡人們「莫言名與利，名利是身仇」，「勿唯小貽大，勿唯私損公，勿唯利害己，勿唯權傷民」。

上有所好，下必甚矣，「楚王好細腰，宮中多餓死」，身居高位者，具有一定的號召力，其言行能產生廣泛的影響，對於社會風尚的形成有重要的作用。因此身居高位者一定要為民表率。古人重視道德教化，將道德教化視作施政的首要工作。漢代文翁使蜀，創辦官學，推行教化，促進了當地文化的發展，成為千古美談。《漢書》說：「至今巴蜀好文雅，文翁之化也。」金錢能滿足人們的物質欲望，是生活之必須。但過分追求金錢和物質享受，會導致道德的墮落，甚至會引來殺身之禍。老子說：「多藏必厚亡」，財產積累多了，容易招人嫉妒怨恨，往往身遭橫禍。在動亂的年代，社會正常秩序遭到破壞，法律失去了約束力，許多人趁亂打劫，財富帶來的禍害更為嚴重。晉代石崇富比王侯，生活奢靡，且喜張揚，為世人嫉恨，最後在八王之亂中被殺，便是為財所累的例子。

十八

讀書無論資性❶高低，但能勤學好問，凡事思一個所以然❷，自有義理❸貫通之日；立身不嫌家世貧賤，但能忠厚老成❹，所行無一毫苟且處，便為鄉黨仰望之人。

【注釋】❶資性　天資；秉性。❷所以然　所以如此，指原因或道理。❸義理　指儒家的經義學問。❹老成　穩重。❺苟且　隨便馬虎；敷衍了事。❻鄉黨　同鄉；鄉親。

【語譯】讀書不論天資的高低，只要能勤學好問，凡事都要想個明白，自然有將儒家經義學問融會貫通的一天；立身不嫌家世貧賤，只要能忠厚穩重，所做的事情沒有一點隨便馬虎的地方，就能成為鄉親敬重的人。

【研析】「學海無涯苦作舟，書山有路勤為徑」，無論天資高下，都應刻苦勤奮。讀書做學問，無捷徑可走，不得投機取巧，必須腳踏實地，一步一個腳印。現今人心浮躁，許多人靜不下心來讀書，於是專門找些「文化快餐」，希冀輕而易舉地獲取知識。有些人讀書只是裝裝門面，炫耀自己有文化有知識，其結果只能是一知半解，弄巧成拙。古人說：「讀書為己，做官為人。」意謂讀書的目的是要增強自己的知識和修養，做官是要為國家效力，為人民服務。如今有些人卻相反，讀書為人，做官為己。讀書是為了給別人看，做官是為自己撈取實利。這樣的人，怎麼能讀好書？

讀書要勤於思考，孔子說：「學而不思則罔，思而不學則殆。」讀書要動腦筋，要善於發現問題、解決問題，要將書上的道理融會貫通，應用到實際去。如果只是死讀書，那就成了「兩腳書櫥」，只是書本知識的堆積，而毫無實際用途。

在世俗社會中，出身豪門受人尊重，出身貧賤被人輕視，然而評判一個人的價值，不是依據門第的高下，而是品行的好壞。一個出身貧賤的人，若有忠厚老成的品德，一言一行嚴格要求自己，就能得到別人的尊重。

十九

孔子何以惡鄉愿❶？只為他似忠似廉，無非假面孔；孔子何以棄鄙夫❷？只因他患得患失，盡是俗人心腸❸。

【注釋】❶鄉愿　指貌似忠厚，實則與世俗同流合污的偽善者。《論語・陽貨》：「鄉原（愿），德之賊也。」❷鄙夫　庸俗淺陋的人。《論語・陽貨》：「子曰：鄙夫可與事君哉？其未得之患得之，既得之患失之。」❸心腸　指胸懷、肚量。

【語譯】孔子為什麼厭惡偽善者？只因為他好似忠厚廉明，都是一副假面孔；孔子為什麼嫌棄庸劣者？只因為他患得患失，全是俗人的心腸。

【研析】何謂鄉愿？鄉愿就是偽君子，是那些貌似忠厚，實際沒有一點道德原則，只知媚俗趨時的人。孟子論鄉愿說：「非之無舉也，刺之無刺也。同乎流俗，合乎污世，居之似忠信，行之似廉潔，眾皆悅之，自以為是，而不可與入堯舜之道，故曰『德之賊也』。」漢代徐幹說：「鄉愿亦無殺人之罪，而仲尼惡之，何也？以其亂德也。」鄉愿這樣的人，批評他抓不住把柄，責難他無從入手。實際上這些人與世俗同流合污，平時看起來一副忠信的樣子，行為也好像很廉潔，大家都喜歡他，他的自我感覺也很好，然而他的所作所為，與聖人之道背道而馳。表面上好像很講道德，暗地裡卻在損毀道德。鄉愿舉著道德的旗幟做不道德的事情，比公然違反道德，專做壞事的小人更具欺騙性。鄉愿遇事不講原則，混淆了道德和非道德的界限，具有更大的危害性。鄉愿處事圓滑，八面玲瓏，四處討好，善於博得眾人的歡心，因此其危害的影響更深遠。有句俗話說：「寧做真小人，不做偽君子。」就是講的這個道理。

一個人患得患失，皆因擺脫不掉一個「利」字。如果心中無私，胸襟自然開闊，這就是孔子所說「君子坦蕩蕩，小人長戚戚」。

二十

打算❶精明，自謂得計，然敗祖父❷之家聲❸者，必此人也；樸實渾厚，初無甚奇，然培子孫之元氣❹者，必此人也。

【注釋】❶打算　算計；考慮。❷祖父　祖父與父親。❸家聲　家族世傳的名聲。❹元氣　指人的精神。

【語譯】算計精明，自以為計謀得逞，然而敗壞祖父和父親名聲的，一定是這樣的人；樸實忠厚，起初沒有什麼特別之處，然而培養子孫奮發精神的，一定是這樣的人。

【研　析】世上有一種精明人，爭名於朝爭利於市，處處為自己著想，整天算計別人，不肯吃一點虧。這樣的人自私狹隘，缺乏遠大的理想和抱負，難以與人和睦相處，不僅幹不成大事，而且孤立了自己，結果是「聰明反被聰明誤」。古人提倡「難得糊塗」，難得糊塗就是不要太精明，遇事要懂得謙讓寬容，不要太斤斤計較。這是一種涵養和境界，也即樸實渾厚。

二一

心能辨是非，處事方能決斷；人不忘廉恥，立身❶自不卑污❷。

【注　釋】❶立身　處世為人。❷卑污　卑劣污穢。

【語　譯】心中能辨別是非，處理事情才能拿定主意；人不忘廉恥，品行自然不會卑劣低下。

【研　析】《禮記》說：「慎思之，明辨之，篤行之。」程朱理學提出「知先行後」，認為只有真知，才能付諸實踐。做一件事情，首先要辨明是非，搞清該不該做，能不能做，行動才會果斷。如果是非不明，就會猶豫不決。做事情要有明確的目的，根據實際情況制定切實可行的方案，才能有好效果。

廉恥是立身之本，孟子說羞惡之心，人皆有之。羞惡之心，是義之端也。人與禽獸的區別，就在於人有廉恥心。歐陽修〈廉恥說〉云：「廉恥，士君子之大節。」廉恥是人應該遵守的道德底線。

二二

忠有愚忠❶，孝有愚孝❷，可知「忠孝」二字，不是伶俐❸人做得來；仁有假仁，義有假義，可知仁義兩行❹，不無奸惡人藏其內。

【注釋】❶愚忠　不明事理地盡忠。❷愚孝　不合情理的孝行。❸伶俐　聰明機靈。❹兩行　並行。

【語譯】忠有愚忠，孝有愚孝，可知「忠孝」這兩個字，不是機靈的人能做到的；仁有假仁，義有假義，可知仁義並行，不是沒有奸惡之徒隱藏其中。

【研析】忠孝是古代處理人倫關係最重要的道德規範。忠指忠君，強調君權。孝指尊親，主要是尊父，強調父權。春秋時期，社會政治環境相對寬鬆，忠君觀念建立在君臣雙方互相認同的基礎上，孔子提出「君使臣以禮，臣事君以忠」，臣子應當忠於君主，但前提是君主必須以禮待臣。孔子講孝，基本精神是尊敬、體貼、贍養、侍奉老人，屬於家庭倫理範疇，有些論述則超出了家庭倫理，而與政治倫理相關，把孝與忠結合起來，如他說：「其為人也孝悌，而好犯上者，鮮矣；不好犯上，而好作亂者，未之有也。君子務本，本立而道生。孝悌也者，其為仁之本與？」孟子提倡忠君，同樣強調前提是君主必須仁義：「君之視臣如手足，則臣視君如腹心；君之視臣如犬馬，則臣視君如國人；君之視臣如土芥，則臣視君如寇讎。」孟子認為，臣子忠於君主是有條件的，而不是絕對的順從，「君有大過則諫，反覆之不聽，則去」，孟子也強調「孝悌忠信之道」，提出父母有所養，長者有所敬，「未有仁而遺其親也，未有義而後其君也」，提倡孝道，成為孟子王道思想的組成部分。漢代獨尊儒家，強調以孝治天下，並將忠孝觀念加以整合，提出「家國同構」，將君臣比作父子，由孝勸忠，把孝親作為忠君的手段，把忠君作為孝親的目的，「求忠臣必於孝子之門」。東漢流行天人感應之說，強調「君權神授」，要求臣子對君王的絕對服從。馬融《忠經・天地神明章》云：「天之所覆，地之所載，人之所履，莫大乎忠。」宋明理學把儒家的忠孝觀念上升到天理的高度，天理不可違，忠孝也就成了人們必須遵守的最重要的道德規範。隨著專制集權的增強，君主將臣子視作奴僕犬馬，臣子喪失了獨立的人格和尊嚴，只能無條件地服從君王，於是在民間流傳了「君要臣死，臣不得不死；父要子亡，子不得不亡」的說法。無原則地順從君主和父親，即為愚忠愚孝。

愚忠愚孝之無理和危害，是不言而明的。此條所謂愚忠愚孝之「愚」，有實在篤行之意，認為只有質樸誠實的人，才能真正做到忠孝。伶俐的人，頭腦活絡，遇事往往為自己打算，不可能切實盡忠盡孝。

世上多有假仁假義之人，這些偽君子滿嘴仁義道德，一肚子男盜女娼，打著仁義的旗號，專幹損公肥私、損人利己的勾當。這些人以仁義道德欺世惑眾，更具有欺騙性，對社會和民眾的危害也就更大。所以民間流傳著這樣一句話：「寧做真小人，不做偽君子。」明代李贄曾痛斥那些口頭上高談道德性理，實際上謀求富貴的假道學，他在《焚書》中說：「陽為道學，陰為富貴，披服儒雅，行若狗彘然也。夫世之不講道學而致榮華富貴者不少也，何必講道學而後為富貴之資也！此無他，不待講道學而自富貴，其人蓋有學有才，有為有守，雖欲不與之富貴不可得也。夫唯無才無學，若不以聖人講道學之名要之，則終身貧且賤焉。恥矣！此所以必講道學以為取富貴之資也。」

二三

權勢之徒，雖至親亦作威福❶，豈知煙雲過眼❷，已立見其消亡；

奸邪之輩，即平地亦起風波❸，豈知神鬼有靈，不肯聽其顛倒。

【注釋】❶作威福　即「作威作福」，濫用權勢，獨斷專橫。❷煙雲過眼　比喻事物稍縱即逝，難以把握。❸平地亦起風波　無事生非，挑起事端的意思。

【語譯】有權有勢的人，即使對待最親近的人也要作威作福，哪裡知道權勢如過眼煙雲轉瞬即逝，馬上就見他消失滅亡；奸邪的人，就是在平地也要掀起風浪，哪裡知道鬼神有靈，不肯聽任他顛倒是非。

【研析】有權有勢的人，作威作福慣了，碰到親朋好友也不由自主地擺出高高在上的威勢，權勢帶來的優越感已經滲透到這些人的骨髓。然而，權勢和世間萬物一樣，皆是過眼煙雲，在政治鬥爭錯綜複雜、殘酷激烈的官場，更是稍縱即逝，正如《紅樓夢》中〈好了歌注〉所說：「陋室空堂，當年笏滿床；衰草枯楊，曾為歌舞場；蛛絲兒結滿雕梁，綠紗今又糊在蓬窗上。說甚麼脂正濃、粉正香，如何兩鬢又成霜？昨日黃土隴頭埋白骨，今宵紅綃帳底臥鴛鴦。金滿箱，銀滿箱，轉眼乞丐人皆謗。正嘆他人命不長，那知自己歸來喪？訓有方，保不定日後作強梁。擇膏梁，誰承望流落在煙花巷！因嫌紗帽小，致使鎖枷扛；昨憐破襖寒，今嫌紫蟒長。亂烘烘你方唱罷我登場，反認他鄉是故鄉。甚荒唐，到頭來都是為他人作嫁衣裳。」歷代有權勢而擅作威福者，容易招致政敵的攻擊，也更容易垮臺，垮臺後的下場也更慘。宋代的賈似道、明代的嚴嵩，都是權傾一時的奸相，到頭來皆落得個放逐流竄，死於非命的下場。

俗話說：「善惡到頭終有報，舉頭三尺有神明。」古人認為神明在天上監視著人間，擔負著勸善懲惡、主持公道的職責。奸邪的人播弄是非，顛倒黑白，他們的陰謀不會得逞。也可以換一種說法，即「世間自有公道在」，「公道自在人心」，每一個社會，都有人們遵守的道德底線和行為規範，突破了道德底線，超越了行為規範，必然會受到人們的指責。有些人一意孤行，挑戰社會的公知，但邪不壓正，公道和正義是不會被這些人顛倒的。

二四

自家富貴，不著意裡；人家富貴，不著眼裡，此是何等胸襟。古人忠孝，不離心頭；今人忠孝，不離口頭，此是何等志量❶。

【注　釋】❶志量　志氣、度量。

【語　譯】自己的富貴，不放在心上；人家的富貴，不放在眼裡，這是什麼樣的胸襟。古人講忠孝，時刻記在心中；今人講忠孝，只是掛在嘴上，這是什麼樣的志氣度量。

【研　析】古人推崇寧靜淡泊的人生境界，最典型的是陶淵明的〈飲酒詩〉：「結廬在人境，而無車馬喧。問君何能爾，心遠地自偏。採菊東籬下，悠然見南山。山氣日夕佳，飛鳥相與還。此中有真意，欲辯已忘言。」此詩的主旨是回歸自然，追求人與自然的和諧統一。而回歸自然的第一步，就是要否定世俗的價值觀，放棄對權力、地位、財富、榮譽的追求。世人身處名利場，孜孜不倦地追逐榮華富貴，勢必要鑽營取巧，爾虞我詐，甚至要丟失人的尊嚴，扭曲人的真性。古人感慨：「晨雞初叫，昏鴉爭噪，那個不去紅塵鬧。路遙遙，水迢迢，功名盡在長安道，今日少年明日老。山，依舊好，人，憔悴了。」（陳草庵〈嘆世〉）他們認為，只有拋棄功名之念，才能獲得精神的自由和生活的快樂，「棄微名去來心快哉，一笑白雲外。知音三五人，痛飲何妨礙，醉袍袖舞嫌天地窄。」（貫雲石〈抒懷〉）

明清時期，中國的專制社會已經走向末路，傳統的道德觀念受到沉重的衝擊，許多文人感歎世風日下，人心不古。他們認為，古代的忠孝觀念深入人心，人們的一言一行，都自覺地符合忠孝的道德倫理規範，是出自本性的自然。近世人們把忠孝當作道德教條，空談性理修養，並不能自覺地盡忠盡孝。明代崇尚心學的文人，認為忠孝等道德觀念是出於本性的善，盡忠盡孝，行仁行義，是出於本性的自然行為，而不是為遵守道德教條的刻意行為，提倡「由仁義行，而非行仁義」。「由仁義行」與「行仁義」，有自覺與不自覺、主動和被動的區別，顯示出修養和胸襟的不同，也即志量的不同。

二五

王者不令人放生❶，而無故卻不殺生，則物命❷可惜也；聖人不責❸人無過，唯多方誘之改過，庶❹人心可回也。

【注釋】❶放生　將抓獲的小動物放歸自然。佛家以放生為善舉。❷物命　萬物的生命。❸責　要求；期望。❹庶　希望；但願。

【語譯】君王不讓人放生，但也不無故殺生，萬物的生命是值得珍惜的；聖人不要求人們沒有過錯，只是多方誘導人們改正錯誤，希望人心能回歸正道。

【研析】放生是佛教提倡的善舉。佛教認為世間萬物皆有生命，而生命是應該珍惜的。人的一生犯下無數殺業，因果報應，絲毫不爽。放生可以救贖生命，償還宿債，以期滅罪消業，清除業障。信奉儒家的王者，不信佛教因果報應之說，但推行仁政，仁者愛人，首先要珍惜人的生命。

儒家主張天地之性人為貴，明代湯顯祖在徐聞修建貴生書院，並作詩說：「天地孰為貴？乾坤只此生。海波終日鼓，誰悉貴生情？」珍惜生命，尊重人們的生存權，至今還是人權的核心。

古人說「人非聖賢，孰能無過」，「過而能改，善莫大焉」。人生在世，不可能不犯錯誤，重要的是犯了錯誤要敢於承認錯誤，勇於改正錯誤。有些人犯了錯誤還執迷不悟，在錯誤的道路上越走越遠。也有人明知錯了，不敢承認，還要文過飾非，結果是既害人又害己。只有敢於承認錯誤，改正錯誤，才能從錯誤中吸取教訓，增長經驗，以後才能少犯錯誤，少走彎路。

二六

大丈夫處事，論是非，不論禍福；士君子立言❶，貴平正❷，尤貴精詳❸。

【注釋】❶立言　著書立說；發表言論。❷平正　公平、正直。❸精詳　精細周詳。

【語譯】大丈夫處理事務，只講是非，不計較禍福；有道德學問的人發表言論，重視公平正直，更重視精細周詳。

【研析】只講是非，不論禍福，即堅持原則，不計較個人得失。中國古代士大夫講究氣節，為維護正義，不惜赴湯蹈火。《左傳》載晉靈公無道，屢次設計陷害趙盾，趙盾的族人趙穿殺了晉靈公。太史董狐直書：「趙盾弒其君。」趙盾對董狐施加壓力，讓他不要這樣寫，董狐不為所動。孔子稱讚他「古之良史也，書法不隱」。春秋時齊國崔杼殺齊莊公，太史記載「崔杼弒莊公」，崔杼將太史殺了。接任的太史照樣這樣寫，崔杼連殺了三個太史，第四個太史依然不為所動，崔杼也無可奈何。文天祥在宋室將亡之時堅持抗元，誓不投降，留下了「人生自古誰無死，留取丹心照汗青」的千古名句。明代嚴嵩當政，權勢熏天，許多正直的官員上疏彈劾嚴嵩，皆遭到嚴重的處罰。楊繼盛毫無畏懼，上疏彈劾嚴嵩十大罪狀，被投進死牢，受盡酷刑。楊繼盛在獄中寫下了「鐵肩擔道義，妙手著文章」的名聯。古往今來，這樣的仁人志士數不勝數，他們是擔起中國歷史的脊梁。

然而，也有許多迂儒，遇事只講氣節，意氣用事，不計後果。他們只知道「文死諫，武死戰」，並無處理實際事務的能力，其結果是成事不足，敗事有餘。清人曾批評明末清流空談誤國，是值得借鑑的教訓。

發表言論要公平正直，尤其要精細周詳，只有對事情作出精細周詳的分析，才能發表符合實際的公平正直的意見。若僅憑個人好惡，不做調查研究，便輕易作出結論，自以為公正，卻難免偏激失實。

二七

求科名❶之心者，未必有琴書之樂❷；講性命之學❸者，不可無經濟之才❹。

【注釋】❶科名　科舉功名。❷琴書之樂　彈琴寫字的快樂，通常用以形容文人雅士的生活樂趣。❸性命之學　指研究人的先天稟賦和後天修養的學問。性命是中國古代哲學範疇，儒家認為命即天命，是人事之外的天所決定的；性則是天道在人或物上的具體體現。❹經濟之才　經世濟時的才能。

【語譯】有求取功名之心的人，未必有彈琴寫字的快樂；講究性命之學的人，不能沒有經世濟時的才能。

【研析】中國的科舉制度，自隋朝開始，至明代達到鼎盛。明代的科舉分為鄉試、會試、殿試三級，鄉試、會試頭場考八股文。八股文以四書五經中文句為題，只能依照題義闡述其中的義理，解釋必須參考朱熹的《四書集注》。明代的科舉，成為文人踏入仕途的主要途徑，於是天下文人「兩耳不聞窗外事，一心只讀聖賢書」，孜孜鑽研八股時文，與科舉無關的歷史著作和詩詞歌賦遭到了排斥，學習琴棋書畫被認為是不務正業。祝允明年輕時喜讀古文——相對於科舉時文而言的散文，被人視作好高鶩遠的異類。唐順之年輕時致力於古文學習和創作，中年後認為是浪費精力，應該把精力集中在讀聖賢書上。他說：「詩文六藝與博襍記問，昔嘗強力好之，近始覺其羊棗昌歜之嗜，不足饑飽于人，非古人切問近思之義，於是取程、朱諸老先生之書，降心而伏讀焉。」八股制藝嚴重束縛了人們的思想，許多文人能把四書五經背誦得滾瓜爛熟，卻不知道司馬遷和《史記》，也不知道蘇東坡是誰，他們更無暇去享受琴棋書畫的樂趣了。對於科舉的弊病，明人已經有所察覺，歸有光說：「科舉之學，驅一世于利祿之中，而成一番人才世道，其蔽已極。士方沒首濡溺其間，無復知有人生當為之事，榮辱得喪，纏綿縈繫，不可解脫，以至老死而不悟。」顧炎武也憤慨地說：「八股盛而六經微，十八房興而二十一史廢。」「八股之害，甚於焚書。」清代小說《儒林外史》和《聊齋志異》也對科舉提出了尖銳的批評。

宋明理學的核心是探討人的本性，及人性與自然的關係，重視人的修身養性。他們將關注的目光從外物轉向內心，忽視了對客觀世界的認識和研究，理學還吸取了佛教禪宗的思維方法，容易流於空談。及至心學盛行，理學家更將思維封閉在內心世界裡，形成了談空說玄的風氣。理學家高談修養心性，而無處理實際事務的能力，顧炎武曾批評明末清談理學：「劉石亂華，本于清談之流禍，人人知之，孰知今日之清談，有甚于前代者。昔之清談老莊，今之清談孔孟。」顏元說：「僕嘗有言，訓詁、清談、禪宗、鄉愿，有一皆足以惑世誣民，而宋人兼之，烏得不晦聖道誤蒼生至此也。」明清有見識的文人於是提出以經濟之學補救理學空談之蔽。明代宋濂論文在強調宗經師古的同時，提倡務本崇實，將道德、事功、文章三者合一。楊慎提倡實學，成為開一代風氣的大家。清代曾國藩則提出義理之學、詞章之學、經濟之學、考據之學缺一不可。曾國藩本人，即既講性命之學，又有經濟之才的典範。

二八

潑婦之啼哭怒罵，伎倆❶要❷亦無多，唯靜而鎮之，則自止矣；讒人❸之簸弄挑唆❹，情形雖若甚迫，苟淡然置之，是自消矣。

【注釋】❶伎倆　手段；花招。❷要　總之；總歸。❸讒人　喜歡說壞話，簸弄是非的小人。❹簸弄挑唆　造謠生事；搬弄是非。

【語譯】潑婦啼哭怒罵，手段概括起來也不多，只要以靜制動，那麼她就會自己停止；喜歡進讒言的小人，造謠生事搬弄是非，情形雖然很緊迫，只要淡然地對待，就自然會消解。

【研析】俗話說，潑婦鬧事，慣用的手法是「一哭二餓三上吊」，鬧起來動靜很大，不過是虛張聲勢罷了。若識破她的伎倆，不為所動，潑婦見達不到目的，也就偃旗息鼓，自己收場了。小人尋釁生事，看似來勢洶洶，其實是色厲內荏，並不可怕。你越把他當回事，他就越來勁，若不予理睬，他也就黔驢技窮，陰謀無可施展了。以靜制動，以不變應萬變，是道家應付世事的原則和方法，用之於現實生活，確實有效果。

二九

肯救人坑坎❶中，便是活菩薩❷；能脫身牢籠❸外，便是大英雄。

【注釋】❶坑坎　坑坑窪窪，崎嶇不平的道路，比喻艱難困苦的境遇。❷活菩薩　比喻心地善良，能解救他人急難的人。❸牢籠　指束縛人思想行為的觀念和戒律。

【語譯】肯救人於艱難困苦的境地，就是活菩薩；能夠掙脫束縛人的牢籠，就是大英雄。

【研析】活菩薩有慈悲心腸，看到他人的不幸和痛苦，便感同身受，不由自主地伸出援助之手。這樣的活菩薩越多，社會就越和諧，生活也就更美好。有時候幫助別人並不難，只是舉手之勞，關鍵在於有沒有愛心。有句歌詞唱道：「若人人獻出一分愛，這個世界就更美好。」現在很多人變得麻木不仁，看到別人處於危難之中無動於衷。其中有些人是極端的利己主義，對自己沒有好處的事情決不去做，就像楊朱所說：「拔一毛而利天下，不為也。」也有人怕招惹是非，認為多一事不如少一事。同樣是濟貧扶困，動機也各不相同。有些富人熱衷於慈善事業，是為了沽名釣譽，能夠名利兼收；也有人相信因果報應，希望用善舉感動神佛，保佑他獲取更多的財富。其行為無可厚非，目的卻不高尚。也有人做善事並無功利目的，只是為了獲取自身心靈的滿足和快樂，其動機要比前者高尚。然而無行善之念，有行善之舉，其境界更高一等。因此，活菩薩能救人於危難，而救人於危難者並不都是活菩薩。

人生有各種各樣的牢籠。淡泊者將功名視作牢籠，隱逸者將官場視作牢籠，厭學者將學校視作牢籠，怠工者將職場視作牢籠，出家人將家庭視作牢籠，獨身者將愛情視作牢籠……凡是束縛人的行動和精神自由，限制個性發展的場所和境地，都可以視作牢籠。各人的境遇和人生目標不同，對牢籠的定義也就大不相同。對於某些人而言是牢籠，對某些人不啻是神仙福地。於是有些人想拼命掙脫牢籠，有些人卻拼命地往裡擠。人生就是這樣矛盾複雜、躁動嘈聒。當掙脫牢籠，個性得以自由發展，就會感受到精神的愉悅，猶如貫雲石在〈清江引〉曲中所言：「棄微名去來心快哉，一笑白雲外。知音三五人，痛飲何妨礙，醉袍袖舞嫌天地窄。」然而，人生就是個大牢籠，「一切文明都是在柵欄圍起來的不自由產物」。身處社會的人，必須遵守為維護社會穩定和秩序而制定的各種規章制度。一個人不可能不受任何拘束，他也就勢必生活在大大小小的牢籠中，不可能獲得絕對的自由。當一個人為獲得絕對自由，而超越社會規範時，社會就會嚴厲地懲罰他，使他失去更多的自由。

三十

氣性乖張❶，多是夭亡❷之子；語言深刻❸，終為薄福之人。

【注釋】❶氣性乖張　性情執拗怪僻。❷夭亡　短命早死。❸深刻　嚴峻苛刻。

【語譯】性情執拗怪僻，多是短命早死的人；語言尖酸刻薄，終究是福分淺薄的人。

【研析】具有良好的心態，是保持健康的重要因素。凡高壽者，都是心情平和，與世無爭，淡泊名利，榮辱不驚的人。性情乖張的人，大多脾氣怪異，性情暴躁，總是將自己與社會環境相對立，久而久之就會損害身心健康。

語言刻薄的人，容易得罪人，不僅得不到親朋好友的幫助，而且會招致別人的嫉恨，給自己帶來許多麻煩。做人要寬厚，語言也就不能太刻薄。

三一

志不可不高，志不高，則同流合污，無足有為矣；心❶不可太大，心太大，則捨近圖遠，難期有成矣。

【注釋】❶心　此處指心願，意念和欲望。

【語譯】志向不能不高，志向不高，就會與世俗同流合污，那就不能有所作為了；心願不可太大，心願太大，就會放棄切實可行的事情，而去追求遙不可及的目標，那就難以期望有所成就了。

【研析】人有了遠大的志向，有了明確的奮鬥目標，才能激勵自己奮發向上，通過不斷的努力實現自己的人生理想。古往今來，只有志存高遠者，才能成就大事業。項羽看到秦始皇出巡，威風異常，說「彼可取而代之」，最終項羽成為推翻秦皇朝的主力，自封為西楚霸王。霍去病立下「匈奴未滅，無以家為」的誓言，帶領軍隊犁庭掃穴，把匈奴趕往邊遠的大漠，勒石燕然，建立了不朽功業。諸葛亮躬耕南陽，「好為〈梁父吟〉，自比管仲樂毅」，出山後輔佐劉備打天下，創立了三分鼎立的局面。一個人若胸無大志，就會目光短淺，不思進取，斤斤計較蠅頭小利，變得市儈庸俗。

一個人既要有遠大的志向，又不可以好高騖遠，追求不切實際的理想。遠大的志向是經過努力能夠達到的目標，而不是虛無縹緲的幻想。樹立了遠大的志向後，就要像登山那樣，一步一個臺階地向上攀登。若要走捷徑，想一步登天，就什麼事情也做不成。

三二

貧賤非辱，貧賤而諂求❶於人為辱；富貴非榮，富貴而利濟於世❷為榮。

講大經綸❸，只是實實落落❹；有真學問，絕不怪怪奇奇。

【注釋】❶諂求　低聲下氣地求人。諂，奉承；獻媚。❷利濟於世　造福於世。利濟，救濟；以利濟人。❸大經綸　大道理。經綸，原指整理過的蠶絲，引申為籌劃管理國家大事。❹實實落落　實實在在。

【語譯】貧賤並不恥辱，貧賤而低聲下氣地求人才恥辱；富貴並不榮耀，富貴而能造福於世才值得榮耀。

講大道理，只是要實實在在；有真學問，絕不做奇奇怪怪的事情。

【研析】古代人宣揚安貧樂道，貧賤不可恥，貧賤而能堅守氣節，令人欽佩。孔子稱讚他最得意的弟子顏回：「賢哉回也！一簞食，一瓢飲，在陋巷，人不堪其憂，回也不改其樂。賢哉回也！」漢代袁安有令名，家境貧困。洛陽縣令去拜訪他，大雪封住了袁安家門，縣令命人掃雪推門而入，見袁安僵臥床上，快餓死了。縣令問他為何不求救於人，袁安說：「大雪人皆餓，不宜干人。」袁安高臥，或袁安臥雪，就成了讚揚貧士高節的典故。明代詩人高啟在〈梅花〉詩中說：「雪滿山中高士臥，月明林下美人來。」即以袁安比喻梅花的高潔。俗話說：「馬瘦毛長，人窮志短。」許多人身陷貧困，為了改變處境，不惜出賣自己的人格和尊嚴，取媚於權貴，依靠他人的施捨分得一杯羹。貧賤不可恥，貧賤而喪失氣節就可恥了。與不甘於貧賤而喪失氣節者相比，那些安貧樂道的人就顯得高尚多了。然而，安貧樂道終究是一種消極的生活態度。貧賤不可恥，但不能說越貧賤就越光榮。身陷貧賤，應該依靠自己的努力改變處境，若安於現狀，得過且過，就會不思上進，失去人生的目標。任何道德規範都有一定的適用範圍，當一個社會物欲橫流，道德淪喪的時候，宣揚安貧樂道有其積極意義。當一個國家要改變積貧積弱的現狀，一個家庭或個人要改變貧困的處境時，安貧樂道就顯露出消極的影響。

講治國安邦的大道理，必須落到實處，注重實效。滿腹經綸，只是紙上談兵，勢必誤國誤民誤己。中國的文人，尤其是心學盛行之後，高談性理修養，忽視對具體事物的研究和分析，缺乏解決國計民生具體問題的能力。清初有些學者有感於明末文人清談誤國，為糾正浮誇空談的學風，提倡經世致用的實學。

中國的魏晉和晚明時期，是文人思想比較解放，個性比較自由的時期。這兩個時期的文人，不受傳統禮教的束縛，經常做出驚世駭俗的舉動。魏晉時期的文人崇尚清談玄虛，帶有貴族化的傾向，而晚明文人受狂禪之風的影響，其生活方式具有更濃厚的世俗色彩。晚明文人追求生活享受，視聲色之好為人之正當欲望。許多人喜歡戲曲，他們不僅自己編劇，還與歌妓舞女同場獻藝。李贄在寺院中講學，與女弟子同居一室。這些都被認為是傷風敗俗的行為。明清易代之際，救亡壓到啟蒙，許多學者深感心學之流弊，提倡實學，主張無論做人還是做學問，都應該平實穩妥。

三三

古人比父子為橋梓❶，比兄弟為花萼❷，比朋友為芝蘭❸，敦倫❹者，當即物窮理❺也；今人稱諸生曰秀才❻，稱貢生曰明經❼，稱舉人曰孝廉❽，為士者，當顧名思義也。

【注釋】❶比父子為橋梓　《尚書大傳・梓材》：「伯禽與康叔見周公，三見而三笞之。康叔有駭色，謂伯禽曰：『有商子者，賢人也，與子見之。』乃見商子而問焉。商子曰：『南山之陽有木焉，名喬。』二三子往觀之，見喬實高高然而上，反以告商子。商子曰：『喬者，父道也；南山之陰有木焉，名梓。』二三子復往觀焉，見梓實晉晉然而俯，反以告商子。商子曰：『梓者，子道也。』二三子明日見周公，入門而趨，登堂而跪。」後以「喬梓」比喻父子關係。喬、梓皆木名。喬木高大挺拔，象徵父親的威嚴；梓木矮小輕軟，象徵子女的順服。「喬」有高大義，古代與「橋」相通，故「喬梓」亦作「橋梓」。❷比兄弟為花萼　花、萼同生一枝，萼包在花瓣外面，花開時托著花冠，以之比喻兄弟相親。《詩經・小雅・常棣》：「常棣之華，鄂不韡韡。凡今之人，莫如兄弟。」鄂，同「萼」。❸比朋友為芝蘭　《孔子家語》：「與善人居，如入芝蘭之室，久而不聞其香，即與之化矣」，後以芝蘭比喻朋友，意謂朋友之間可以互相勸勉，學習對方的長處和優點。芝蘭，香草名。❹敦倫　敦睦人倫，使人倫關係和睦。❺即物窮理　從具體事物中推究出道理來。程朱理學認為，「理」先於事物而存在，每個事物都是「理」的體現，因此要「即物窮理」，從每件事物中體悟出「理」。❻稱諸生曰秀才　明清時期，通過府、州、縣各級考試，獲得入學資格的讀書人，稱為生員。生員有增生、附生、廩生、例生等名目，通稱諸生。秀才，原指才能優秀，漢代舉士設秀才一科，唐宋間凡應舉者皆稱秀才，明清時專以稱入縣學的生員。❼稱貢生曰明經　科舉時代，選拔生員中學行優秀者，升入京師國子監（太學）學習，稱為貢生。明經，意為通曉經義，是漢至宋科舉取士的科目，明清時成為對貢生的敬稱。❽稱舉人曰孝廉　明清時期通過省一級考試者稱為舉人。孝廉，原指孝悌廉潔之士。漢代舉士設孝、廉兩科，後來合併為孝廉一科，州舉秀才，郡舉孝廉。隋唐時保留秀才之科，不設孝廉。明清時期，孝廉成為舉人的別稱。

【語譯】古人把父子比喻為橋梓，把兄弟比喻為花萼，把朋友比喻為芝蘭，要使人際關係親睦和諧，就應當從具體事物中領悟出處世的道理；現在人把諸生稱作秀才，把貢生稱作明經，把舉人稱作孝廉，作為讀書人，就應當從名稱領會到它的意義。

【研析】「即物窮理」是程朱理學提倡的修養方法。程朱理學認為天理是宇宙的最高主宰，它既是客觀世界的自然規律，又是人類社會的道德規範。而天理體現於具體事物之中，世上萬事萬物各不相同，但其體現的理只有一個，這就是程朱理學提出的「理一分殊」的命題。猶如天上的明月只有一輪，但映照在萬條江河之中，每條江河都有一輪明月，這就是朱熹提出的「月印萬川」之說。天理高高在上，人們無可企及，但通過對具體事物的體認，便能悟出理來。如喬木高大，梓木輕軟，可以從喬木和梓木不同的形態領悟到子女必須順從父母的道理。即物窮理的修養方法，給人指明了體認天理的切實途徑，但也很牽強繁瑣。王陽明曾在竹子下坐了三天，結果什麼道理也沒有悟到，反而生了一場大病。他由此創立心學，尋求更加直接簡便的體認天理的方法。

儒家講究正名，要名實相當。秀才原指有優異才能的人，漢代選拔人才，有秀才一科，挑選有才能的人做官。後來秀才指能進入公立學校學習的讀書人。明經是通曉經義的意思，後來成為科舉考試的一項科目。孝廉本意是孝順尊長，辦事廉政，漢代選拔人才專門有孝廉一科，明清時期成為舉人的別稱。秀才、明經、孝廉都是古代知識分子的稱號，顧名思義，知識分子應該有廣博的知識，深厚的道德修養，高尚的品質，以及卓越的才能。

三四

父兄有善行，子弟學之或不肖❶，父兄有惡行，子弟學之則無不肖，可知父兄教子弟，必正其身以率❷之，無庸❸徒事言詞也。

君子有過行❹，小人嫉之不能容，君子無過行，小人嫉之亦不能容，可知君子處小人，必平其氣以待之，不可稍形激切❺也。

【注釋】❶不肖　不相似，通常用來形容兒子不像父親。❷率　表率；榜樣。❸無庸　不需要；不必。❹過行　錯誤的行為。❺激切　激烈直率。

【語譯】父兄有良好的品行，子弟有時候學不像，父兄有惡劣的品行，子弟學起來沒有不像的，可知父兄教育子弟，一定要自己品行端正作出表率，不能只用言詞開導子弟。

君子有過失，小人嫉妒他不能相容，君子沒有過失，小人也嫉妒他不能相容，可知君子與小人相處，一定要平心靜氣地對待他，不能表露出一點激烈直率的態度。

【研析】俗話說：「學壞容易學好難。」好壞善惡的區分，體現了一個時代的道德標準。被稱為善的道德，一般是以群體利益為基本準繩，學好就是學習並養成約束自己，奉獻自己並適應社會的習慣，而學壞則是從極端自我出發，無視社會倫理道德規範，為維護個人利益而不惜損害群體利益的行為。個人和群體始終處於矛盾甚至對立的地位。社會內在的穩定需求，要求人類社會不斷形成一整套壓抑個性，適應社會的道德規範，而人類本身具有無窮追求個性擴展的天性，這種天性不斷引導人類的道德向更高層次前進，也不斷威脅著現有倫理秩序的穩定。在人類社會中，好和壞始終處於互相對立，互相鬥爭，互相轉化的過程中，學好和學壞的內涵沒有絕對的道德標準，不同的人群、不同的時代，對好壞的界定都有不同的道德標準。比如歌姬舞女在古代被視作下三濫的娼妓，學習歌舞伎藝是不思長進的惡行，有本南戲《宦門子弟錯立身》，講的就是良家子弟跑去戲班子學戲，被作者批評為「錯立身」，即誤入歧途。如今的演員是萬眾矚目的行業，很多家長從小就讓孩子學習唱歌跳舞，希望孩子們將來成為明星，他們絕不會認為是學壞。

雖然道德標準隨著時代的變化而有不同，但道德的核心卻始終如一，如誠實守信、刻苦勤儉、樂於助人、遵紀守法等等，不管在什麼時代什麼場合，都是應該提倡的，這也許可以稱為「普世價值觀念」。而這些基本的道德觀念，也都是以維護群體利益為基點，以道德規範約束自己行動為準則的。人的天性渴望自由發展，追求率意適興的生活方式，而道德觀念是經過後天的教育獲得的，用道德觀念約束自己，必然會覺得個性受到壓抑的痛苦，必須經過磨練才能養成良好的道德品質。由此而言，學壞如水之下流，從善如登山涉險，其間難易的區別顯然可見。

身教重於言教，孔子說：「其身正，不令而行；其身不正，雖令不從。」漢代第五倫說：「以言教者訟，以身教者從。」青少年世事閱歷尚淺，對於人生的大道理並無深切的體會，對於空洞抽象的說教有本能的牴觸。青少年面對陌生的世界充滿了好奇，具有模仿大人的天性和興趣，尊親師長的一言一行，對於他們都有深刻的影響。而以行為作表率，更直觀形象，比空洞的說教更容易為子弟接受。因此必須重視對青少年的家庭教育，在進行言教的同時，要更重視身教，一言一行都要為子女作表率。

君子小人如水火之不相容。君子坦蕩蕩，無害人之心，小人心懷叵測，總想算計別人，因此君子多被小人傷害。中國傳統思想講「以德報怨」，從感情上去感化他們。本書第八條說：「待小人宜敬，敬心可以化邪心。」是同樣的意思。詳解見前。

三五

守身❶不敢妄為，恐貽❷羞於父母；創業還需深慮，恐貽害於子孫。

【注釋】❶守身　堅持做人的原則，保持良好的品德和節操。❷貽　給予；遺留。

【語譯】保持良好的品德不敢胡作非為，恐怕給父母帶來恥辱；創業還要深思熟慮，恐怕給子孫留下禍患。

【研析】守身即做人，做人要堅持原則，保持良好的品德和節操，是放之四海而皆準的道理。中國傳統觀念更重視個人的道德修養，將個人的品質和群體利益、國家盛衰緊密結合，提出了「修身齊家治國平天下」的一套理論。中國宗法社會尤其重視門第家風，個人的行為首先要對家庭和父母負責，當個人利益與家庭相衝突，子女意見和父母相違背時，要首先考慮家庭利益，服從父母的意見。為家庭和父母爭光，是子女不容推辭的責任。「守身不敢妄為，恐貽羞於父母」，就成了許多人堅守的信條。

創業積累的財富，留給後人是禍是福，前文已多次提及。作者贊同這樣的觀點：留財富給後人，不如留德行給後人，不如傳給後人謀生的技能。留財富而不傳德行技能給後人，只會培養出不學無術，不事生產的紈綺子弟，其結果便是敗家蕩產，落得個無處存身的下場。父母創業時，應該遠慮及此。

三六

無論做何等人，總不可有勢利氣；無論習何等業，總不可有粗浮心。

【語　譯】無論做什麼樣的人，都不能有勢利的習氣；無論從事什麼職業，都不能有粗疏浮躁的心性。

【研　析】何謂勢利？勢利即趨炎附勢、見利忘義，為求一己之私利而不擇手段。古人批評勢利者「有錢有勢即相知，無財無勢同陌路」，「君子之游世也以德，故不患乎無位；小人之游世也以利勢，故患得患失，無所不為」。勢利的人遇見權貴富豪，阿諛奉承，溜鬚拍馬，全然不顧自己的人格和尊嚴；遇到無權無勢的人，則冷眼相對，傲氣凌人，全然不尊重對方的人格和尊嚴。勢利者都是不講道德，沒有節操的小人，為爭名奪利不講誠信，沒有人情，所以總是把勢利和小人聯繫在一起，稱之為「勢利小人」。這樣的勢利小人，也許能得逞一時，最終必然會露出真面目，遭到眾人的唾棄。

做事情不可心煩氣躁，要確立切實可行的目標，不能好高騖遠，不切實際。在具體實施時，要踏實認真，不能有一點馬虎，這樣才能有所成就。

三七

知道自家是何等身分❶，則不敢虛驕❷矣；想到他日是那樣下場，則可以發憤矣。

【注釋】❶身分　手段；本領，此處指一個人的能力和素質。❷虛驕　狂妄驕傲。

【語譯】知道自己有什麼樣的能耐，就不敢狂妄驕傲了；想到他日是那樣的下場，就可以發憤圖強了。

【研析】「知道自家是何等身分」，意為有自知之明。自知即自我認知，是個體對自己存在的覺察，認識自身的特點，包括有何特長和不足。只有對自己有正確的認識和評價，才能正確地把握自己，既不好高騖遠，也不妄自菲薄，才能揚長避短，獲得事業的成功。楚漢相爭，劉邦能戰勝項羽一統天下，就是因為他有自知之明。劉邦曾說：「夫運籌帷幄之中，決勝千里之外，吾不如子房；鎮國家，撫百姓，給餉饋，不絕糧道，吾不如蕭何；連百萬之眾，戰必勝，攻必取，吾不如韓信。此三者皆人傑，吾能用之，此吾所以取天下者也。」項羽自以為依仗自己「力拔山兮氣蓋世」的英勇可以橫掃天下，最終落得個自刎烏江的下場。戰國時趙括從小熟讀兵法，自以為天下無敵，後來代替廉頗統帥趙軍，與秦軍交戰，毫無實戰經驗，結果全軍覆沒。自知是正確認識世界的可靠方法之一，對於一個人的立德修身至關重要。老子說：「知人者智也，自知者明也。」江紹倫《教與育的心理學》說：「只有深刻的自知之感，才能保護一個人不致墜入錯誤表達、偏見和虛假意圖的深淵。」知人難，自知更難。由於受自身個性和智力的侷限，以及社會地位和環境的影響，人們往往不能正確地認識自己，尤其當一個人身居高位，處於輿論焦點時，人們對自己的認識往往為他人評價所左右，或生活在自己心造的虛幻之中。《戰國策》載有這樣一個故事：齊國鄒忌身高八尺，相貌堂堂，聽說城北徐公是個美男子，就問妻子：「我和徐公誰美？」妻子說：「徐公怎麼比得上你。」鄒忌不放心，再去問妾，妾也說徐公比不上他。又去問賓客，賓客的回答是一樣的。過了幾天，徐公來拜訪鄒忌，鄒忌發覺自己的相貌遠遠不及徐公。鄒忌經過思考，才明白妻子說自己比徐公漂亮，是因為妻子愛自己；妾說自己比徐公漂亮，是因為怕自己；賓客說自己比徐公漂亮，是因為有求於自己。如果不是親眼見到徐公，鄒忌也許真的認為自己比徐公漂亮了。由此可見，自知確實不易。

少壯不努力，老大徒傷悲。如果在年輕的時候不發憤圖強，在事業上做出一番成就，老來一事無成，就悔之莫及。

三八

常人突遭禍患，可決其再興，心動於警勵❶也；大家❷漸及消亡，難期其復振，勢成於因循❸也。

【注釋】❶警勵　告誡、勉勵。❷大家　大戶人家，舊指豪門貴族。❸因循　因循守舊，不思進取。

【語譯】普通人突然遭到禍患，可以肯定他能重新振作，因為禍患激勵他奮發圖強；大戶人家逐漸沒落，難以期望它能復興，因為沒落的形勢是由因循守舊而造成的。

【研析】孟子在談及「生於憂患，死於安樂」時說：「天將降大任於是人也，必先苦其心志，勞其筋骨，餓其體膚，空乏其身，行拂亂其所為，所以動心忍性，曾益其所不能。」能擔當歷史重任的人，必然要經過艱苦的磨練，在苦難中激勵意志，培養堅韌的性格，不斷增強才幹。越王句踐慘遭亡國之痛，於是臥薪嘗膽，十年生聚，十年教訓，最終滅吳復國。韓信年輕時到處漂泊，曾受胯下之辱，由此激發他的進取之心，最後成了興漢滅楚的開國功臣。對於一般人來說，在經受禍患之後，意志薄弱者一蹶不振，屈服於命運的安排；意志堅強者更激發鬥志，勇敢地向命運挑戰。艱難困苦是磨練人們意志和品質的試金石，所謂「寶劍鋒從磨練出，梅花香經嚴寒來」，只有不畏艱險，勇於攀登的人，才能抵達人生的頂峰。

一個大家庭，甚至一個家族、一個國家的消亡，都是一個「勢成於因循」的漸進過程。大家庭家底厚實，開始敗落時癥狀並不明顯，表面上依然維持著繁榮興旺的局面。人們被假象所蒙蔽，還是沉醉在安樂豫逸之中，對日益積累的各種弊端和成規陋習熟視無睹，對即將敗亡的預兆無所警覺。時間久了，危機日益深重，敗象日益顯露，再想興利除弊，挽回局面，已是積重難返，無濟於事了。正如《紅樓夢》中的賈府，就像冷子興所說的那樣：「古人有言：『百足之蟲，死而不僵』，如今雖說不似先年那樣興盛，較之平常仕宦人家，到底氣象不同。如今人口日多，事務日盛，主僕上下，都是安富尊榮，運籌謀畫的竟無一個。那日用排場，又不能將就省儉，如今外面的架子雖沒有倒，內囊卻也盡上來了。這也是小事，更有一件大事：誰知這樣鐘鳴鼎食的人家兒，如今養的兒孫，竟一代不如一代了！」《紅樓夢》通過對賈府由盛而衰的描寫，揭示了封建王朝潛伏的深沉危機，而安富尊榮，不思進取，無人謀劃，兒孫一代不如一代，是一個大家庭甚或一個國家走向敗亡的主要原因。清代龔自珍在〈乙丙之際箸議〉中指出，封建王朝最大的危機在於人才的匱乏，士人的淪落。

三九

天地無窮期❶，生命則有窮期，去一日便少一日；富貴有定數❷，學問則無定數，求一分便得一分。

【注釋】❶窮期　窮盡；盡頭。❷定數　一定的氣數。古代宿命論認為，人世間的禍福、貴賤及命運都是生前註定，不是人力可以改變的。

【語譯】天地沒有窮盡，生命則有窮盡，過一天就少一天；富貴是上天限定的，學問則沒有止境，求一分學問就能得到一分收穫。

【研　析】「天地無窮期，生命則有窮期」是生命意識的表現。生命意識的覺醒起始於魏晉時期，表現為對生命意義的認識和對時光的珍惜，魏晉詩歌充滿了對時光的飄忽和人生短促的感歎。曹操〈短歌行〉悲涼地唱道：「對酒當歌，人生幾何？譬如朝露，去日苦多。慨當以慷，憂思難忘。」人們開始以嚴肅的態度探討生命的價值和生死問題，〈蘭亭集序〉云：「向之所欣，俛仰之間，已為陳跡，猶不能不以之興懷。況修短隨化，終期於盡。古人云死生亦大矣，豈不痛哉！」面對流逝的時光和不可避免的死亡，有人產生了虛無思想，阮籍〈詠懷〉詩說：「丘墓蔽山岡，萬代同一時。千秋萬歲後，榮名安所之。」既然人生苦短，不如及時行樂，〈古詩十九首〉寫道：

「生年不滿百，常懷千歲憂。晝短苦夜長，何不秉燭游？為樂當及時，何能待來茲？愚者愛惜費，但為後世嗤。仙人王子喬，難可與等期。」感歎人生易逝，宣揚及時行樂，成為中國文人的普遍心態和詩歌的重要旋律，李白〈把酒問月〉云：「今人不見古時月，今月曾經照古人。古人今人若流水，共看明月皆如此。惟願當歌對酒時，月光長照金樽裡。」

繼魏晉之後，晚明是個性最張揚，生命意識最強烈的時期。感歎時光易逝，生命短暫，宣揚及時行樂的思想，在唐寅的詩歌中表現得最為集中和鮮明。他在〈一年歌〉中說道：「一年三百六十日，春夏秋冬各九十。冬寒夏熱最難當，寒則如刀熱如炙。春三秋九號溫和，天氣溫和風雨多。一年細算良辰少，況又難逢美景何。美景良辰儻遭遇，又有賞心並樂事。不燒高燭對芳尊，也是虛生在人世。古人有言亦達哉，勸人秉燭夜遊來。春宵一刻千金價，我道千金買不回。」〈一世歌〉又云：「人生七十古來少，前除幼年後除老。中間光景不多時，又有炎霜和煩惱。花前月下得高歌，急須滿把金尊倒。世人錢多賺不盡，朝裡官多做不了。官大錢多心轉憂，落得自家白頭早。春夏秋冬燃指間，鐘送黃昏雞報曉。請君細點眼前人，一年一度埋芳草。草裡高低多少墳，一年一半無人掃。」與許多文人虛無的生活態度不同，一些哲人採取了更為積極進取的生活態度，他們也認識到人生苦短，時光易逝，因此更加珍惜時間，強調「一寸光陰一寸金，寸金難買寸光陰」，「少壯不努力，老大徒傷悲」。朱熹有詩道：「少年易老學難成，一寸光陰不可輕。未覺池塘春草夢，階前梧葉已秋聲。」他們以建功立業為人生目標，訓誡人們不可蹉跎光陰，應該毫不鬆懈地努力學習和工作。這是生命意識的另一種表現。

古人認為，一個人的功名富貴是命裡註定的，若違反天意，去追求額外的功名富貴，反而會招致災禍。功名富貴既要靠努力，還要靠機遇，並不是光靠努力就能獲得的。而學問卻無止境，有一分努力便有一分收穫。

四十

處事有何定憑❶？但求此心過得去；立業無論大小，總要此身做得來。

【注釋】❶定憑　固定的標準、依據。

【語譯】處事有什麼固定的標準？只求心上能過得去。創立事業無論大小，總要自己做得來。

【研析】人們常說：「憑良心做事」，良心是對是非內在的正確認識，是一個人在沒有任何外在因素支配或影響下，做出各種善舉的內心原動力，也可以說是在沒有人知道下，「做好事不做壞事」的一種自我省視、自我監督的精神力量。康德說：「良心是一種根據道德準則來判斷自己的本能。」弗洛伊德認為「良心是一種內心的感覺，是對於躁動於我們體內的某種異常欲望的抵制」。簡言之，良心即善良之心，也即孟子所說的「赤子之心」和「良知」。孟子說：「惻隱之心人皆有之，羞惡之心人皆有之，恭敬之心人皆有之，是非之心人皆有之。惻隱之心，仁也；羞惡之心，義也；恭敬之心，禮也；是非之心，智也。仁義禮智，非由外鑠我也，我固有之也，弗思耳矣。」良心即天賦予人的道德之心。良心具體表現為惻隱之心、仁愛之心、誠信之心、忠恕之心等等。憑良心做事，是發自內心的自覺行為，不是為外力所逼迫而不得已的舉動，因此具有堅定性和一貫性，「見利不虧其義，見死不更其守」。憑良心做事，即使不為人理解，沒有回報，也盡心盡力地去做，所謂「蘭出幽香，不為莫服而不芳；舟在江海，不為莫乘而不浮；君子行義，不為莫知而止休」。憑良心做事，就能做到「慎獨」，「莫見乎隱，莫顯乎微」，不愧屋漏，不懼夜語，表裡如一，始終如一。然而，憑良心做事，只求心之所安，往往只是一時的衝動，忽略了實際效果。每個人的道德水準和價值觀念不同，個人認為值得去做的事情，並不一定符合對方或群體的利益。良心要受理智的約束，憑良心做事要通過實際效果的檢驗，如果只是憑良心做事，當個人的道德和價值觀念與整個社會的道德標準、價值尺度不一致，甚至產生矛盾時，就會「好心辦壞事」。

做事要量力而行，切忌好高騖遠，這是很平常的道理。但人們往往會做一些力所不及的事情，是因為對自己的能力作了錯誤的估計。「人貴自知之明」，正確認識自己的長處和不足，是事業成功的必要條件。

四一

氣性[1]不和平，則文章事功[2]俱無足取；語言多矯飾[3]，則人品心術盡屬可疑。

【注　釋】❶氣性　氣質、性情。❷文章事功　指學問和事業的成就。❸矯飾　矯揉做作；虛偽不實。

【語　譯】性情不平和，那麼學問和事業都不會有成就；語言多浮誇，那麼人品心術都令人懷疑。

【研　析】蘇軾〈答張文潛書〉說：「子由之文實勝僕，而世俗不知，乃以為不如；其為人深不願人知之，其文如其為人。」「其文如其為人」一語，就成為「文如其人」的文學批評標準的由來。文如其人，其意為文章是一個人性格、修養和才情的自然流露，文章所表達的思想感情和風格，與作者本人的人格和修養是一致的。明代作家唐順之提出文學批評的「本色論」，他在〈答茅鹿門知縣書〉中強調文章與人格的統一，認為陶淵明超塵脫俗，人格高，詩格也高，雖不較聲律，不雕文句，「但信手寫出，便是宇宙間第一等好詩」。沈約貪戀利祿，人品猥瑣，故詩品不高，雖然「苦卻一生精力」，在詩的聲調格律、文采修飾上下盡工夫，但寫出的詩卻不堪一讀。清代葉燮也說：「功名之士，必不能為泉石淡泊之音；輕浮之子，必不能為敦厚大雅之響。」文章所體現的思想感情和藝術風格，與作者的修養、知識和個性有關，一個思想淺薄的人，不可能寫出思想深刻的文章，人的個性有剛烈和溫柔的區別，文章的風格也就有陽剛之美和陰柔之美的不同。

然而不能把文章和作者簡單地等同起來，古代文章的概念，包括政論文、應用文和文學美文。政論文、應用文直接表達作者的立場和觀點，而文學則經過藝術虛構和誇張，是對現實變形的描繪，作者的思想感情和立場觀點，往往隱藏在文學形象之中，而不易為人所覺察。另一方面，人本身是多種性格的複雜組合，而且隨著時間的推移和境遇的不同而發生變化。因此，許多人對「文如其人」的觀點提出了批評。元好問〈論詩絕句〉說：「心畫心聲總失真，文章寧復見為人。高情千古〈閒居賦〉，爭信安仁拜路塵。」晉代詩人潘岳，字安仁。他最著名的作品是〈閒居賦〉，表達了遠離世俗，追求隱逸生活的淡泊襟懷。然而，他在現實生活中是個熱衷利祿，行為卑劣的小人。他奉承權貴賈謐，看到賈謐車駕揚起的塵土，就跪拜在地。「望塵拜」就成了取媚權貴的典故。清代魏禧也說：「大奸能為大忠之文，至拙能襲至巧之語，雖孟子知言，亦不能以文章觀人。」嚴嵩是歷史上有名的奸相，幾百年來一直遭人唾罵，可是他的《鈐山堂集》中有不少清麗可讀的詩歌。嚴嵩隱居鈐山十餘年，他的同年進士多身居高位，但他不為所動，一心讀書做學問，他在此期間寫的詩，表述了他不慕虛名，悠遊山林的情趣。嚴嵩在任禮部侍郎、尚書時，勤於政事，禮賢下士。及至他入閣拜相，執掌朝政多年，才養成了獨斷專橫的性格，在結黨營私、排斥異己方面做了不少壞事。如何客觀公正地評價嚴嵩，是個複雜的歷史問題，在此不能展開，但他在《鈐山堂集》所表現的自我形象，既不能說是虛假的，也不能說完全正確。

與「文如其人」相關聯，是「言為心聲」。漢代揚雄《法言》說：「故言，心聲也；書，心畫也。聲畫形，君子小人見矣。」語言是思維的工具，是人們思想感情最直接的表達。中國傳統思想推崇返璞歸真，反對偽詐智巧。老子提出「信言不美，美言不信」，認為樸實的語言才是真實可靠的，而華麗的語詞則缺乏誠信。孔子也說「辭達而已矣」，語言只要將意思表達清楚就可以了，不需要華麗的辭藻。漢人注解《論語》說得更明白：「凡事莫過於實，辭達則足矣，不煩文艷之辭。」「辭取達意而止，不以富麗為工」。孔子批評道：「巧言令色，鮮矣仁。」認為滿口花言巧語的人，都是心懷叵測的偽君子。花言巧語的人，或者炫耀自己，或者取悅於人，都有不可告人之目的。中國傳統觀念提倡人要誠樸，話要實在，體現於文學批評，推崇醇厚質樸，反對浮華矯飾的風格。

四二

誤用聰明，何若一生守拙❶；濫交朋友，不如終日讀書。

【注釋】❶守拙　安分守己，不求名利。

【語譯】錯誤地耍小聰明，不如一生安分守己；濫交朋友，不如整天讀書。

【研析】聰明本是優點，但太過聰明也不是好事，誤用聰明更要壞事。海默說：「有一種缺點叫聰明。」聰明人容易在事業上獲得成功，然而成就越大，風險也越大。聰明人往往恃才傲物，覺得舉世皆醉，惟我獨醒，會有孤獨無助的感覺。聰明人爭強好勝，不甘寂寞，經常要炫耀自己超出常人的才華，因此容易遭人嫉妒。蘇軾以詩文而名滿天下，也因詩文無端惹出「烏臺詩案」，身陷囹圄，幾至殞命。蘇軾在〈洗兒戲作〉詩中感歎道：「人皆養子望聰明，我被聰明誤一身。惟願孩兒愚且魯，無災無難到公卿。」聰明人做事喜歡走捷徑，希望以較小的付出獲取更大的利益，結果是欲速則不達，耍小聰明的結果卻是「聰明反被聰明誤」。越是聰明的人，越是有非分之想，為達到目的而不擇手段，這樣誤用聰明的後果更嚴重。黃庭堅有感於人們在名利場的爭逐，作〈牧童〉詩說：「多少長安名利客，機關用盡不如君。」很多人為獲取功名煞費苦心，終生不得安寧，還不如牧童逍遙自在。《紅樓夢》中林黛玉是個聰明伶俐之人，正因為過於聰明，惹出許多猜疑，引來無端煩惱，不僅得罪了許多人，自己也身染重病，香消玉殞。王熙鳳是個絕頂聰明的人，她耍盡手段，在賈府爭寵爭權爭利，到頭來落得身敗名裂的悲慘下場，正是「機關算盡太聰明，反誤了卿卿性命」。與林黛玉、王熙鳳截然不同的是薛寶釵和李紈，這兩個人「安分隨時，自云守拙」，與世無爭，不惹是非，贏得了眾人的尊敬和愛戴。

古人深知「聰明反被聰明誤」的道理，提倡「守拙」以自保。老子說：「大智若愚，大巧若拙。」陶淵明〈歸園田居〉詩說：「開荒南野際，守拙歸田園。」白居易〈養拙〉詩說：「鐵柔不為劍，木曲不為轅。今我亦如此，愚蒙不及門。甘心謝名利，滅跡歸丘園。」歐陽修〈辭宣徽使第六劄子〉說：「大抵時多喜於新奇，則苟獨思守拙；眾方興於功利，則苟欲循常。」綜合諸家所言，守拙的涵義主要是謙遜退讓，清貧自守。不管外界環境和條件如何變化，不管人們對時尚怎樣趨之若鶩，始終固守著一分追求中的執著，一種躁世中的沉默，一分繁華中的淡泊。守拙的人做事勤懇踏實，不願意犯難冒險。守拙的人不露鋒芒，競爭者不會將他當作敵人。守拙的人沒有非分之想，所以很滿足。守拙的人不去算計別人，所以很瀟灑。在世事險惡，人情翻覆的社會中，守拙是一種自保的有效方法。

人生在世，不能沒有朋友。但朋友有很多種，孔子說：「益者三友，損者三友。友直、友諒、友多聞，益矣。友便辟、友善柔、友便佞，損矣。」與正直、寬容、博學的人為友，對自己很有益，與善於迎合、諂媚逢迎、花言巧語的人做朋友，就會給自己帶來傷害。在現實中，有可以互相交流的知己朋友，有在困難時刻全力救助的患難之交，也有吃喝玩樂的酒肉朋友，為非作歹的狐群狗黨。交友不慎，將帶來無窮的禍患。南戲《殺狗記》寫孫華結交市井小人，將家產揮霍一空。孫華的妻子為規勸丈夫，殺狗扮作人屍埋在雪中，使酒醉的丈夫誤以為死人，慌亂中讓朋友幫他掩埋屍首。朋友不僅不幫忙，還落井下石，到官府告孫華殺人，孫華因此被關進大牢。在現實中，青少年因交友不慎，而走上犯罪道路的也不在少數。濫交朋友不如讀書，讀書能使人懂得做人的道理，增長知識，即所謂「開卷有益」。

四三

看書須放開眼孔❶，做人要立定腳跟。

【注釋】❶放開眼孔　放開眼界；視野開闊。

【語譯】讀書要放開眼界，做人要立場堅定。

【研析】讀書要放開眼界，有三層意思。首先，讀書要勤於思考，不僅要讀懂字面上的意思，更要探求隱藏在文字背後的深層含義。其次，讀書要敢於質疑，發現書中的問題。孟子說「盡信書不如無書」，善於發現問題，隨後努力去解決問題，才能使學問不斷長進，不至於被書本的作者牽著鼻子走。第三，讀書要能觸類旁通，舉一反三，既要進得去，又要出得來。當今科學迅猛發展，各學科互相滲透的趨勢越來越明顯，這就要求我們具有更廣闊的視野，成為博學廣識的通才。

做人立定腳跟，即有堅定的立場和信念，固守應有的道德規範。只有立定腳跟，才能有明確的人生目標，毫不鬆懈地向著既定目標前進；只有立定腳跟，才能禁受種種磨難和考驗，實現自己的理想；只有立定腳跟，才能明辨是非，堅持操守，不為世俗風尚所動搖。立定腳跟，就是有堅定的信仰。人是需要有點信仰的，信仰是約束人們趨善棄惡的精神力量，使人有所尋求，有所寄託，有所守護，有所敬畏。信仰能托起沉淪的人生，點亮心靈的燈盞。一個人沒有信仰，就會變成物質的奴隸，變成一具行屍走肉。一個國家、一個民族沒有信仰，就會無可救藥地墮落下去，於是離民族的消亡、國家的崩潰不遠了。

四四

嚴❶近乎矜❷，然嚴是正氣，矜是乖氣❸，故持身❹貴嚴，而不可矜；謙似乎諂，然謙是虛心，諂是媚心❺，故處世貴謙，而不可諂。

【注釋】❶嚴　嚴謹；莊重。❷矜　驕矜自負。❸乖氣　乖戾之氣；邪氣。❹持身　立身處世。❺媚心　取媚之心，為一己私利曲意奉承討好他人。

【語　譯】嚴謹莊重和驕矜自負看起來相似，然而嚴謹莊重是正氣，驕矜自負是邪氣，因此做人貴在嚴謹莊重，而不可驕矜自負；謙遜和諂媚看起來相似，然而謙遜是虛心，諂媚是取媚之心，因此與人相處貴在謙遜，而不可諂媚。

【研　析】「嚴近乎矜」是在語義上兜圈子。嚴和矜都是多義字，嚴有嚴肅、嚴謹、莊重的意思，矜有端莊、慎重、自誇、驕傲等意思。矜作端莊、慎重解時，與嚴的意思相近，莊重與矜持可以互用，而嚴沒有自誇與驕傲的意思。矜用於自誇和驕傲時，多為貶義，如《管子》：「功大而不伐，業明而不矜。」司馬光〈送同年郎景微歸會館榮覲序〉：「是以得之者矜誇滿志，焜耀於物，如謂天下莫己若也。」矜用作端莊、慎重時，則為褒義，如《論語》說：「君子矜而不爭。」《尚書》說：「不矜細行，終累大德。」說「矜是乖氣」，持身「不可矜」，並不準確。當然，莊重嚴謹的人，是不會自我吹噓，驕傲自大的。

謙虛和諂媚在行跡上有相似之處，但實質大不相同。謙虛的人低調行事，從不自我誇耀，經常認識自己的不足，從不驕傲自大。諂媚的人為了攫取私利，總是通過貶低自己來討好別人，貌似謙虛，實則喪失人格。謙虛本是美德，但過分謙虛，就會變得虛偽。任何道德皆有一定適用的範圍和界線，重要的是掌握一個度，超越了範圍和界線，就會走向反面。猶如忠孝，本是美德，但到了愚忠愚孝的地步，就成了扼殺人性的行為，不值得提倡了。

四五

財不患其不得，患財得而不能善用其財；祿❶不患其不來，患祿來而不能無愧其祿。

【注釋】❶祿　祿位，官員的俸祿和職位。

【語譯】不怕得不到財富，只怕得到財富卻不能合適地使用財富；不怕祿位不來，只怕取得祿位卻不能無愧於心。

【研析】通過勤勞和經營，人們總能獲得財富，只是數量多少而已。如何使用財富，卻不是每個人都明白的。獲得財富不是最終目的，通過使用財富而得到精神和物質的滿足，才是獲取財富的意義所在。有人把掙錢作為生活的最終的目標，有了錢捨不得用，只想錢上滾錢，於是成為守財奴。錢本來就是用來花的，有了錢不花，錢變成了死錢，人變成了金錢的奴隸。《金瓶梅》中西門慶是個十惡不赦的壞蛋，但他又是個有頭腦的精明商人。他曾說過：「(錢)那東西是好動不喜靜的，怎肯埋沒在一處，也是天生應人用的。一個人堆積，就有一個人缺少了，因此積下財寶極有罪的。」西門慶主張通過消費促進貨幣的流通，和節儉聚財的傳統觀念相矛盾，代表了當時市民的觀點。西門慶一方面瘋狂地聚斂財富，一方面揮霍無度，過著荒淫奢靡的生活，這是不善用財的另一種表現。人追求舒適的生活無可厚非，但若荒淫過度，不僅浪費了錢財，而且會危及生命，西門慶的結局就是很好的警示。《紅樓夢》中賈府，也曾花團錦簇地繁華過，但禁不起一幫紈絝子弟的揮霍，最終家底被掏空，逐漸走向沒落。人們有了一定的經濟基礎，應當享受生活，但這樣的享受是有一定限度的。

有句戲詞唱道：「當官不為民作主，不如回家賣紅薯。」在其位就要謀其政，要服務民眾，造福桑梓，這樣才無愧於祿位。有些人身居高位，無所事事，尸位素餐，得過且過；有人以權謀私，貪贓枉法；還有人拿了納稅人的錢，反過來欺壓納稅人。這樣的官員，得不到民眾的擁戴，只能在歷史上留下罵名。

四六

交朋友增體面，不如交朋友益身心；教子弟求顯榮❶，不如教子弟立品行。

【注釋】❶顯榮　顯赫榮耀。

【語譯】交朋友增加自己的體面，不如交朋友有益於身心；教導子弟追求顯赫榮耀，不如教導子弟建立良好的品行。

【研　析】人生在世，不能沒有朋友，但結交朋友的目的和方式各有不同，於是有君子之交和小人之交的區別。小人之交是為了結黨營私，以利相交，利盡而散。有些人交朋友互相吹捧，壯大聲勢，文人和藝人間此類事情甚多，用現今的話來講就是互相炒作。也有人攀龍附鳳，專門結交權貴名人，其目的也是要抬高自己的身價，從中獲取個人私利。君子之交則不然，孔子說：「君子矜而不爭，群而不黨。」「君子周而不比，小人比而不周。」，「君子卓而不群，朋而不黨。」其意為君子並不以私利拉幫結夥，而是為了國家和集體的共同利益團結在一起。歐陽修在〈朋黨論〉中對君子之交和小人之交做了深刻的論析：「臣聞朋黨之說，自古有之，惟幸人君辨其君子小人而已。大凡君子與君子，以同道為朋；小人與小人，以同利為朋。此自然之理也。然臣謂小人無朋，惟君子則有之。其故何哉？小人所好者利祿也，所貪者貨財也。當其同利之時，暫相黨引以為朋者，偽也。及其見利而爭先，或利盡而交疏，則反相賊害，雖其兄弟親戚，不能相保。故臣謂小人無朋，其暫為朋者，偽也。君子則不然。所守者道義，所行者忠信，所惜者名節。以之修身，則同道而相益；以之事國，則同心而共濟；終始如一，此君子之朋也。」小人以利相交，當利益暫時一致時，他們抱團結夥，當利益發生衝突時，就反目成仇。君子以道義相交，在道德修養方面互相交流，共同提高，為國家和集體利益同舟共濟，互相激勵。君子之交才能始終如一，長久不變。

富貴榮耀是過眼煙雲，修養品德是立身之本。如果沒有品德修養，即使獲得富貴榮耀，不是福而是禍。

四七

君子存心❶，但憑❷忠信，而婦孺皆敬之如神，所以君子落得❸為君子；小人處世，盡設機關❹，而鄉黨❺皆避之若鬼，所以小人枉❻做了小人。

【注釋】❶存心　居心，心中的念頭。❷但憑　任憑；聽任。❸落得　樂得；願意去做。❹機關　計謀；心機。❺鄉黨　鄉鄰。❻枉　徒然；白白地。

【語譯】君子心中所想，只是依據忠誠守信，婦女小孩都把他當成神明敬奉，所以君子樂意成為君子。小人處事待物，使盡陰謀詭計，鄉鄰都把他當成鬼怪躲避，所以小人白白地做了小人。

【研析】君子心地善良，以忠誠守信待人接物，猶如春風化雨，澤被萬物，受到人們的普遍尊敬。然而，婦孺將君子視作神明，說明民眾的愚昧，也說明君子高高在上脫離群眾，是儒家宣揚「上智下愚」的結果。小人一貫損人利己，人們唯恐躲避不及。當眾人遠離小人，小人的鬼蜮伎倆也就無從施展。君子與小人，神明與鬼蜮，其區別也就在一念之間，心存忠信即為君子、神明，心存邪念即為小人、鬼蜮。

四八

求個良心❶管我，留些餘地處人。

【注釋】❶良心　天然的善良本性，也指明辨是非善惡之心。

【語譯】求得一個明辨是非善惡的良心來管束自己，與人相處要給對方留有餘地。

【研析】「求個良心管我」即憑良心做事。前文已說到，良心是對是非內在的正確認識，是自我省視、自我監督的精神力量。良心即善心，即孟子所說的「良知」。宋明理學發展了孟子的「良知說」，將良心視作道德意識主體，是非善惡的標準，「良知只是個是非之心，是非只是個好惡，只好惡就盡了是非，只是非就盡了萬事萬變」。良知，即良心，是人們辨別是非，棄惡從善的依據。王陽明認為，良知就是天理，「見父自然知孝，見兄自然知悌，見孺子入井自然知惻隱，此便是良知」。若喪盡天良，那就禽獸不如了。

「留些餘地處人」就是要善待他人，設身處地為他人著想。要有一顆寬恕之心，多看別人長處，少挑剔別人的缺點。要允許別人犯錯誤，改正錯誤。能夠原諒別人，不要斤斤計較，睚眥必報。

「求個良心管我，留些餘地處人」就是嚴於律己，寬以待人。

四九

一言足以召❶大禍，故古人守口如瓶，唯恐其覆墜❷也；一行足以玷❸終身，故古人飭躬若璧❹，唯恐有瑕疵也。

【注釋】❶召 同「招」。招惹。❷覆墜 傾覆墜落，此處以瓶子跌落比喻洩露秘密，說出不該說的話。❸玷 玷污；污損。❹飭躬若璧 即守身如玉，自我修養如白玉般光潔。飭，治理；整治。躬，自身。

【語譯】一句話足以招惹大禍，所以古人守口如瓶，只怕說出不該說的話；一個行為足以玷污終身，所以古人守身如玉，只怕有一點瑕疵。

【研析】此條講的是「慎言謹行」的教訓。俗話說「禍從口出」，在日常生活中，因語言不當而得罪別人，因此惹上麻煩的事情時有發生。在專制社會中，言語不慎則可以招致殺身之禍。蘇軾因為在詩文中批評新政，遭御史中丞李定等人告發，被捕入獄，受到嚴刑拷打，「垢辱通宵不忍聞」，這是歷史上著名的烏臺詩案。《三國演義》寫楊修之死，是以言獲罪的典型例子。楊修聰明機警，善於揣摩別人的心思。曹操命人修建花園，看後在門上寫了個「活」字，眾人不解其意，楊修揭穿謎底說：「門內一個活，就是闊，丞相嫌門太寬了。」曹操為防人暗殺他，稱自己有夢中殺人的習慣，並故意在午休時殺死一個為他蓋被子的近侍。眾人皆以為曹操果真夢中殺人，唯有楊修道出真相：「丞相非在夢中，君乃在夢中耳。」曹操心機狡詐，經常有一些出人意料的言行，讓手下人始終保持對他的敬畏感。楊修偏不識相，經常戳穿曹操的秘密，使曹操惱羞成怒，心存嫉恨。建安二十四年，曹操與蜀軍相持不下，處於進退兩難的境地。有一次曹操正在吃飯，手下人請示軍中口令，他正在啃一根雞肋，就隨口說：「雞肋」。楊修說：「雞肋食之無味，棄之可惜。丞相進退兩難，有退兵之意了。」曹操就以擾亂軍心的罪名處決了楊修。

在專制社會中，慎言是自保的方法。但過於謹慎，像《紅樓夢》中薛寶釵那樣「不干己事不開口，一問搖頭三不知」，那就過於世故圓滑，也不值得提倡。

俗話說「一失足成千古恨」，一個小錯誤會毀掉一輩子的清白，因此為人處世要謹慎小心，「勿以惡小而為之」。如果你對小錯誤掉以輕心，就將在錯誤的道路上越走越遠，最後不能回頭。在生活中，有些錯誤是可以彌補的，有些錯誤則無法挽回，所以行事處世一定要小心謹慎，嚴格要求自己。

五十

顏子之不較❶，孟子之自反❷，是賢人處橫逆❸之方；子貢之無諂❹，原思之坐弦❺，是賢人守貧窮之法。

【注　釋】❶顏子之不較　《論語・泰伯》：「曾子曰：以能問於不能，以多問於寡，有若無，實若虛，犯而不校，昔者吾友，嘗從事於斯矣。」《論語正義》注云：「友謂顏淵。」校，計較。「犯而不校」，現通常作「犯而不較」。顏子，名回，字子淵。孔子弟子，以德行稱。❷孟子之自反　《孟子・離婁下》：「有人於此，其待我以橫逆，則君子必自反也。」孟子，名軻，山東鄒縣人。戰國時期著名的政治家、思想家和教育家，孔子之後的儒家代表人物，被尊奉為「亞聖」。自反，自我反省。❸橫逆　強橫暴虐。❹子貢之無諂　《論語・學而》：「子貢曰：『貧而無諂，富而無驕，何如？』子曰：『可也。未若貧而樂，富而好禮者也。』」子貢，姓端木，名賜，字子貢。孔子弟子，善於經商，富至千金。❺原思之坐弦　《莊子・讓王》：「原憲居魯，環堵之室，茨以生草；蓬戶不完，桑以為樞；而甕牖兩室，褐以為塞；上漏下濕，匡坐而弦。」原思，名憲，字子思。孔子弟子，孔子去世後，隱居衛國，甘於清貧。坐弦，坐著彈琴。

【語　譯】顏回的不計較，孟子的反省，是賢人對待橫暴的方法；子貢的沒有媚態，原思的安坐彈琴，是賢人甘於清貧的方法。

【研　析】對於他人對自己的冒犯和侵害，顏回採取不計較的態度，孟子更退一步，首先檢討自己有什麼過失，招致他人的反對和攻擊，這是儒家提倡的「忠恕之道」。孔子提出「己所不欲，勿施於人」，將忠恕之道視為儒家一以貫之的處世哲學。寬恕是人際善意共存意識，指一個人在心理、情感、身體或道德方面受到他人深度而持久的傷害，受害者從憤怒、憎恨和恐懼中解脫出來，不再渴望報復冒犯者的一個內部過程。寬恕有助於個體的身心健康，有助於建立和修復與他人的良好關係，從而達到整個社會的和諧。寬恕有純粹寬恕和有條件寬恕兩種。純粹寬恕主張無條件地寬恕一切過錯和罪惡，疏離了複雜的道德實踐，因而沒有實效性。如果採取無條件寬恕，就會抹殺對錯是非的界限，並不利於社會的道德建構和個人的自我完善。有條件寬恕則認為寬恕有兩個必要的條件，首先過錯者要有懺悔、贖罪的態度，其次錯誤或罪行不能超出人類尺度可衡量的範圍，對十惡不赦的罪犯，不存在寬恕的可能。

《論語》載：「子貢曰：『貧而無諂，富而無驕，何如？』子曰：『可也，未若貧而樂，富而好禮者也。』」孔子認為，清貧而沒有媚骨，是正確的人生態度，但還不如貧而樂道高尚。錢穆對這句話作了很精闢的詮釋：「貧能無諂，富能不驕，此皆知所自守矣，然猶未忘乎貧富，樂道則忘其貧矣。好禮則安於處善，樂於循理，其心亦忘於己之富矣，故尤可貴。」俗話說「人窮志短」，許多貧困者迫於生計，不得不觸犯道德底線，以犧牲人格尊嚴為代價，來改善自己的生存條件。他們或者依附權貴富豪，分得一杯殘羹剩飯；或犯科作奸，獲取非法的利益。因此，在艱難困苦的境遇中，能保持尊嚴，堅守節操，是高尚的品質。貧而無諂，雖然能在貧困中堅守氣節，但心中有貧富的觀念，未能擺脫貧困帶來的痛苦和煩惱，他們只是用道德理念來克制自己的欲望，保持著人格的獨立和尊嚴。貧而樂道則已忘卻貧富，內心超越了客觀的生存處境，達到了自由的境界。顏回一簞食一壺漿而不改其樂，原思在困苦中安然彈琴，都是貧而樂道的例子。在中國文人中，陶淵明是這方面的典範。陶淵明雖然清貧，但不願為五斗米折腰，辭官歸隱田園，過著「採菊東籬下，悠然見南山」的悠閒生活。他的生活雖然清苦，但心情是愉悅的，他已達到物我兩忘的境地，泯滅了貧富的界限，成為一個無憂無慮，自由自在的人。這可以說是人生的最高境界。

五一

觀朱霞❶，悟其明麗；觀白雲，悟其卷舒❷；觀山岳，悟其靈奇；觀河海，悟其浩瀚❸，則俯仰間皆文章❹也。對綠竹，得其虛心；對黃華❺，得其晚節；對松柏，得其本性❻；對芝蘭，得其幽芳，則遊覽處皆師友也。

【注釋】❶朱霞　紅霞。❷卷舒　捲曲舒展。❸浩瀚　形容水勢廣大遼闊。❹文章　原指衣服上絢麗的色彩花紋。青與赤相間為文，赤與白相間為章。後來將文學作品也稱之為文章。❺黃華　黃花，特指菊花。❻本性　指松柏堅貞不移的節操。

【語譯】觀看紅霞，可以體會它明淨亮麗的色彩；觀看白雲，可以體會它捲曲舒展的姿態；觀看山峰，可以體會它靈秀奇異的形狀；觀看河海，可以體會它遼闊廣大的水勢，俯仰之間都是文章。面對綠竹，可以感覺到它的虛心；面對菊花，可以感覺到它的晚節；面對松柏，可以感覺到它的節操；面對芝蘭，可以感覺到它的幽香，遊覽的地方到處是自己的師友。

【研析】此條講審美過程中的移情作用。朱光潛在《西方美學史》中說：「什麼是移情作用？

用簡單的話來說，它就是人在觀察外界事物時，設身處在事物的境地，把原來沒有生命的東西看成有生命的東西，彷彿它也有感覺、思想、情感、意志和活動。同時，人自己也受到對事物這種錯覺的影響，多少和事物發生同情和共鳴。中國古代詩歌的移情方法多見於托物見志的『興』中，南宋盛行的詠物詩非常典型地運用了移情方法。人們觀賞景物，都帶有主觀感情色彩，是知覺表象與情感相融合的過程。王國維說：「以我觀物，則物皆著我之色彩。」明麗是觀賞朱霞的感受，卷舒是觀賞白雲的感受，靈奇是觀賞山岳的感受，浩瀚是觀賞河海的感受。朱霞、白雲、山岳、河海是產生知覺表象的物質基礎，而明麗、卷舒、靈奇、浩瀚則帶有觀賞者的意蘊和情趣。同樣的景色在一般情況下會產生相同的審美效果，但也有因觀賞者心境不同而發生的例外。如白雲在天上漂浮，給人以卷舒自由的感覺，但也有人由此感到飄泊無依，《舊唐書》載狄仁傑「其親在河陽別業，仁傑赴并州，登太行山，南望見白雲孤飛，謂左右曰：『吾親所居，在此雲下。』瞻望佇立久之，雲移難行」。白雲之思，就成了思鄉念親的典故。

托物見志，是將個人之志依託在某個具體事物上，使此物具有某種象徵意義，在詩歌創作中就形成某種固定的意象。中國詩歌具有比興的傳統，比興就是托物言志。《詩經》中以碩鼠比喻貪得無厭的剝削者，鴟鴞比喻強暴。《楚辭》中以香草美人比喻賢人君子，以惡草臭物比喻小人佞臣。在李白詩中，出現最多的是大鵬的意象，李白借遨遊太空的大鵬抒發了自己高遠的志向和追求自由的精神。周敦頤〈愛蓮說〉云：「水陸草木之花，可愛者甚蕃。晉陶淵明獨愛菊；自李唐以來，世人最愛牡丹；予獨愛蓮之出淤泥而不染，濯清漣而不妖，中通外直，不蔓不枝，香遠益清，亭亭淨植，可遠觀而不可褻玩焉。予謂菊，花之隱逸者也，牡丹，花之富貴者也，蓮，花之君子者也。」托物言志，也就是將外物人格化，移情入景，達到心物交感，情景交融的境界。

五二

行善濟人，人遂得以安全，即在我亦為快意❶；逞奸謀事❷，事難必其穩便，可惜他徒自壞心。

【注　釋】❶快意　心情舒暢。❷逞奸謀事　施展奸詐的手段求得事情的成功。

【語　譯】做好事救濟別人，別人因此能得到保全，即使自己也感到心情舒暢；施展奸詐的手段求取事情的成功，事情難以肯定就會穩妥，可惜他白白地壞了心術。

【研　析】幫助別人是件快樂的事情。助人為樂是人生的一大美德，人們在幫助別人的同時，也幫助了自己，或者說從心理上充實了自己，使自己也得到了快樂。一個人在助人為樂的道德實踐中，思想道德境界得到了昇華，列夫．托爾斯泰說：「一個人給予別人的東西越少，而自己要求的越多，他就越壞。」要做到助人為樂，首先，要確立正確的幸福觀，把為別人謀福利當作自己的義務和幸福。其次，要樹立正確的處事觀，遇事要設身處地為他人著想。第三，要樹立正確的知行觀，做好事不能停留在口頭上，而是要通過社會實踐鑄造良好的道德品質。

心術不正的人，專門靠陰謀詭計獲取私利，達到不可告人的目的。他們也許能得逞一時，但陰謀最終會敗露，詭計最終會被戳穿。心術不正的人，行事違背道德，必然會遭到眾人的反對，俗話說「得道多助，失道寡助」，「多行不義必自斃」。古今中外，類似的例子不勝枚舉。

五三

不鏡於水❶，而鏡於人，則吉凶可鑑❷也；不蹶❸於山，而蹶於垤❹，則細微宜防也。

【注　釋】❶鏡於水　以水為鏡。下文「鏡於人」同。❷鑑　照；審察。❸蹶　跌倒。❹垤　小土堆。

【語　譯】不用水作鏡子，而用人作鏡子來觀照自己，那麼事情的吉凶禍福就能審察清楚；不是在山上摔跤，而是在小土堆上摔跤，那麼細微處也應該加以防範。

【研　析】《墨子・非攻》說：「古者有語曰：『君子不鏡於水而鏡於人。』鏡於水，見面之容；鏡於人，則知吉與凶。」「以人為鏡」，是中國古代歷來已久的社會學觀念。《尚書》也說：「古人有言曰：『人無於水監，當於民監。』」上古時代，在尚未發明青銅鏡時，人們以水為鏡，觀照自己的容顏，《莊子》載：「仲尼曰：『人莫鑑於流水，而鑑於止水。』」然而，以水為鏡只能照出自己的外貌，以人為鏡卻能識別事情的吉凶禍福。魏徵是唐代有名的諍臣，他敢於犯顏直諫，面折廷爭，勸阻了唐太宗的許多錯誤。魏徵死後，唐太宗「思徵不已，謂侍臣『人以銅為鏡，可以整衣冠；以古為鏡，可以見興替；以人為鏡，可以知得失』，魏徵沒，朕亡一鏡矣」。以人為鏡，對於中國古代的人格修養和政治建設有深遠的影響。俗話說「知人難，知己更難」，「當局者迷，旁觀者清」，自己的缺點錯誤往往難以發覺，通過別人的提醒可以引起警覺。人們對自身的認識，還可以通過與他人的比較得出客觀的評價。戰國時齊國的鄒忌相貌堂堂，他問妻子、侍妾、朋友，與城北的徐公比，誰更漂亮，妻子、侍妾、朋友都說他比徐公美。有一天，徐公來拜訪他，他才發覺自己及不上徐公。妻子、侍妾、朋友奉承他，是因為妻子愛他，侍妾怕他，朋友有求於他。這個例子也可說明以人為鏡可以糾正對自己的錯誤認識。以人為鏡，還可以將別人的成敗得失作為自己的借鑑，這對於統治者來講尤為重要，以人為鏡就發展為以民為鏡，將民眾的意願和需求，對時政的批評和建議，作為施政的重要依據，將民心的向背作為朝代興衰的標誌。荀子說「水能載舟，亦能覆舟」，「君舟民水」就成為許多執政者的座右銘。

《呂氏春秋・慎小》說：「人之情，不蹶於山，而蹶於垤。」人們在翻越險峻的山峰時，總是小心謹慎，因此不會跌倒，在越過小土堆時，因為掉以輕心，反而容易摔跤。為人處世，逢大事謹慎而少有失事，卻忽略小事而常犯錯誤。因此，大事要謹慎，小事也不能馬虎。歐陽修在〈五代史伶官傳序〉中感歎「禍患常積於忽微」，只有防微杜漸，才能消除可能發生的禍患。小事處理不好，會耽誤大事，局部的失誤，會影響整體。個人的道德修養，要從小事做起，「勿以善小而不為，勿以惡小而為之」，國家的治理，要從關心民眾的具體生計做起。

五四

凡事謹守規模❶，必不大錯；一生但足衣食，便稱小康❷。

【注釋】❶規模　規章和法度。❷小康　指稍有富餘的安樂生活。

【語譯】不論什麼事情都謹慎地遵守規章和法度，一定不會有大錯；一生只要衣食富足，就可以算小康。

【研析】俗話說「沒有規矩不成方圓」，人們只有遵守規矩，社會才能有序地發展，否則便會陷入極大的混亂。規矩包括人們制定的法律和各種規章制度，還有約定俗成的風尚習俗。然而，法律制度和風尚習俗都是隨著社會發展而不斷變化的，過去合法的事情，現在就不一定合法，反之，過去不合法的事情，現在很可能就合法了。比如中國過去實行一夫多妻制，一個男人有三妻四妾是合法的，現在實行一夫一妻制，三妻四妾就不合法了。在封建社會中，男女不能自由交往，私定終身不受法律保護，且要遭受輿論的指責，現在男女自由戀愛是合法的，父母之命、媒妁之言已經失去了法律的有效性。法律和制度代表了大多數人的利益，只有遵守法律和制度，才能被社會所認可，不會犯嚴重的錯誤。然而，法律制度既有其權威性，又是被不斷打破的。如果法律制度一成不變，社會就沒有進步。因此，既要遵守規矩，又不能墨守成規。

小康對一個家庭而言，指經濟生活比較寬裕，可以安然度日。小康一詞最早見於《詩經》：「民亦勞止，汔可小康。」是生活比較安定的意思。小康社會，則指比理想中「大同世界」低一級的富庶社會。《禮記》對小康社會作了這樣的描述：「今大道既隱，天下為家。各親其親，各子其子，貨力為己。大人世及以為禮，城郭溝池以為固。禮義以為紀，以正君臣，以篤父子，以睦兄弟，以和夫婦，以設制度，以立田里。是謂小康。」小康社會不僅要有使人豐衣足食的厚實經濟基礎，還要有開明的政治、穩定的社會秩序、良好的道德風尚。小康是個彈性很大的概念，豐衣足食的標準也有很大差距。「一生但足衣食，便稱小康」，是勸導人們滿足基本的生活條件，不要有過度的追求。

五五

十分不耐煩，乃為人之大病；一味學吃虧，是處事之良方。

【語　譯】非常不耐煩，是做人的大毛病；總是學吃虧，是處事的良方。

【研　析】學會忍耐，能夠吃虧，是生活的智慧，也是道德修養。俗話說「小不忍則亂大謀」，有理想有抱負的人，不會斤斤計較個人得失，在小事上糾纏不清。為了長遠的利益，必須忍受眼前的苦難。「能屈能伸大丈夫」，句踐臥薪嘗膽，韓信忍受胯下之辱，後來都成就了一番事業。張良在下邳橋上遇到黃石公，經受了三次考驗，取得了兵書，輔助劉邦打下江山。忍耐表現的是謙讓、包容的美德，顯示出寬宏大量的胸襟。唐代高僧寒山問拾得：「世間謗我、欺我、辱我、笑我、輕我、賤我、惡我、騙我，如何處置乎？」拾得回答道：「只是忍他、讓他、由他、避他、耐他、敬他、不要理他，再待幾年，你且看他。」拾得的回答，透露出生活的智慧和勇氣。

當忍耐成為一個人謙讓、包容的美德時，是值得尊敬的，當忍耐成為妥協、怯懦的藉口時，便是懦夫的行為。忍耐要有一定的限度，無休止的忍耐只能助紂為虐。遇到大是大非的原則問題，必須起而抗爭。佛家以慈悲為懷，但也有降龍伏虎的怒目金剛。明代袁黃《了凡四訓》載：「昔呂文懿公初辭相位，歸故里，海內仰之，如泰山北斗。有一鄉人，醉而詈之。呂公不動，謂其僕曰：『醉者勿與較也。』閉門謝之。踰年，其人犯死刑入獄。呂公始悔之曰：『使當時稍與計較，送公家責治，可以小懲而大戒。吾當時只欲存心仁厚，不謂養成其惡，以至於此。』此以善心而行惡事者也。」一味忍讓，姑息養奸，其後果便是「以善心而行惡事」。

五六

習❶讀書之業，便當知讀書之樂；存為善之心，不必邀❷為善之名。

【注釋】❶習 習業，攻習學業；鑽研學問。❷邀 謀求。

【語譯】讀書做學問的人，應當知道讀書的快樂；心存行善的念頭，不必謀求行善的名聲。

【研析】古人多以讀書為業，黃庭堅說：「三日不讀書，便覺言語無味，面目可憎。」，還有人說「寧可三日食無肉，不可一日居無書」中國古代的知識分子，讀書做官是唯一的出路，因此把讀書當作頭等大事，讀書也成了他們的基本生活方式。讀書本是一件艱苦的事情，青燈黃卷，皓首窮經，不是所有人都能忍受的。然而，古人在讀書中也領略到讀書的樂趣，元人翁森有〈四時讀書樂〉組詩，分別描述一年四季讀書的快樂：「山光照檻水繞廊，舞雩歸詠春風香。好鳥枝頭亦朋友，落花水面皆文章。蹉跎莫遣韶光老，人生惟有讀書好。讀書之樂樂何如？綠滿窗前草不除。」「新竹壓簷桑四圍，小齋幽敞明朱曦。晝長吟罷蟬鳴樹，夜深燼落螢入幃。北窗高臥羲皇侶，只因素稔讀書趣。讀書之樂樂無窮，瑤琴一曲來薰風。」「昨夜庭前葉有聲，籬豆花開蟋蟀鳴。不覺商意滿林薄，蕭然萬籟涵虛清。近床賴有短檠在，對此讀書功更倍。讀書之樂樂陶陶，起弄明月霜天高。」「木落水盡千崖枯，迥然吾亦見真吾。坐對韋編燈動壁，高歌夜半雪壓廬。地爐茶鼎烹活火，四壁圖書中有我。讀書之樂何處尋？數點梅花天地心。」這組詩，描寫了在充滿詩情畫意的環境中讀書的樂趣，流露出士人悠閒淡泊的生活情趣。只有摒棄了讀書的功利性，才能充分享受到讀書的樂趣。在應試教育壓力下的學生，他們的感受便大不相同，有一首讀書歌說：「春天不是讀書時，夏日炎炎正好眠。秋有蚊子冬有雪，收起書包待來年。」此詩的作者應當是個厭學的學生，他對讀書的感受與翁森全然不同。

讀書樂，樂在何處？讀書的快樂，並不在「書中自有黃金屋，書中自有顏如玉」，而在於讀書能開闊眼界，增加知識，能讓你進入從未接觸過的世界。人都有好奇心求知欲，好奇心和求知欲得到滿足，就會產生愉悅的成就感。讀書能陶冶心情，增加修養。書讀多了，知識增長了，心胸自然開闊，性情自然平和，不再被世俗的紛爭所困擾。讀書還可以獲取談資，茶餘飯後評古論今，臧否世事，也是一大快事。當讀書不再被現實的功利所羈束，而是成為自己的興趣和內在的需求，才是快樂的享受。明代後期文人，尤其是蘇州地區的文人，讀書行事皆尚趣，祝允明在〈口號〉詩中說：「蓬頭赤腳勘書忙，頂不籠巾腿不裳。日日飲醇聊弄婦，登床步入大槐鄉。」「勘書」本指校勘書籍，這裡就是讀書的意思。古代文人把讀書看作一件很神聖的事情，讀書時要洗手燒香，表示鄭重。祝允明只是把讀書看作休閒消遣，所以他在讀書時採取了一種很隨意的態度。

心存善心，便有善行，然而行善卻未必有善心。以助人為樂，將幫助別人擺脫困境當作自己的責任和義務，把傳遞快樂和幸福視作自己的本分，如此行善才是真善。有些人行善另有目的，或為了博取慈善的名聲，抬高自己的身價；或作為一種商業手段，藉行善獲得更大的利益；甚至用行善來掩蓋自己過去的罪惡。這樣的行善就不是真善。善心是主觀願望，善行是實施善心的行為，但主觀願望與客觀效果並不完全統一，有時候好心也會辦壞事。因此，檢驗善心的真偽，還要通過善行的實踐檢驗。

五七

知往日所行之非，則學日進矣；見世人可取者多，則德日進矣。

【語　譯】知道往日行為的錯誤，那麼學業就會不斷進步；見到世人值得學習的地方多，那麼德行就會逐日增進。

【研　析】陶淵明〈歸去來辭〉說：「悟已往之不諫，知來者之可追。實迷途其未遠，覺今是而昨非。」人生一世，難免犯錯誤，重要的是要認識錯誤、改正錯誤，從錯誤中總結經驗教訓，使錯誤成為寶貴的精神財富。只有不斷地反省自己，檢討自己的錯誤，才能不斷進步。不能正視自己的錯誤，執迷不悟，就會在錯誤的道路上越走越遠。人們對錯誤的認識有個過程，有些錯誤在當時並不能覺察，只有通過時間的檢驗，才能有所認識。《淮南子》說「蘧伯玉五十而知四十九年非」，當人們在實踐中增長了閱歷，積累了學問，才有所醒悟。

孔子說：「三人行，必有我師。」善於學習他人的長處，德業才能長進，若驕傲自滿，故步自封，就不能進步。

五八

敬他人，即是敬自己；靠自己，勝於靠他人。

【語　譯】尊重他人，就是尊重自己；依靠自己，勝過依靠他人。

【研　析】尊重他人是一種美德。尊重他人，要有人人平等的觀念，保護人的自由神聖不可侵犯；不能以自我為中心，用自己的意志支配一切，而是要尊重他人的選擇。伏爾泰說：「我可以不同意你的觀點，但我願用生命捍衛你發表觀點的權利。」要善於傾聽別人的意見，不能「以一人之是非為天下人之是非」，允許別人反對自己。當自己受到他人傷害時，要能夠寬容，設身處地為他人著想。孟子說：「愛人者人恆愛之，敬人者人恆敬之。」只有尊重他人，才能得到他人的尊重。尊重體現了謙遜平和、包容大度的品質，當你尊重別人時，自己的道德品質也得到提升，尊重他人也是自尊自愛的表現。

尊重他人，也包括尊重對手和敵人。哲學家科亨專門研究馬克思主義哲學，他的最大論戰對手是美國哈佛大學的教授諾齊克。諾齊克寫了一本書，主張自由市場和無政府主義。科亨不贊同諾齊克的觀點，但他發現諾齊克書中有很多前提和推論方法與自己不謀而合，只是結論不同。科亨很認真地研究了諾齊克的書，總共買了三本，前兩本讀爛後，他用十幾年工夫寫了一本書，成了馬克思主義哲學的經典著作。中國宋代的朱熹和陸象山都是著名的理學家，朱熹主張「格物致知」，在生活實踐中逐一體認天理，陸象山則重視內心的體驗，另立「心學」。兩人曾發生過激烈的論戰，即中國哲學史上著名的「鵝湖之爭」，但從當時的文字記錄看，他們都很尊重對方，駁斥對方觀點時很有節制。他們在尊重對方的同時，也保持了自尊。

《論語》說：「君子求諸己，小人求諸人。」《文子》說：「怨人不如自怨，勉求諸人不如求諸己。」於是有了「求人不如求己」這句流傳甚廣的俗語。明代曾鳳儀《楞嚴經宗通》載：「宋孝宗問天竺僧云：『既是飛來峰，何不飛去？』答曰：『一動不如一靜。』又問：『觀音手中數珠念甚？』答曰：『念觀世音菩薩。』又問：『自念自號作甚？』答曰：『求人不如求己』。」人們在生活中必然會遇到許多困難和坎坷，需要別人的幫助，但別人的幫助只能是暫時的有限的，即使是父母，也不可能養活你一輩子。俗話說「救急不救窮」，別人的幫助只能解決一時的危難，要徹底擺脫困境，必須依靠自己的努力。自力更生，艱苦奮鬥，可以培養一個人獨立自主的品格和頑強拚搏的精神。處處依賴他人，就會失去獨立生活的能力，消磨奮發向上的意志，成為百無一用的寄生蟲。民間流傳一個笑話，有個人為母親算命，說他母親還能活十年。此人又為自己算命，說還可以活三十年。此人聽後大哭，說：「我比母親多活二十年，母親死後，我這二十年怎麼過啊！」現在很多家庭只有一個子女，因此對子女寵愛有加，什麼事情都由父母包辦，過分的溺愛使孩子缺乏生活能力，離開父母什麼事情也做不成，甚至有的小學生拿著煮熟的雞蛋不知道怎麼吃。這樣的孩子，長大以後如何能適應紛繁複雜的社會。因此，要讓孩子懂得「求人不如求己」的道理，培養他們獨立生活的能力，將來才能成為社會有用的人才。

五九

見人善行，多方贊成；見人過舉❶，多方提醒，此長者❷待人之道也。聞人譽言，加意奮勉；聞人謗語，加意警惕，此君子修己之功❸也。

【注　釋】❶過舉　錯誤的行為。❷長者　德高望重的人。❸修己之功　修身養性的功夫。

【語　譯】見到他人有善行，就多方面加以讚揚；見到他人有過失，就多方面加以提醒，這是德高望重的人對待別人的方法。聽到他人讚譽自己的話，就特別發憤努力；聽到他人詆毀自己的話，就特別警惕小心，這是君子修身養性的功夫。

【研　析】君子有寬厚仁慈之心，看到別人做了好事，滿心歡喜，多方讚揚，看到別人的過錯，善意提醒，希望他及早改正。君子待人寬責己嚴，聽到別人的讚揚，更加努力勤奮，聽到別人的批評意見，即使不屬實，也要警惕小心。小人則相反，別人有了成績，滿懷嫉妒，別人有了過失，或幸災樂禍，或落井下石；自己受到讚揚，便沾沾自喜，驕傲自滿，聽到別人的批評意見，就勃然大怒，記恨在心。君子的行為，能處理好人際關係，使自己的道德修養不斷長進，而小人的行為，只能四面樹敵，最後孤立了自己。

六十

奢侈足以敗家，慳吝❶亦足以敗家。奢侈之敗家，猶出常情；而慳吝之敗家，必遭奇禍。庸愚足以覆事❷，精明亦足以覆事。庸愚之覆事，猶為小咎❸；而精明之覆事，必是大凶。

【注釋】❶慳吝　吝嗇。❷覆事　壞事。❸咎　過失。

【語譯】奢侈足以敗家，吝嗇也足以敗家。奢侈敗家，還是出於常情；吝嗇敗家，一定是遭受了意外的災禍。平庸愚昧足以壞事，精明機靈也足以壞事。平庸愚昧壞事，還只是小小的過失；精明機靈壞事，一定會遭受巨大的災難。

【研析】奢侈足以敗家，這是大家都明白的道理，而吝嗇也可敗家，就不是一般人所能理解的。吝嗇的人為了蠅頭微利，總想著如何算計別人，必然招人不滿和痛恨。一旦遇到災禍，就無人出手援助，只能眼看家庭敗落。古人相信命定之說，一個人的財富是有定數的，如果貪得無厭，圖謀不義之財，必然會遭報應。

糊塗人容易壞事。精明的人也容易壞事。精明的人一般不會犯錯誤，若犯錯誤便是大錯誤。糊塗人做錯事，經人提醒，很快就能改正。精明的人自以為是，總認為自己不會錯，犯了錯誤執迷不悟，後果就更嚴重。清代李漁在小說《連城璧》第四回〈清官不受扒灰謗〉中發了一通議論，說清官自以為為民伸張正義，「無愧於天，無怍於人」，做錯事還不以為然，因此貪官的毛病有藥可醫，清官的過失無人敢諫。《醒世恆言》卷三〈十五貫戲言成巧禍〉中的過於執，自以為很精明，命案發生後，他親自勘察現場，認定熊友蘭與蘇戌娟勾搭成奸，謀殺蘇的丈夫油葫蘆，遂將兩人問成死罪。上司對此案存疑，他還固執己見，不肯改判。後經蘇州太守況鐘縝密的調查，才查出真兇，糾正了冤案。這是一個精明人壞事的典型例子。

六一

種田人改習塵市生涯❶，定為敗路；讀書人干預衙門詞訟❷，便入下流❸。

【注釋】❶塵市生涯　指市場上的商務活動。塵市，城鎮；城市。❷詞訟　即訴訟，打官司。❸下流　卑賤；齷齪。

【語譯】種田人轉業經商，一定會失敗；讀書人干預衙門的官司，就淪落為下等人。

【研析】俗話說「隔行如隔山」，每個行業都有特殊的學問和技術，農民不善於經商，商人也不會種田。將種田人經商視作敗路，則源於中國傳統的農本觀念，認為棄農經商是不務正業。

古代士人以研習經書典籍、應試入仕為正途，有些人粗通文墨，放棄科舉，專習法律條文，成為幫人打官司的訟師，或在衙門做一名刑名師爺。古人不喜歡打官司，認為「訴訟」是不應該發生的事情，孔子說：「聽訟，吾猶人也，必也使無訟乎！」意為「聽訴訟審理案子，我也和別人一樣，目的在於使訴訟不再發生」。受「厭訟」、「息訟」觀念的影響，訟師的名聲一直不好，被稱作「訟棍」，為文人所不屑。明清時期，鄉紳在地方上勢力很大。他們勾結官府，包攬詞訟，魚肉鄉民，激起很大的民憤。這些鄉紳，大多是當地富豪和退休官員，歸有光〈張貞女獄事〉載：明嘉靖年間，嘉定發生一件慘案。兇徒胡巖父子奸殺張姓女子，案發後驚動官府，胡巖用重金脫罪。當時有罷官家居的張副使和丁父憂的丘評事，與縣官往來甚密。縣官就此案向他們請教，他們提出以「雇工人奸家長妻律」定案，找了個僕人頂罪了事。此事引起嘉定文人學士的不滿，聯名上書伸冤，曾經轟動一時。「讀書人干預衙門詞訟，便入下流」，便是針對類似情況而言。

六二

常思某人境界❶不及我，某人命運不及我，則可以自足矣；常思某人德業❷勝於我，某人學問勝於我，則可以自慚矣。

【注釋】❶境界 境況；遭遇。❷德業 道德和事業。

【語譯】經常想到某人遭遇不如我，某人命運不如我，那麼自己就滿足了；經常想到某人道德事業勝過我，某人學問勝過我，那麼自己就覺得慚愧了。

【研析】一個人應該在生活上低標準，工作和學習上高標準。生活上嚴格要求自己，反對奢侈浪費，能培養艱苦樸素的生活作風，能抵禦社會上物欲的引誘，保持高尚的節操。人都有攀比心理，如果和處境比自己好的人比，覺得自己處處不如別人，心裡就會不平衡，甚至會產生敵視社會的仇恨心理。如果與處境不如自己的人比，就覺得自己很幸運，於是產生一種滿足感。抱著「比上不足，比下有餘」的態度對待社會上存在的不公，心態就會平和許多。現在社會上許多人生活改善了，但還是忿忿不平，總覺得社會虧欠他太多，言語行動充滿了暴戾之氣，造成了許多社會問題，其根源就是他們總是向上攀比，從而造成心理的失衡。

一個人在工作和學業上建立崇高的目標，就會感到自己的不足，激發強烈的進取性。「滿招損，謙受益」，方孝孺說：「虛己者進德之基。」張廷玉說：「盛滿易為災，謙沖恆受福。」譚嗣同說：「不驕方能師人之長，而自成其福。」都是為人做學問的金玉良言。

六三

讀《論語》公子荊一章❶，富者可以為法❷；讀《論語》齊景公一章❸，貧者可以自興❹。

【注釋】❶論語公子荊一章　《論語・子路》：「子謂衛公子荊善居室，始有，曰：『苟合矣。』少有，曰：『苟完矣。』富有，曰：『苟美矣。』」❷法　模式；標準。❸論語齊景公一章　《論語・季氏》：「齊景公有馬千駟，死之日，民無德而稱焉。伯夷、叔齊餓於首陽之下，民到于今稱之。」❹自興　自勉；自我振作。

【語　譯】讀《論語》公子荊一章，富有的人可以作為榜樣；讀《論語》齊景公一章，貧窮的人可以自勉。

【研　析】衛公子荊善於治理居室，他剛有錢時，房舍略具規模，合於禮制就可以了，稍為富裕些，就將器具製備全，等到很富有了，才裝飾居室。劉寶楠《論語正義》解釋：「公子荊處衛富庶之時，知國奢當示之以儉。又深習驕盈之戒，故言苟合苟完苟美，言其意已足，無所復斂也。」《論語》這一段文字，意在說明辦事應量力而行，有多少錢辦多少事。有錢人應當知道滿足，不要貪得無厭地聚斂錢財。

齊景公有馬千駟，一駟為四匹馬，千駟即有四千匹。按春秋禮制，天子蓄馬十二閑，共計三千四百五十六匹，諸侯蓄馬六閑，計一千二百九十六匹。齊景公養馬四千，超過天子之數，是僭越的行為，因此死後老百姓沒有稱讚他有德的。伯夷、叔齊勸阻武王伐紂，武王不聽。及周得天下，伯夷、叔齊義不食周粟，隱居首陽山。據《史記》載，伯夷、叔齊在首陽山采薇度日，最終餓死。也有學者認為，「不食周粟」指不在周朝做官，古代也以粟指俸祿，並不是不吃周朝土地上出產的糧食。《論語》說「餓於首陽之下」，意為在首陽過著貧困的日子，並沒有餓死的意思。不管怎麼說，伯夷、叔齊忠於舊主的行為，成為中國古代文人堅守節操的楷模。

六四

捨不得錢，不能為義士；捨不得命，不能為忠臣。

【語譯】捨不得錢，就不能成為義士；捨不得命，就不能成為忠臣。

【研析】此處「義士」乃指俠義之士。俠義之士見義勇為，以為人排難解危為己任。《史記・游俠列傳》讚揚了朱家、劇孟和郭解三位春秋戰國時著名的俠客，他們的行為雖然不符合封建社會的禮法和道德，但都能仗義疏財，救人於危難之中。武俠小說中的俠客，都是身懷絕技，仗劍走天下，以武功懲惡除奸，伸張正義。但更多的俠義之士並無武功，他們只是用錢為人消災，就像《水滸傳》中的宋江，他只是鄆城縣的一名文案吏員，小說說他喜歡舞槍弄棒，實際上沒有什麼武功。但他捨得花錢，用錢結交朋友，救濟窮人，因此有了「忠義黑三郎」和「及時雨」的名號，深受江湖人士的尊重，最終成了梁山義軍的領袖。

古人說：「忠臣不怕死，怕死不忠臣。」中國歷史上有許多不惜犧牲性命而效忠君主的忠臣。

如商朝的比干，見紂王暴虐荒淫，歎曰：「主過不諫非忠，畏死不言非勇也。過則諫，不用則死，忠之至也。」遂至摘星樓強諫三日不去。紂王怒道：「吾聞聖人心有七竅，有諸乎？」殺比干剖視其心。比干於是成為歷史上以死進諫的忠臣代表。古人說：「危難見英雄，板蕩識忠臣。」在局勢動盪，朝代變遷之際，就會出現許多以身殉國、以身殉主的忠臣。在宋代之前，以身殉國、以身殉主的事例還不多，及至宋代，理學家宣揚「忠臣不事二主，烈女不嫁二夫」，以死相殉的忠臣就多了起來。文天祥被元兵擒獲，誓死不降，留下了「人生自古誰無死，留取丹心照汗青」的千古名句。明朝滅亡，崇禎吊死梅山，有許多臣子自盡以效忠。錢謙益也有以死效忠的念頭，想投河自盡，侍妾柳如是表示願與他同赴黃泉。但錢謙益到了水邊又不敢跳了，對柳如是說他一生怕水，實際上他不是怕水，而是怕死。錢謙益最終投降清朝，成了貳臣。這便是捨不得命，不能成為忠臣的例子。

然而，不分對象、不問情由地以死效忠，就是愚忠，春秋時晏子對此有獨特的見解。《晏子春秋》載：「景公問于晏子曰：『忠臣之事君也，何若？』晏子對曰：『有難不死，出亡不送。』公不悅，曰：『君裂地而封之，疏爵而貴之，君有難不死，出亡不送，可謂忠乎？』對曰：『言而見用，終身無難，臣奚死焉？謀而見從，終身不出，臣奚送焉？若言不用，有難而死之，是妄死也；謀而不從，出亡而送之，是詐偽也。故忠臣也者，能納善于君，不能與君陷于難。』」晏子認為，忠臣的職責就是獻計獻策，輔助君主治理好國家。如果君主不能接納忠臣的意見，使國家遇難，忠臣隨著君主一起死，那是白白地送死，毫無意義。《紅樓夢》中賈寶玉也對「武死戰，文死諫」的迂腐做法提出了批評：「那些個鬚眉濁物，只知道文死諫、武死戰，這二死是大丈夫死名死節，竟何如不死的好。必定有昏君他方諫，他只顧邀名，猛拼一死，將來置君于何地？必定有刀兵他方戰，猛拼一死，他只顧圖汗馬之名，將來置國于何地？」

六五

富貴易生禍端，必忠厚謙恭，才無大患；衣祿❶原有定數❷，必節儉簡省，乃可久延。

【注　釋】❶衣祿　衣食。祿，俸祿，古代俸祿最初以糧食支付。❷定數　上天安排的命運，此處指人們一生享受衣食的數量是命中註定的。

【語　譯】富貴容易引起災禍，一定要忠厚謙恭，才能沒有大患；衣食本有固定的數量，一定要節約儉樸，才能維持長久。

【研　析】富貴本是人們所追求的好事，若不能正確對待富貴，就會導致災難。俗話說「飽暖思淫欲」，一個富裕的人，不加強道德修養，放縱自己的欲望，追求奢侈淫靡的生活，必然走向墮落。一個富裕的家庭，不勤儉持家，驕縱子女，遲早會敗落。一個富裕的國家，不注重對人們的思想教育，必然導致整個民族的道德水準下降，社會風氣的敗壞。同樣，有了權勢，如果不約束自己，貪贓枉法，恃強凌弱，也將落得個身敗名裂的下場。從另一個角度講，富貴遭人嫉妒，容易滋生事端，倒不如平平淡淡自在安樂。對於富貴人家而言，只有保持謙虛謹慎，忠厚誠信，才能避免禍患。

古人相信天命，認為人的命運都是由上天安排的，一輩子有多少財富，享受多少衣食，都有定數，耗費得越多，維持的時間就越短，勤儉節省，維持的時間就長。

六六

作善降祥，不善降殃，可見塵世之間已分天堂地獄；人同此心，心同此理，可見庸愚之輩不隔聖域賢關❶。

【注釋】❶聖域賢關　指聖賢達到的境界。

【語譯】做善事祥瑞降臨，做不善的事災殃降臨，可見在人世間就已經有天堂地獄的區分；人的心是相同的，心所體認的道理也是一樣的，可見平庸愚笨的人與聖賢的境地並不是隔絕的。

【研析】善有善報，惡有惡報，作善者死後進天堂，作惡者死後下地獄，因果報應的思想在中國民間根深蒂固。此類思想雖屬迷信，但有勸善懲惡的作用，而且其作用比官方的道德教育更有成效。人應該有點信仰，現代社會宗教依然盛行，自有其社會基礎。

明代王陽明提倡心學，認為人人皆有良知，人類在本質上是沒有區別的，「良知之在心，無間于聖愚，天下古今之所同也」，「良知良能，愚夫愚婦與聖人同」。泰州學派的創始人王良繼承了王陽明聖凡平等的思想，將「百姓日用之道」與聖人之道等同起來，認為愚夫愚婦也能知能行，並說：「夫子（孔子）亦人也，我亦人也。」這種聖凡平等的思想在晚明比較普遍，羅汝芳也說過：「聖人者，常人而肯安心者也。常人者，聖人而不肯安心者也。故聖人即是常人，以其自明故；即常人而名為聖人矣。常人本來是聖人，因其自昧故，本聖人而率為常人矣。」本條「人同此心，心同此理」，與陽明心學的觀點一脈相承。

六七

和平❶處事，勿矯俗❷以為高；正直居心，勿設機❸以為智。

【注釋】❶和平　同「平和」。平靜溫和，不偏激。❷矯俗　故意違背習俗，標新立異。❸設機　使用心機。

【語譯】處事要平和，不要把違背習俗當作高尚；心地要正直，不要把耍心眼當作智慧。

【研析】儒家的待人處世之道，強調中庸平和，提倡「溫柔敦厚」、「溫良恭儉讓」，要求人們的思想言行，一舉一動符合道德規範。老莊則提倡順應自然，率性而行，推崇有獨特志行，不同流俗的人。莊子把這樣的人稱為畸人。《莊子・大宗師》云：「畸人者，畸於人而侔於天。」意為畸人不同於常人，而與自然相通。成玄英疏曰：「畸者，不耦之名也。修行無有，而疏外形體，乖異人倫，不耦於俗。」

魏晉和晚明，是中國歷史上個性比較自由，思想比較開放的兩個時期，出現了許多畸人狂士。名列建安七子的王粲死後，曹丕帶了一批朋友去祭奠他。曹丕說：「王粲生前愛學驢叫，今天我們弔祭他，就不要說官話套話了，大家一起學驢叫吧。」於是墓地響起了一陣陣驢叫聲。魏晉文人中最著名的是竹林七賢，個個都是豪放曠達之士。劉伶嗜酒，外出時讓僕人扛著鋤頭跟在後面，說：「如果我醉死了，你就地挖個坑把我埋掉。」妻子苦苦勸他戒酒，他說：「我要在神靈前發誓戒酒，你去準備酒肉祭祀神靈。」妻子照辦了，劉伶跪而祝曰：「天生劉伶，以酒為名，一飲一斛，五斗解酲。婦人之言，慎不可聽。」說畢，將祭祀神靈的酒肉一掃而空，喝得酩酊大醉。劉伶在家，經常赤身裸體。一次有客來訪，劉伶也不穿衣服。客人責備他不成體統，劉伶答道：「我以天地為屋宇，以房室為內衣，你為什麼要鑽到我的褲襠裡？」魏晉文人的曠達，是他們憤世嫉俗的表現，是發洩他們對現實政治不滿的方式，是不願和統治者合作的姿態。

晚明文人的曠達，主要表現為對生活享受的追求，帶有更多的市民世俗色彩。楊慎久享盛名，被流放到雲南後，經常出入酒館茶樓，與一些歌妓打得火熱。達官貴人向他求詩，他一概拒絕。那些達官貴人就買通歌妓，乘他喝到微醺時，請他作詩。楊慎就將詩寫在歌妓的裙裾上，歌妓帶回去給達官貴人抄錄。唐寅和祝枝山跑到揚州，對知府說蘇州有個廟宇需要重修，讓揚州知府出資捐助。揚州知府礙於兩人的面子答應了。唐、祝拿了錢回到蘇州，將募捐來的錢私自花了。文徵明性格莊重，從不涉足青樓妓院。有一天，唐寅和祝枝山將他騙到花船上，說是喝酒吟詩。文徵明到了船上，一幫歌妓圍了上來，嚇得文徵明跳水而逃。魏晉和晚明文人曠達甚至有些荒誕的行為，招致具有傳統思想學者的批評，認為這些人敗壞風氣，社會影響極其惡劣，應該嚴加指責。

此處的「機」即「心機」，指巧偽之心，想方設法獲得非分利益的心思。為人處世居心要正，也就是通常所說「憑良心做事」，若要小聰明，玩弄權術，坑蒙拐騙，做些損人利己的事情，最終會自食惡果，聰明反被聰明誤。

六八

君子以名教❶為樂，豈如嵇阮❷之逾閑❸；聖人以悲憫為心，不取沮溺❹之忘世。

【注釋】❶名教　以確立名分為主的封建禮教。❷嵇阮　嵇康、阮籍，魏晉名士。嵇康字叔夜，曾任魏中散大夫，世稱嵇中散。博洽多聞，崇尚老莊。工詩文，精樂理。與阮籍、山濤、向秀、阮咸、王戎、劉伶悠遊林下，時稱「竹林七賢」。因不滿世俗，菲薄湯武，遭人誣陷，為司馬昭所殺。阮籍字嗣宗，曾任步兵校衛，世稱阮步兵。縱酒談玄，蔑視禮教。或閉門讀書，累月不出，或登臨山水，終日忘歸。❸逾閑　超越法度。❹沮溺　指春秋時隱士長沮、桀溺。《論語・微子》：「長沮、桀溺，耦而耕，使子路問津焉。」後詩文中常以「沮溺」借指避世隱士。

【語　譯】君子以遵守禮教為快樂，哪裡像嵇康、阮籍超越法度；聖人以慈悲為懷，不採取長沮、桀溺避世的態度。

【研　析】名教是以「正名分」為中心的封建禮教。漢代董仲舒倡導「審察名號，教化萬民」，「以名為教」，其內容主要是三綱五常。晉代袁宏認為「夫君臣父子，名教之本也」。宋代曾鞏提出「重名教，以矯衰弊之俗」。宋明以後，名教被稱作「天理」，如違犯封建綱常倫理，便被視為「名教罪人」。

嵇康崇尚老莊，主張「越名教而任自然」。他「非湯武而薄周孔」，蔑視封建禮法，曠達狂放，自由懶散。曹魏大臣鍾會去見他，他在樹下鍛鐵不止，問鍾會「何所聞而來，何所見而去」，鍾會答道：「聞所聞而來，見所見而去。」鍾會因此記恨在心，設法構陷嵇康，最後嵇康被司馬昭處死。

阮籍與嵇康同為竹林七賢的代表人物。阮籍博覽群籍，尤好老莊，嗜酒能嘯，當其得意，忽忘形骸，時人多謂之癡。阮籍任性不羈，放浪佯狂，言行多違背禮法。阮籍的嫂子要回娘家，他特地去送別，有人批評他這樣做不合禮法，他說：「禮豈為我設耶。」兵家女有才色，未嫁而死，阮籍與女子毫無瓜葛，也不認識她的父兄，貿然跑去哭弔，盡哀而返。阮籍鄰居有個賣酒的女子，長得很漂亮，阮籍經常去她家喝酒，喝醉了就躺在女子身邊，女子的丈夫也習以為常。這些驚世駭俗的行為，衝破了封建禮教的藩籬。

《論語》載：孔子周遊列國時，遇到一條河，就讓學生子路去問正在耕地的長沮、桀溺，渡口在什麼地方。長沮、桀溺就對子路說，現在天下局勢動盪，誰能夠改變現狀呢？還是和我們一樣隱居避世為好。子路把兩人的意見告訴孔子，孔子說：「鳥獸不可與同群，吾非斯人之徒與，而誰與？天下有道，丘不與易也。」此話的意思是：自己不能像那些隱士那樣避世，與鳥獸為伍，而應該與世人為伍。如果天下太平無事，我就不會努力去改變它了。孔子的這些話，表明了他積極入世的態度。

以孔子為代表的儒家積極入世思想，首先體現在建立禮樂制度，推行教化，孔子說：「孝乎惟孝，友于兄弟，施於有政。」認為推行孝順之道與兄弟友愛，用這種風氣影響政治，也是參與政治的有效方法。孔子周遊列國，希望能受到君主的重用，實現自己「仁政」的理想。孔子入仕的要求很迫切，子貢問他：「有美玉於斯，韞匵而藏諸？求善賈而沽諸？」孔子急不可待地說：「沽之哉，沽之哉！我待賈者也！」孔子以美玉自喻，渴求得到善者（君主）的賞識，可見其入世之情如何迫切。

六九

縱子孫偷安❶，其後必至耽❷酒色❸而敗門庭❹；教子孫謀利，其後必至爭貲財❺而傷骨肉❻。

【注釋】❶偷安　苟安。只圖眼前的安逸。❷耽　沉湎；沉浸於某事而不能自拔。❸酒色　酒和女色，泛指放蕩不檢的生活。❹門庭　家門；門戶，這裡指家風，家族世代相傳的道德準則和處世方法。❺貲財　資財；財產。貲，通「資」。❻骨肉　指父母兄弟子女等至親。

【語　譯】放縱子孫偷圖眼前的安逸，後來一定會發展到沉湎酒色而敗壞門風；教導子孫謀取財貨，後來一定會發展到為爭奪財產而骨肉相殘。

【研　析】崇尚勤奮節儉，反對驕奢淫逸，是中華民族的傳統美德。《周易》說「君子以儉德辟難」，《尚書》說：「克勤于邦，克儉于家。」李商隱詩說：「歷覽前賢與國家，成由勤儉破由奢。」歐陽修說：「憂勞可以興國，逸豫可以亡身。」一個國家，勤奮節儉蔚然成風，必然興旺發達，若彌漫著偷安享樂的風氣，那就離敗亡不遠了。南宋後期，從上至下貪圖享樂，無恢復中原進取之心，時人有詩諷刺道：「山外青山樓外樓，西湖歌舞幾時休？暖風熏得遊人醉，錯把杭州作汴州。」最後元兵攻克杭州，南宋小皇帝倉皇出逃。明朝末年，官員腐敗，市民偷安，崇禎皇帝雖有興利除弊之意，卻無力回天，只能眼看三百年基業毀於一旦。一個家庭同樣如此，勤儉持家必能興盛，貪圖享樂必然沒落，《紅樓夢》中賈家的敗落就是最生動的例子。賈家仗著祖先的功業，一度似烈火烹鼎、鮮花簇錦般興旺，然而賈赦一心修道，不問家事，賈珍、賈璉等人縱樂於聲色之間，揮霍無度，荒淫無恥，賈母等人也習慣於奢侈的生活，一頓飯花的銀子足夠莊戶人家一年的開銷。賈政貌似正直，注重道德，實際上是個毫無辦事能力的腐儒。這樣的家庭，其敗落是必然的結果。從個人而言，勤儉是美德，奢侈使人墮落，許多人由此走上犯罪的道路，這樣的事例在生活中比比皆是。

儒家歷來強調義利之辨，孔子說：「君子謀道不謀食。」「君子喻於義，小人喻於利。」把人們對待義和利的態度作為君子和小人的分界線。儒家認為君子應該追求高尚的精神境界，追求道德的完善和心靈的淨化，反對追求物質生活的享受。孔子重視義利之辨，並非絕對反對人們對錢財的追求，而是強調「君子愛財，取之有道」，即對利的追求必須處於義的制約之下，人們在追求錢財時，不能觸犯道德界線。做人有做人的道德，經商有經商的道德，商業道德是以人格道德為基準的，做人要講誠信，經商也要講誠信，如果一個人在做生意時爾虞我詐，坑蒙拐騙，那麼他的人格也不會高尚。中國封建社會末期，隨著生產力的發展和商品經濟的繁榮，人們的物質欲望也受到刺激而迅速膨脹，對金錢的狂熱追求嚴重衝擊了封建社會的秩序，甚至破壞原本溫情脈脈的家庭關係。明代後期，家庭內部為爭奪財產而骨肉相殘的事情屢有發生。《三言》中〈滕大尹鬼斷家私〉、《二拍》中〈包龍圖智賺合同文〉、〈趙六老舐犢喪殘生〉，都是講家庭內部的財產爭奪，是當時社會生活的真實寫照。

七十

謹守父兄教誨，沉實❶謙恭，便是醇潛❷子弟；不改祖宗成法，忠厚勤儉，定為悠久人家。

【注　釋】❶沉實　忠厚樸實。❷醇潛　敦厚沉穩。

【語　譯】謹慎地遵守父兄的教誨，忠厚樸實謙虛有禮，就是敦厚穩重的子弟；不改變祖宗的規矩，忠厚勤儉，一定是個家道歷久不衰的人家。

【研　析】「沉實謙恭」、「忠厚勤儉」是古代的理想人格，為人要忠厚誠實、謙遜穩重、勤儉節約，而人格的培養，與家庭教育有密切的關係。所謂祖宗成法，即一個家庭的門風，是世代傳承接續而逐漸形成的。父兄的教誨，對子弟的成長也有關鍵性的作用。然而，任何事物都有其兩面性，一味強調不改祖宗成法，就會形成墨守成規的惰性，失去進取改革的積極性。父兄的教誨，也並非絕對正確，子弟當擇善而從。

七一

蓮朝開而暮合，至不能合，則將落矣，富貴而無收斂❶意者，尚❷其鑒❸之；草春榮而冬枯，至於極枯，則又生矣，困窮而有振興志者，亦如是也。

【注　釋】❶收斂　檢點行為；約束身心。❷尚　庶幾；也許可以。❸鑒　借鑑。

【語　譯】蓮花早晨開放傍晚閉合，等到開了合不攏，就將凋落了。富貴而沒有約束自己意識的人，也許可以此作為借鑑；小草春天茂盛冬天乾枯，等到了極其乾枯的時候，又要發芽生長了。窮困而又振興志向的人，也是這樣的。

【研　析】花開而落，草枯而榮，講的是盛極而衰，否極泰來的道理。事物發展到極點，就會向相反方面轉化，宋儒程頤說：「如〈復卦〉言七日來復，其間無不斷續，陽已復生，物極必返，其理須如此。」盛極而衰，物極必返，是自然界的普遍現象，日出日落，月盈則昃，冬去春來，四時代序，無不昭示這樣的道理。而一個時代、一個國家、一個家庭，甚至個人，也會經歷盛極而衰、否極泰來的過程。

《紅樓夢》中有一段王熙鳳在夢中與秦可卿的對話，很能說明問題：「秦氏道：『嬸嬸，你是個脂粉隊裡的英雄，連那些束帶頂冠的男子也不能過你，你如何連兩句俗語也不曉得？常言月滿則虧，水滿則溢，又道是登高必跌重。如今我們家赫赫揚揚，已將百載，一日倘或樂極生悲，若應了那句樹倒猢猻散的俗話，豈不虛稱了一世的詩書舊族了！』鳳姐聽了此話，心胸大快，十分敬佩，忙問道：『此話慮得極是，但有何法可以永保無虞？』秦氏冷笑道：『嬸子好痴也！否極泰來，榮辱自古周而復始，豈人力能可保常的！但如今能於榮時籌畫下將來衰時的世業，亦可保永全了。』」懂得盛極則衰的道理，就會有憂患意識，在鼎盛的時候更加要小心謹慎，一旦遇到了問題，就能臨危不懼，從容應對。否極泰來的意思是在最危難的時候，將會迎來轉機，向順利的方向轉化，就如白居易詩所說：「離離原上草，一歲一枯榮。野火燒不盡，春風吹又生。」元雜劇《薦福碑》寫宋代書生張鎬考科舉不中，投靠朋友，不是離任而去，就是剛剛去世，無奈只得寄居寺中。方丈見他可憐，讓他拓印顏真卿所書薦福碑，去市場上賣錢，以此籌措進京趕考的路費。不料夜裡雷雨交加，薦福碑被雷電劈碎，碑文無法拓印。正當張鎬走投無路時，遇到范仲淹，經范薦舉，張鎬高中科舉，改變了命運。此劇宣揚的是否極泰來，運數窮通皆有天命的思想。人們懂得了否極泰來的道理，在危難的時刻能堅定信念，有理想的寄託和精神的支柱，能無畏地戰勝各種困難艱險。

七二

伐❶字從戈，矜❷字從矛，自伐自矜者，可為大戒；仁字從人，義字從我，講仁講義者，不必遠求。

【注釋】❶伐　自我誇耀。❷矜　自誇；自恃。

【語譯】「伐」字的偏旁是「戈」，「矜」字的偏旁是「矛」，自我誇耀的人，可以引以為戒；「仁」字的偏旁是「人」，「義」字的偏旁是「我」，講仁義的人，不必到遠處尋求仁義。

【研析】「伐」的偏旁是「戈」，「矜」的偏旁是「矛」，戈、矛皆能傷人，自我誇耀的人要引以為戒。「伐」字的本義是砍殺，從人從戈，甲骨文字形是用戈砍人頭。《說文》：「伐，擊也。」

《廣雅》：「伐，殺也。」其引申義為自吹自擂，誇耀自己。《史記・淮陰侯列傳》：「不伐己功，不矜己能。」「矜」是多音字，念ㄐㄧㄣ時表示憐憫、憐惜，另有自尊、自誇的意思。念ㄑㄧㄣˊ時解釋為矛柄。念ㄍㄨㄢ時同「鰥」，指無妻之人。矜從矛從今，「今」意為當面，矛與今聯合起來表示面見賓客時手持的矛，即儀仗矛。《說文》：「矜，矛柄也。」手持矛柄表示尊嚴莊重，引申為自尊自誇。伐與矜皆有自誇自大之意，自伐自矜者必將傷害自己。

「仁」從人從二，意為兩個人在一起。兩個人願意在一起，表明相互有親近的要求，因此仁的本義是兩人親近友愛。孔子將仁作為儒家思想的核心，提出「仁者愛人」。「義」從我從羊，「我」是兵器，古時用兵器作儀仗，而儀仗是高舉的旗幟。「羊」是祭牲，與「我」聯合表示為信仰的旗幟而犧牲。《說文》釋「義」：「己之威儀也，从我羊。」現在義的基本含義是公正的道理，正直的行為。仁義是儒家最基本也是最重要的道德範疇，而行仁義要從自己的日常生活中切實做起，不必空談玄妙的道理。

七三

家縱貧寒，也須留讀書種子❶；人雖富貴，不可忘稼穡❷艱辛。

【注釋】❶讀書種子　指能讀書做學問的人。❷稼穡　耕種和收穫，泛指農業勞動。

【語譯】家庭即使貧寒，也必須保留能讀書做學問的人；人雖然富貴，也不可忘記耕作的艱辛。

【研析】中國古代只有通過讀書應舉，才能躋身仕途，改變自己的社會地位，擺脫貧困的處境，光宗耀祖廣大門面。「萬般皆下品，唯有讀書高」，「書中自有黃金屋，書中自有顏如玉」，「朝為田舍郎，暮登天子堂」，是許多人的理想和追求，形成了對讀書的崇拜。宋代呂蒙正，年輕時家境貧寒，經常到寺院中討齋飯吃，寺院中的和尚很厭煩他。按規矩，寺院開飯前要敲鐘，那些和尚故意吃過飯才敲鐘，待呂蒙正聽到鐘聲趕到寺院，已經沒有飯吃了。呂蒙正十分氣憤，在牆上題了一首詩，譏刺和尚的勢利。後來呂蒙正科舉得中，衣錦還鄉，再去寄食的寺院，那些和尚阿諛奉承唯恐不力，當年他題在牆上的詩也用碧紗罩了起來。《儒林外史》中范進家境貧寒，屢試不中，飽受家人和鄉人的冷落和嘲笑，但他還是癡心不改，在科舉的道路上不願回頭。范進一旦中了舉人，身分地位立刻發生巨大的變化，家境也頓時富裕起來。社會殘酷的現實，使許多人「家縱貧寒，也須留讀書種子」。此種情形，如今依然沒有多大的改變。

中國封建社會，是以農為本的自然經濟，許多達官貴人都是從農村走出來的，與農業生產有著不可分割的緣分。一個人富貴了，不忘耕作的艱辛，就是不忘本。唯有不忘本，才能體恤民情，保持清廉的節操。

七四

儉可養廉，覺茅舍竹籬❶，自饒清趣❷；靜能生悟，即鳥啼花落，都是化機❸。

【注釋】❶茅舍竹籬　茅草蓋的房屋，竹子圍成的籬笆，形容房舍的簡陋。❷清趣　清雅的情趣。❸化機　大自然的生機。

【語　譯】節儉可以培養廉潔的品格，覺得茅舍竹籬，自然富有清雅的情趣；幽靜能產生感悟，即便是鳥啼花落，都是大自然的生機。

【研　析】節儉可以培養清廉的品格。節儉的人能夠控制自己的物質欲望，擺脫世俗事務的困擾，從而能夠得到精神的安寧和滿足，正如陶淵明在詩中所說：「結廬在人境，而無車馬喧。問君何能爾，心遠地自偏。採菊東籬下，悠然見南山。山氣日夕佳，飛鳥相與還。此中有真意，欲辨已忘言。」從審美角度說，只有擺脫功利的束縛，才具有審美胸懷，能夠隨處發現生活中的美，即使是茅舍竹籬，也能從中領略到自然清淡的韻趣。而那些爭名於朝、爭利於市，對蠅頭微利趨之若鶩的凡庸之人，即使是身處秀麗的山川，也無法領略其中的美。

靜能生悟，即靜悟，佛教用語，即靜中參悟之義。靜指不思不想，悟指自省自得，靜悟排斥分析、綜合、推理等一切邏輯思維的過程，主張直接從心性體認生命的本源，類似於今天所說本能的直覺。老莊提倡坐忘、心齋，與佛教的靜悟有相似之處。《莊子》借孔子之口說：「墮肢體，黜聰明，離形去知，同于大道。」「若一志，無聽之以耳而聽之以心，無聽之以心而聽之以氣。聽止于耳，心止于符，氣也者，虛而待物者也。唯道集虛，虛者，心齋也。」坐忘、心齋的意思是人應該忘卻自己的形體，不為感官所矇騙，擺脫形體和智能的束縛，保持心靈的虛靜純淨，這樣才能與大道融為一體，完成自我的超越，實現對生命本源的體認。若能達到靜悟，或坐忘、心齋的境界，就能隨時隨地體認到生命的本源，感覺到大自然的勃勃生機。《詩經・大雅》有「鳶飛戾天，魚躍于淵」之句，孔穎達疏：「其上則鳶鳥得飛至於天以游翔，其下則魚皆跳躍于淵而喜樂，是道被飛潛，萬物得所，化之明察故也。」其意為鳥在天上飛，魚在水中游，萬物各得其所，是自然規律的體現。宋明理學家則從鳶飛魚躍中領悟到萬物的生機，認為「鳶飛魚躍皆是活潑潑生機」，「此理充盈宇宙間，下窮魚躍上飛鳥。飛斯在上躍在下，神化誰知本自然」。

七五

一生快活皆庸福，萬種艱辛出偉人。

【語譯】伴隨一生的快活都是平常的福分，萬種艱辛能鍛煉出偉人。

【研　析】從日常生活中獲得的樂趣才能持久，不應該去追求不屬於自己的幸福，意外的驚喜是偶然的，榮華富貴也是過眼煙雲。艱苦的環境能造就人才，古人說得好：「不經一番寒徹骨，焉得梅花撲鼻香。」

七六

濟世❶雖乏資財，而存心方便，即稱長者❷；生資❸雖少智慧，而慮事精詳，即是能人。

【注　釋】❶濟世　救濟、幫助世人。❷長者　德高望重的人。❸生資　天資；天賦。

【語　譯】雖然缺少錢財去幫助別人，但心中想著給人方便，就稱得上德高望重的人；天資雖然缺少智慧，但考慮事情精細詳盡，就是能人。

【研　析】幫助別人，不是看他能給他人多少物質利益，而在於是否有行善之心。一個貧窮的人，樂於幫助別人，更難能可貴。雖然富有，但缺乏善心，為富不仁，這樣的人就不值得尊敬。在現實中，窮人往往更願意幫助窮人，因為窮人能深切體會到貧窮的苦難。而有些富人熱衷於慈善事業，動機並不單純，或為沽名釣譽，或是商業操作，不一定出於善心。

天資愚笨的人，如果以勤補拙，考慮事情周到詳盡，同樣能有所成就。俗話說：「智者千慮，必有一失，愚者千慮，必有一得。」如果愚鈍的人用十倍、百倍，甚至千倍的努力去思考處理問題，也就成了智者。天資的聰慧和愚鈍是相對的，而後天的勤奮努力具有更重要的作用。

七七

一室閒居，必常懷振卓❶心，才有生氣；同人聚處，須多說切直❷話，方見古風❸。

【注釋】❶振卓　振作奮發。❷切直　懇切直率。❸古風　古人的風範，指質樸、淳厚的習尚和氣度。

【語譯】閒居家中，一定要常懷振作奮發的心態，才有生氣；與人相聚，一定要多說懇切直率的話，才能表現出古人的風範。

【研析】一個人的遭遇有窮通變化，孔子說：「進則兼濟天下，退則獨善其身。」身居高位，為天下蒼生謀福利；退隱家居，注重自身的道德修養。有些人在位時意氣風發，一旦失意，往日的雄心壯志煙消雲散。也有許多仁人志士，「身在江湖，心存魏闕」，雖然退隱田園，依然關注朝廷政治和民生禍福。諸葛亮隱居隆中，但對天下形勢瞭若指掌，期待一旦出山，成就霸業。謝安曾為東晉宰相，一度隱居東山，每日攜妓遊樂，但他輔助朝廷的念頭從未放棄，後來東山再起，政績昭著。不管在什麼境況下，始終保持奮發進取之心，才會充滿活力。

與人相處，要正直坦誠，敢於發表批評的意見。有些人八面玲瓏，四處討好，也許能獲得眾人一時的信任，但最終會暴露出虛假偽善的真面目。孔子說：「鄉愿，德之賊也。」朱熹解釋道：「鄉愿是無骨肋的人，東倒西擂，東邊去取奉人，西邊去周全人，看人眉頭眼尾，周遮掩蔽，唯恐傷觸了人。」與人相交，能直言勸諫，才是真正的朋友，即古人所謂的諍友。

七八

觀周公之不驕不吝❶，有才何可自矜；觀顏子之若無若虛❷，為學豈容自足。

【注釋】❶觀周公之不驕不吝　《論語・泰伯》：「子曰：如有周公之才之美，使驕且吝，其餘不足觀也。」周公，姓姬名旦，周文王之子，稱輔佐武王滅商。武王去世，成王年幼，周公主持國政，制定禮樂，平定叛亂，功勞顯赫。不驕不吝，不驕狂不鄙吝。❷觀顏子之若無若虛　《論語・泰伯》：「曾子曰：以能問於不能，以多問於寡，有若無，實若虛，犯而不校，昔者吾友，嘗從事於斯矣。」《論語正義》謂「友謂顏淵」。顏子，顏回，字子淵，孔子弟子。若無若虛，為「有若無，實若虛」之省文，即虛懷若谷之意，有才能不顯示，有德行不炫耀。

【語譯】看周公不驕狂不鄙吝，有才能怎麼可以自我炫耀；看顏子虛懷若谷，做學問怎麼能自我滿足。

【研　析】中國人處世，遵守「守愚藏拙」「韜光養晦」的原則，往往低調做人，高調做事。有才能不驕狂炫耀，既是道德修養，也是自保生存的策略。有才能而不驕狂，謙遜平等地對待別人，虛心向別人的長處學習，必須有寬容的胸懷和客觀公正的眼光，正確地對待自己和別人。揚才露己，必然招致別人的嫉恨，給自己帶來不必要的麻煩，甚至是殺身之禍。三國時楊修就因為鋒芒畢露而導致曹操的嫉恨，最終被曹操處死。

學無止境，只有虛懷若谷，永不自滿，才能不斷進步。這本來是很淺顯的道理，但真正做起來並不容易。

七九

門戶之衰，總由於子孫之驕惰；風俗之壞，多起於富貴之奢淫。

【語　譯】門戶衰敗，都是由於子孫驕縱懶惰；風俗敗壞，大多起因於富貴人家的奢侈淫佚。

【研　析】古代很重視家業的傳承，廣大門戶成為子孫的首要責任。子孫驕縱懶惰，恣意妄為，不守法紀，不務正業，不思進取，必然使門戶敗落，《紅樓夢》就是極好的例子，一個繁花如錦、烈火烹油的賈府，就是葬送在賈珍、賈璉這些紈絝子弟手中。富貴之家在社會上有很大的影響，富貴之家的子弟奢侈淫佚，就會直接敗壞社會風氣。

八十

孝子忠臣，是天地正氣所鍾❶，鬼神亦為之呵護；聖經賢傳❷，乃古今命脈❸所繫，人物悉賴以栽成❹。

【注釋】❶鍾　聚集；彙集。❷聖經賢傳　聖賢留傳下來的著作和論述。❸命脈　生命和血脈，比喻關係極為重大的事物。❹栽成　栽培，經教育而成就之。

【語譯】孝子忠臣，彙集了天地間正氣，鬼神也來呵護他；聖賢留傳下來的論著，維繫著從古至今的命脈，人物都是靠聖賢的教導有所成就的。

【研析】正氣，即孟子所說「浩然之氣」。孟子說：「我善養吾浩然之氣……其為氣也，至大至剛，以直養而無害，則塞於天地之間。其為氣也，配義與道，無是餒也，是集義所生也，非義襲而取之也。」在中國古代哲學中，氣有兩層含義，一指宇宙的本源，萬事萬物皆由氣彙集而成；一指人的精神狀態，有正氣邪氣之分。從精神層面講，正氣的本質內容是「道」和「義」。道是自然規律，也指綱常倫理；義，宜也，指人們應該做的正當事情。道義結合，即古人說的「天理良心」、「合情合理」。正氣「至大」「至剛」，「至大」謂充塞於宇宙間，無所不在；「至剛」謂堅挺不折，表現為富貴不能淫、貧賤不能移、威武不能屈。文天祥〈正氣歌〉曰：「天地有正氣，雜然賦流形。下則為河岳，上則為日星。於人曰浩然，沛乎塞蒼冥。皇路當清夷，含和吐明庭。時窮節乃見，一一垂丹青。」詩中在列舉了太史簡、董狐、張良、蘇武、嵇康、嚴顏、張巡、顏杲卿等一系列忠臣義士後，說道：「是氣所磅礴，凜烈萬古存。當其貫日月，生死安足論。地維賴以立，天柱賴以尊。三綱實繫命，道義為之根。」在中國歷史上，那些充滿正氣的忠臣義士，是中華民族的脊梁，歷盡劫難，支撐著國家屹立於世界之林。

中國文化有尊經復古的傳統，認為聖經賢傳是萬古不滅的真理，歷代文人將維護發揚經典當作自己最高的責任。尤其在科舉時代，士人應試必須代聖賢立言，聖經賢傳變得更加神聖。歷史是個不斷累積的過程，前人不但在物質上，而且在精神上為我們留下了寶貴的遺產，聖經賢傳是古人智慧的結晶，文化的精華，寶貴的精神財富。當今社會是在繼承前人的基礎上發展起來的，同時又成為後人所繼承的遺產。沒有昨天，就沒有今天，更沒有明天，任何無視歷史、割斷歷史的做法都是錯誤的。一個不懂得珍惜歷史遺產的民族是可悲的，沒有出息的。但是，我們也應該看到，事物是不斷發展的，社會在不斷進步，歷史遺產有精華，也有糟粕，並不完全適用於當今社會。因此強調學習歷史經驗，繼承歷史遺產，並非墨守成規，照搬祖宗家法，而應當在學習中有所批判，繼承中有所揚棄。

八一

飽暖人所共羨，然使享一生飽暖，而氣昏志惰❶，豈足有為？飢寒人所不甘，然必帶幾分飢寒，則神緊骨堅❷，乃能任事。

【注釋】❶氣昏志惰　神智昏沉，意志衰退。❷神緊骨堅　精神抖擻，性格堅強。

【語譯】吃飽穿暖是人人所嚮往的，然而享受一生的飽暖，神智不清意志消沉，難道能夠有所作為？飢寒是人人所不願意的，然而必定帶有幾分飢寒，就會精神抖擻意志堅強，才能擔當大事。

【研析】孟子說：「故天將降大任於是人也，必先苦其心志，勞其筋骨，餓其體膚，空乏其身，行拂亂其所為，所以動心忍性，曾益其所不能。」這段話的意思是：上天將要把重大的使命賦予某人，一定要磨練他的意志，勞累他的筋骨，使他忍受飢餓，備受窮困之苦，做事總不順利，通過這些磨難來振奮他的意志，培養堅韌的性格，增長他的才能。「窮則思變」，窮困貧寒的處境，能激發人們改變現狀的意志。只有經過磨難歷練的人，才能從容應對生活的考驗，具有克服各種困難的本領和技能。古往今來，凡是有大成就的人，都經過各種磨難，正如司馬遷〈報任安書〉中所說：「文王拘而演《周易》；仲尼厄而作《春秋》；屈原放逐，乃賦〈離騷〉；左丘失明，厥有《國語》；孫子臏腳，《兵法》修列；不韋遷蜀，世傳《呂覽》；韓非囚秦，〈說難〉〈孤憤〉;《詩三百篇》,大抵賢聖發憤之所為作也。」

八二

愁煩中具瀟灑襟懷❶,滿抱❷皆春風和氣❸;暗昧❹處見光明世界,此心即白日青天。

【注釋】❶襟懷 胸襟、懷抱。❷抱 胸懷;心胸。❸春風和氣 形容溫和融樂的氣氛。❹暗昧 昏暗不明。

【語譯】在憂愁煩惱中能具有灑脫不拘的胸懷,那麼心胸通暢舒泰充滿春風和氣;在昏暗不明的境地能看到一個光明的世界,那麼心境就如青天白日那樣寬廣明亮。

【研析】「君子坦蕩蕩,小人長戚戚」,君子具有寬廣的胸懷,處世以道義而行,決事循理而解,不受物欲困擾,不為瑣事煩惱,因而心情舒暢,如坐春風。小人心胸狹隘,患得患失,整日如坐愁城中,終無舒心開顏之時。君子與小人,其心態好壞大不一樣,只有保持良好的心態,才能使生活更加充實和快樂。

暗昧處見光明世界,即在黑暗中見到光明,在困境中見到希望,對人生抱著積極進取的樂觀態度。對生活持積極樂觀的態度,就能體會到我們的生活充滿了陽光,不會因暫時的挫折而失去勇氣，也不會面臨困難而退縮。

八三

勢利人裝腔作調❶，都只在體面❷上鋪張❸，可知其百為皆假；虛浮人指東畫西❹，全不問身心內打算，定卜❺其一事無成。

【注　釋】❶裝腔作調　即裝腔作勢。故作姿態，虛張聲勢。❷體面　表面。❸鋪張　渲染誇張。❹指東畫西　東拉西扯，說話不著邊際。❺卜　預測；預料。

【語　譯】勢利的人裝腔作勢，都只在表面上做文章，可知他的一切都是假的；虛浮的人東拉西扯，全不問自己的內心是怎麼想的，可以預見他一事無成。

【研　析】勢利的人，在名利地位的驅使下，卑躬屈膝，攀結權貴，喪失人格，不擇手段。一旦得勢，又是另一番面孔，驕橫跋扈，不可一世。這樣的勢利小人，就像京劇《打漁殺家》中的教師爺，對主子俯首帖耳，對平民兇狠蠻橫，處處拿腔作調，十足小丑的形象。

浮誇的人，心中沒有主見，做事缺乏專注，只追求表面光鮮，不注重實際效果。喜歡趨時跟風趕時髦，沒有固定的目標和計畫。這樣的人，什麼事情也做不好。

八四

不忮不求❶，可想見光明境界；勿忘勿助❷，是形容涵養功夫。

【注釋】❶不忮不求　不嫉恨不貪求。語見《詩經・邶風・雄雉》：「不忮不求，何用不臧。」意謂一個人不嫉恨他人，也不求全責備他人，怎麼會做出不好的事情。❷勿忘勿助　語出《孟子・公孫丑》：「必有事焉而勿正，心勿忘，勿助長也。」意謂培養浩然之氣要堅持不懈，既不能有絲毫疏忽，也不能急於求成。助，拔苗助長的意思。

【語譯】一個人既不嫉恨他人，也不求全責備他人，可以想見他光明磊落的精神境界；既不疏忽鬆懈，也不急於求成，是形容一個人修養身心的造詣。

【研析】《詩經・邶風・雄雉》：「不忮不求，何用不臧。」鄭玄箋：「我君子之行，不疾害，不求備于一人，其行何用為不善。」《詩經》的原意是一個人不嫉恨他人，也不求全責備他人，他怎麼會做出不好的事情。《論語・子罕》引用了這兩句話，意思略有不同。《論語》云：「衣敝緼袍，與衣狐貉者立而不恥者，其由也與？『不忮不求，何用不臧？』」子路終身誦之。子曰：『是道也，何足以臧？』」《論語》中「不求」，是不貪求的意思。對他人的成就不嫉恨，對他人的過失不嚴究（既不嫉恨他人，自己也不貪求），需要有寬宏大量的胸襟，即文中所說光明境界。曾國藩作有〈忮求詩〉兩首，可作此語箋解：「〈不忮〉善莫大於恕，德莫凶於妒。妒者妾婦行，瑣瑣奚比數。己拙忌人能，己塞忌人遇。己若無事功，忌人得成務。己若無黨援，忌人得多助。勢位苟相敵，畏逼又相惡。己無好聞望，忌人文名著。己無賢子孫，忌人後嗣裕。爭名日夜奔，爭利東西騖。但期一身榮，不惜他人污。聞災或欣幸，聞禍或悅豫。問渠何以然，不自知其故。爾室神來格，高明鬼所顧。天道常好還，嫉人還自誤。幽明叢詬忌，乖氣相回互。重者災汝躬，輕亦減汝祚。我今告後生，悚然大覺悟。終身讓人道，曾不失寸步。終身祝人善，曾不損尺布。消除嫉妒心，普天零甘露。家家獲吉祥，我亦無恐怖。」「〈不求〉知足天地寬，貪得宇宙隘。豈無過人姿，多欲為患害。在約每思豐，居困常求泰。富求千乘車，貴求萬釘帶。未得求速償，既得求勿壞。芬馨比椒蘭，磐固方泰岱。求榮不知厭，志亢神愈忲。歲燠有時寒，月明有時晦。時來多善緣，運去生災怪。諸福不可期，百殃紛來會。片言動招尤，舉足便有礙。戚戚抱殷憂，精爽日凋瘵。矯首望八荒，乾坤一何大。安榮無遽欣，患難無遽憝。君看十人中，八九無倚賴。人窮多過我，我窮猶可耐。而況處夷途，奚事中嗟愾。於世少所求，俯仰有餘快。俟命堪終古，曾不願乎外。」

一個人的道德修養，是個循序漸進，日積月累的過程，既不能有絲毫鬆懈，也不能急於求成。修養如此，做事也如此。不積跬步，無以致千里，任何事情都要一步一步做起，既不能止步不前，也不能一蹴而就。急於求成，揠苗助長，只能適得其反。

八五

數❶雖有定，而君子但求其理❷，理既得，數亦難違；變固宜防，而君子但守其常❸，常無失，變亦能禦。

【注　釋】❶數　氣數；運數。即命運。❷理　道理、法則。古人所說的理，包含自然規律和人倫道德兩方面。❸常　常理，恆久不變的規律。

【語　譯】命運雖然有定數，但君子只尋求為人處世的道理，掌握了道理，命運也難以違背；對於事情的變化，固然應該加以防範，但君子只是堅守常理，不失去常理，變化也就能夠防禦了。

【研　析】古人說「命由天定」，一個人的命是天生的，我們無法選擇自己的家庭出身，人一出生便有貧富貴賤之分，有的人生於鐘鳴鼎食的富貴之家，有的人出生於一貧如洗的窮苦之家，這是無法逆轉的。然而「命由天定，運由己生」，一個人的生命歷程即運，是由自己決定的。出生於富貴之家的人，如果不走正道，自甘墮落，就會有悲慘的下場，而出生貧困之家的人，如果發憤圖強，具有堅毅的精神和高尚的品德，就能鑄就輝煌的人生，正如司馬遷所言：「古者富貴而名磨滅，不可勝記，惟俶儻非常之人稱焉。」選擇正確的人生道路，就是求得其理，能夠改變自己的命運。荀子提出「大天而思之，孰與物蓄而制之」，認為人不應該屈從於命運的安排，而通過掌握自然運行的規律、法則，更好地掌握自己的命運，這就是荀子「人定勝天」的思想。

俗話說「以不變應萬變」，儒家認為不變者為「道」，即綱常倫理，董仲舒提出「天不變，道亦不變」。社會環境是複雜的，人生道路是坎坷的，但只要堅守道德倫理，就能夠應付各種意外和變數，不會因遇到困難和曲折改變做人的原則。「守常防變」，對個人如此，對國家也是如此。每個國家都會遇到許多社會問題，如果頭痛醫頭、腳痛醫腳，就會防不勝防。只要抓住治國之綱，各項政策舉措符合社會發展的規律和民眾的需要，許多問題就迎刃而解。

八六

和為祥氣❶，驕為衰氣❷，相人者❸不難以一望而知；善是吉星❹，惡是凶星，推命者❺豈必因五行❻而定。

【注釋】❶祥氣　祥瑞之氣。氣，指人的精神狀態。❷衰氣　衰敗之氣。❸相人者　以為人看面相推算吉凶禍福為職業的人。❹吉星　吉祥之星。古人以星象對應於自然和社會現象的變遷，吉星預兆祥瑞，凶星預兆災禍。❺推命者　給人推算命運的人，俗稱算命先生。❻五行　指水、火、木、金、土。古人認為五行是構成各種物質的基本要素，並以五行相生相剋來解釋萬物的起源和變化。舊時星象家也以五行生剋來推算一個人的命運。

【語　譯】平和是祥瑞之氣，驕縱是衰敗之氣，相面的人很容易一眼就看出來；善良是吉星，邪惡是凶星，算命的人何必一定要根據五行來推定一個人的命運。

【研　析】俗話說：「相由心生」，一個人的性格和品質能從面相上反映出來。相書說：「七尺之軀不如七寸之面，七寸之面不如三寸之鼻，三寸之鼻不如一點之心。」「未相人之相，先聽人之聲；未聽人之聲，先察人之行；未察人之行，先觀人之心。」從生理和心理學講，一個人生性平和，心情愉快，有助於氣血調和，身體健康，反映在面相上就滿面光華，一團和氣。驕縱的人，不檢點自己的生活方式，沉溺於聲色之好，就會氣血兩虧，一臉病態。

古人相信因果報應，主張「善有善報，惡有惡報」，行善積德吉祥如意，行兇作惡災禍降臨。決定人命運的是心地的善惡，而不是生辰八字和五行生剋。

八七

人生不可安閒，有恆業❶才足收放心❷；日用必須簡省，杜奢端❸即以昭儉德❹。

【注　釋】❶恆業　固定的職業。❷放心　放縱之心，指不受拘束，任性而為的想法和念頭。❸奢端　奢侈的苗頭。❹儉德　節儉的美德。

【語　譯】人生不能安閒，有固定的職業，才能把放縱的心思收回來；日常應用必須節省，杜絕奢侈的苗頭就是顯示節儉的美德。

【研　析】俗話說「一閒生百病」，人閒了就會胡思亂想，不務正業，惹出亂子來。有了固定的職業，工作時專心致志，心無旁鶩，就沒有時間和精力去惹是生非了。節儉是中華民族的傳統美德，《左傳》云：「儉，德之共也；侈，惡之大也。」意為節儉是善行中的大德，奢侈是邪惡中的大惡。只有在日常生活中處處節約，杜絕一切奢侈浪費的現象，才能培養起節儉的良好品德。古人把節儉提高到立身治國的高度，李商隱詩云：「歷覽前賢和國家，成由勤儉敗由奢。」歐陽修說：「憂勞可以興國，逸豫可以亡身。」宋史浩《尚書講義》云：「惟儉則玩好弗寶，嗜慾弗親，中之所存，湛若止水，萬務之來應而不亂，實治心之要術也。」

八八

成大事功❶，全仗著秤心斗膽❷；有真氣節，才算得鐵面銅頭❸。

【注　釋】❶事功　功績；功勞。❷秤心斗膽　唐胡曾〈謝賜錢啟〉：「推葛亮之秤心，負姜維之斗膽。」秤心，形容心無偏私，公平如秤。清褚人穫《堅瓠補集．秤心斗膽》：「諸葛武侯嘗言：『吾心如秤，不能為人作輕重。』」斗膽，大膽，形容膽氣豪壯。《三國志．姜維傳》引裴松之注云：「維死時見剖，膽如斗大。」❸鐵面銅頭　比喻公正嚴明，不講情面，不畏權勢。

【語譯】要成就大事業，全靠著公平無私膽氣豪壯；真正具有高尚的志氣和節操，才算得上不講情面、不畏權勢。

【研析】公平無私，才能服眾，贏得眾人的支持和尊重；膽氣豪壯，才能有遠大的抱負、勇往直前的英雄氣概。這是成就大事必備的品質。氣節的涵義是堅持正義，不謀私利，「威武不能屈，富貴不能淫，貧賤不能移」，具有氣節的人，才能真正做到不講情面、不畏權勢。宋代包拯，為官清廉公正，有「鐵面包公」之稱，民間流傳著許多他不畏強暴，敢於為民伸張正義的故事，是個有真氣節的官員。

八九

但責己，不責人，此遠怨之道❶也；但信己，不信人，此取敗之由❷也。

【注釋】❶道　方法；途徑。❷由　原由；緣故。

【語譯】只是責備自己，不去責備別人，這是遠離怨恨的方法；只相信自己，不相信別人，這是招致失敗的原由。

【研析】嚴以責己，寬以待人，是古人推崇的為人處世之道。《論語》說「寬則得眾」，當與他人發生矛盾爭執時，首先檢討自己的過錯，不要把責任推給別人，這樣可以讓對方感受到你的寬容和真誠，就容易與他人相處。寬以待人，不要以自己的標準要求別人，不要把自己的意志強加給別人。寬以待人，要容許別人犯錯誤。俗話說：「金無足赤，人無完人。」「人非聖賢，孰能無過。」別人犯了錯誤，要善意地指出，幫助他改正錯誤。對有些無關大局的小缺點，要能寬容，不要吹毛求疵。要多想想別人的長處和優點。

俗話說：「一個籬笆三根樁，一個好漢三個幫。」要做成一件大事，必須眾人齊心協力，單槍匹馬是不能成功的。劉邦有蕭何、韓信、張良等人輔佐，才能取得天下，項羽雖有萬夫不當之勇，但生性多疑，留不住人才，身邊就剩下一個范增，也不能取得他的信任，最後落得個烏江自刎的下場。唐太宗善於用人，手下有許多賢相良將，創建了貞觀盛世。崇禎帝精明強幹，勤於政事，但他只信自己，不信別人，宵衣旰食，事必躬親，還是不能挽回明王朝的頹勢，成了亡國之君。現代社會分工日益細密，就更需要互相配合，具有團隊合作精神。如果只信自己，不信別人，互相猜忌，就不能取得事業的成功。

九十

無執滯❶心，才是通方❷士；有做作氣❸，便非本色人❹。

【注釋】❶執滯　固執；偏執。❷通方　變通；靈活。❸做作氣　矯揉做作的虛浮習氣。❹本色人　真實的人。本色，本來面目。

【語譯】沒有偏執的習性，才是靈活的人；有矯飾虛浮的習氣，就不是真實的人。

【研析】做事要靈活圓通，不能固執不化。世上的事情千變萬化，必須根據不同的情況採取不同的應對方法，使自己的思想和行為適應形勢的變化。《呂氏春秋》所載「刻舟求劍」的寓言，就是諷刺那些墨守成規，不知變通的人。

做人要真實，不可虛偽。真實的人心胸坦蕩，光明正大，以真誠贏得人們的尊敬。虛偽的人裝腔作勢，也許能騙人於一時，最終要露出馬腳，為人嗤笑，猶如徐渭所說「婢作夫人，滿頭珠翠」，婢女要把自己打扮成貴夫人，戴了滿頭的首飾，還是沒有夫人樣子。

九一

耳目口鼻，皆無知識之輩，全靠著心作主人；身體髮膚，總有毀壞之時，要留個名稱❶後世。

【注釋】❶稱　稱頌；讚揚。

【語譯】耳目口鼻，都是不會思考的器官，全靠心做它們的主宰；身體頭髮肌膚，總有毀壞的時候，要留個好名聲受後世的讚揚。

【研析】《孟子》說：「耳目之官不思，而蔽於物，物交物，則引之而已矣。心之官則思，思則得之，不思則不得也。」孟子認為，耳目等器官不會思考，因而不能獲得知識。光用眼睛看、耳朵聽，容易為假象所蒙蔽。心是思考的器官，只有用心對耳目所得的見聞進行思考，才會透過事物的表面現象而深入理解其本質，從而獲得正確的知識。因此古人將心作為身體的主宰，強調「正心」、「養心」，使五官百體之欲皆聽命於心，這就是孟子「先立乎其大者」的基本含義。

人生總有一死，軀體也終將化為塵土，好的名聲卻能流傳後世，文天祥有詩云：「人生自古誰無死，留取丹心照汗青。」因此古人把名聲看得比性命更重要，但求流芳百世，不願苟活一時。

九二

有生資❶，不加學力❷，氣質究難化也；慎大德，不矜細行❸，形跡❹終可疑也。

【注釋】❶生資　天資；天賦。❷學力　同「力學」。努力學習。❸不矜細行　不拘小節。矜，注重。❹形跡　行為。

【語譯】有天賦，不加上努力學習，終究難以變化氣質；注意大的德行，不拘小節，行為總有令人懷疑之處。

【研析】孔子說：「惟上智與下愚不移。」「中人以上，可以語上也；中人以下，不可以語上也。」孔子把人分為上中下三等，認為最聰明的人和最愚笨的人是不能改變其氣質性情的，中等之人天資都差不多，可以通過學習不斷完善，進而達到上等人的水平，這就是「性相近，習相遠」的道理。對大多數人來說，天資固然有差異，有的人聰慧，有的人愚鈍，但這種差異並不明顯，學習可以彌補先天的不足，使愚鈍的人變聰慧。反之，天資聰慧的人，如果不努力學習，也會變得愚鈍。王安石寫過一篇〈傷仲永〉的文章，說仲永是個神童，五歲就能寫詩，父親就帶著他到處寫詩掙錢。過了幾年，仲永成為一個平凡的人，再也寫不出好詩了。

《尚書》云：「不矜細行，終累大德。」大德是由細行累積而成，「不積跬步，無以至千里；不積小流，無以成江河」。如果不注意小節，在細微處放鬆對自己的要求，日積月累就會釀成大錯，「不慮於微，始成大患；不防於小，終虧大德」。儒家強調個人的道德修養必須從日常生活做起，於是有了「一室不掃，何以掃天下」的格言。

九三

世風之狡詐多端❶，到底忠厚人顛撲不破❷；末俗❸以繁華相尚，終覺冷淡處趣味彌❹長。

【注釋】❶多端　多方面。❷顛撲不破　任憑摔打都不會破損，比喻言論、學說正確可靠，無法推翻、駁倒。❸末俗　末世的風俗。❹彌　更。

【語譯】社會風氣狡詐多端，忠厚人始終不為所動；末世的風俗崇尚繁華，終究是寧靜淡泊的趣味更悠長。

【研析】明清時期，隨著生產力的發展和商品經濟的繁榮，人們追求金錢財富和生活享受的欲望更加強烈，社會風氣也發生了巨大的變化。顧炎武在《天下郡國利病書》中論及明代社會風氣之變化時說：弘治之前，社會風氣淳樸，至正德嘉靖末開始發生變化，「高下失均，錙銖共競，互相凌奪，各自張皇。於是詐偽萌矣，訐爭起矣，紛盡染矣，靡汰臻矣」，迨至嘉靖末、隆慶間，風氣更加敗壞，「貿易紛紜，誅求刻核，奸豪變亂，巨滑侵牟」，「迄今三十餘年則敻異矣。富者百人而一，貧者十人而九。貧者既不敵富者，少反可以制多。金令司天，錢神卓地，貪婪罔極，骨肉相殘，受享於身，不堪暴殄」。面對發生翻天覆地變化的社會現實，許多人嚮往著淳樸的古代社會，明末清初的長篇小說《醒世姻緣傳》就塑造了一個保持著淳樸民風的「明水鎮」，寄託了作者對古代社會的仰慕和對現實的批判。

九四

能結交直道❶朋友，其人必有令名❷；肯親近耆德老成❸，其家必多善事。

【注釋】❶直道　正道；正派。❷令名　好的名聲。令，善；美好。❸耆德老成　德高望重的老年人。耆德，年高德劭。耆，六十歲以上的老年人。老成，年高有德的人。

【語譯】能結交正派的朋友，那個人必定有美好的聲譽；肯親近德高望重的老人，那個家庭必定有很多善事。

【研析】孔子說朋友分兩種：益友和損友。結交好的朋友，對自己大有幫助，古人很重視擇友而交。物以類聚，人以群分，志趣相投才能成為朋友，因此看一個人的朋友如何，就知道此人的品行好壞。尊老敬老是中華民族的優良傳統，《禮記》云：「昔者，有虞氏貴德而尚齒，夏后氏貴爵而尚齒，殷人貴富而尚齒，周人貴親而尚齒。虞、夏、殷、周，天下之盛王也，未有遺年者。年之貴乎天下，久矣；次乎事親也。」有虞氏時代重視品德，夏代重視爵位，殷人重視財富，周人重視親情，但都特別重視尊尚敬重老年人，尊老的傳統從上古時代就形成了。老年人有豐富的閱歷和經驗，有深厚的道德修養，是社會的寶貴財富，俗話說「家有一老勝過一寶」，對整個社會而言也是如此。一個家庭能尊敬長輩，家庭就溫馨和睦；一個社會尊老蔚然成風，社會就和諧團結。

九五

為鄉鄰解紛爭，使得和好如初，即化❶人之事也；為世俗❷談因果❸，使知報應不爽❹，亦勸善之方也。

【注釋】❶化　感化、教育，改變人心風俗。❷世俗　俗人；普通人。❸因果　佛教宣揚因果報應，認為事物有起因必有結果，善因得善果，惡因得惡果。前世、今世、來世三世因果報應，循環不失。❹爽　差錯。

【語譯】為鄉鄰排解紛爭，使他們和好如初，就是改變人心風俗的事情；給普通人談因果，使他們知道善有善報、惡有惡報，絲毫不差，也是勸人行善的方法。

【研析】隨著社會的發展，人們的交往也越來越頻繁，「雞犬相聞，老死不相往來」的局面不復存在，搞好鄰里關係也就顯得格外重要。鄰里和睦是中華民族的優良傳統，古人有「百萬買宅，千萬買鄰」、「非宅是卜，唯鄰是卜」的說法。家庭是社會的細胞，鄰里和睦，社會就穩定。清朝宰相張廷玉與一位姓葉的侍郎都是安徽桐城人，兩家比鄰而居，因蓋房造屋，為爭地皮發生了衝突。張老夫人給在京城的張廷玉寫信，要他出面干預此事。張廷玉在回信中寫了一首詩：「千里捎書只為牆，再讓三尺又何妨？萬里長城今猶在，不見當年秦始皇。」張老夫人讀了此信，主動把圍牆往後挪了三尺。葉家人見此情形，深感慚愧，也把牆退後三尺。於是在兩家圍牆之間形成了六尺寬的巷道，成了有名的「六尺牆」。鄰里之間互相謙讓、互相幫助，能培養人們寬容大度、助人為樂的品質，形成醇厚樸實的社會風氣。

佛教宣揚「因果報應」，用最簡單的話說就是「善有善報，惡有惡報」。佛教認為因果報應是宇宙間最基本的規律，「若解前世因，今生受者是，若知後世果，今生做者是」，前世行善，今生享福；前世作惡，今生受罪。前世是因，今生是果。今生行善，後世享福；今生作惡，後世受罪。今生是因，後世是果。因果報應說簡捷明瞭，有懲惡揚善的作用，且更易為普通民眾接受，這就是人們喜歡以因果說教的原因。

九六

發達❶雖命定，亦由肯做功夫；福壽雖天生，還是多積陰德❷。

【注釋】❶發達　事業興盛、地位顯赫。❷陰德　暗中行善積德。

【語譯】興旺發達雖然是命中註定，也因為肯下功夫；福分和壽命雖然是天生的，還是要多積陰德。

【研析】古人認為命由天定，一個人的事業是否興旺發達，是命中註定的，但也依靠後天的努力。每個人都生活在特定的家庭和社會環境中，出身是無法選擇的，家庭的貧富貴賤，對人有重大的影響。出身於富貴之家的子弟，處境優越，獲得成功的機會就更大；出身貧寒之家的子弟，處境艱難，若要成功就比較困難。人們並不是在人生的同一條起跑線上出發的，就此而言，人生來就不平等。然而，條件再優越，也要靠自己的努力，若不努力，機遇再多，也會與你擦肩而過，最終一事無成。條件再艱苦，只要自己努力，就能改變命運，在事業上有所成就。有一分耕耘，便有一分收穫，機遇只青睞勤奮的人。

古人還認為，一個人的福分和壽數也是命中註定的，多行善積德，可以增福添壽。古人所說，有迷信成分，但以現代科學的理念來解釋，也有其合理之處。一個人助人為樂，在幫助他人時感到幸福和快樂，這也是一種福分。「福」不僅指優厚的物質生活，精神愉悅是更大的福。一個人壽命的長短，既取決於遺傳基因，也取決於後天的調養保健。行善積德之人，心地善良平和，也能延年益壽。

九七

常存仁孝心，則天下凡不可為者皆不忍為，所以孝居百行❶之先；一起邪淫念，則生平極不欲為者皆不難為，所以淫是萬惡之首。

【注釋】❶百行　各種品行。

【語　譯】常存有仁義孝順之心，那麼天下所有不能夠做的事情都不忍心去做，所以孝在各種品行中是最重要的；一旦產生了邪惡淫蕩的念頭，那麼生平最不願做的事情也都不難去做，所以淫是萬惡的根源。

【研　析】「百善孝為先，萬惡淫為首」，這句流傳甚廣的格言，即出於《圍爐夜話》。孝是中華民族最基本也最為重要的倫理道德，《孝經》開宗明義道：「身體髮膚，受之父母，不敢毀傷，孝之始也；立身行道，揚名於後世，以顯父母，孝之終也。夫孝，始於事親，中於事君，終於立身。」可見孝不僅是孝順父母，而且是立身事君的道德規範。孔子在解釋何為孝時說：「生，事之以禮；死，葬之以禮、祭之以禮。」孝是禮的體現，也是立身之本。漢代首倡「以孝治天下」，將家庭倫理擴展為社會、政治倫理，成為貫徹二千年帝制社會的治國綱領。歷代統治者將推行孝道視作維護社會穩定的重要決策，強調「求忠臣於孝子」，提倡「在家言孝，在朝言忠」，將忠與孝結合起來。

萬惡淫為首，「淫」指淫念，即無節制的過分追求。每個人在生活中都有無數追求，如金錢、地位、聲色等等，也就是通常說的欲念。有人說人生的悲劇就在於無窮的欲念得不到滿足，若不克制欲念，就會做出種種傷風敗俗不道德的事情，甚至如飛蛾撲火，不惜以身試法。因此古人特別重視「正心誠意」，要「求放心」，把放蕩不羈的心收回到倫理道德許可的範圍之內。

九八

自奉❶必減幾分方好，處世能退一步為高。

【注釋】❶自奉　自身日常生活的供養。

【語譯】自己的日常開銷一定要減少幾分才好，待人處世能夠退讓一步才是高明。

【研析】崇尚儉樸是中華民族優良傳統，古人把奉行儉樸視作立身處世、治國安邦的大事，而儉樸風尚的形成，必須從日常生活的小事做起。「退一步海闊天空」，謙讓是修養，是美德，不僅能贏得他人的尊重，自己也能悠然自得，保持寧靜平和的心情。若與人斤斤計較，處處針鋒相對，雖然有時能占些便宜，然而總是得益少而受損大。

九九

守分安貧，何等清閒，而好事者❶偏自尋煩惱；持盈保泰❷，總須忍讓，而恃強者乃自取滅亡。

【注　釋】❶好事者　指喜歡多事，製造事端的人。❷持盈保泰　處於極盛時，謙虛謹慎以保平安。盈，旺盛；興盛。泰，安寧。

【語　譯】堅守本分安於貧困，那是多麼清閒，而好事的人偏要自尋煩惱；事業處於興盛的時候，要求得安寧，總是要能夠忍讓，而恃強凌弱的人就是自取滅亡。

【研　析】俗話說「知足常樂」，安於現狀，不作非分之想，就會省卻許多麻煩，落得個清閒自在。人生有許多煩惱，煩惱是欲望無法滿足而形成的失意和痛苦，是一種自己和自己過不去的對抗心態。克制非分的欲望，保持心態平和，就能從煩惱中解脫出來。佛說煩惱皆由心生，便是這個道理。《莊子》說：「死生、存亡、窮達、貧富、賢與不肖、毀譽、饑渴、寒暑，是事之變，命之行也。日夜相代乎前，而知不能規乎其始者也。故不足以滑和，不可入於靈府。使之和豫，通而不失於兌，使日夜無郤，而與物為春。是接而生時於心者也。」莊子認為，死生、存亡、窮達、貧富、賢與不肖、毀譽、饑渴、寒暑，這些都是事物的變化，天命的自然運行，就像日夜輪流交替，而人的智力不能窺見其開端一樣。因此不值得為這些現象擾亂平和的心性，不可讓它深入心靈的深處。這樣就能使內心和順、安逸、通暢，而不失怡悅的心情。

忍讓是避禍自保的方法，也是佛教和老莊宣揚的人生哲學。老莊學說倡導「抱樸守拙」、「與世無爭」、「清靜無為」、「柔弱退讓」，老子提出「曲則全，枉則直，窪則虛，敝則新，少則得，多則惑」，莊子提出「以無用為用」，「山木自寇也，膏火自煎也。桂可食，故伐之；漆可用，故割之。人皆知有用之用，而莫知無用之用也」，都是主張用退守的辦法來保全自己。寒山問拾得：

「世間謗我、欺我、辱我、笑我、輕我、賤我、惡我、騙我，如何處置乎？」拾得曰：「只是忍他、讓他、由他、避他、耐他、敬他、不要理他，再待幾年，你且看他。」恃強凌弱，是自取滅亡之道。須知「天外有天，人外有人」，若一味恃強逞能，不知進退，總有一天會碰到更強的人而慘遭失敗。爭強好勝的人，為圖一時之快，到處樹敵，一旦群起而攻之，就難逃滅亡的下場。

一〇〇

人生境遇無常，須自謀吃飯之本領；人生光陰易逝，要早定成器❶之日期。

【注　釋】❶成器　成為有用的人才。

【語　譯】人生境遇變化不定，必須自己掌握謀生的本領；人生光陰易逝，要及早確立成材的日期。

【研　析】掌握謀生的本領，是立足社會的最基本條件。出生於富貴之家的子弟，以為靠著祖宗的餘蔭可以度過一生，然而世事無常，家庭一旦敗落，若無謀生的本事，就難以生存。《小窗幽記》說過：留給子弟萬貫家財，不如教子弟一門謀生的本領。有人期望危難時刻有人相助，然而求人不如求己，別人的幫助只能解救燃眉之急，謀生還得靠自己。

「少壯不努力，老大徒傷悲」，光陰易逝，年輕時不努力進取，老來就一事無成。年輕人進取心強，精力充沛，容易接受新生事物，正是創業的好時光。張愛玲就說過：「出名要趁早。」

一〇一

川❶學海而至海，故謀道者❷不可有止心❸；莠❹非苗而似苗，故窮理者❺不可無真見❻。

【注　釋】❶川　河流；水道。❷謀道者　追求學問和道理的人。❸止心　停止的念頭。❹莠　俗稱「狗尾巴草」，形狀像稻子，妨礙其他禾苗生長的野草。❺窮理者　探求事理的人。❻真見　真知灼見，對事物有深刻的認識和高明的見解。

【語　譯】河流學習大海奔流不息，最終匯入大海，所以追求學問和道理的人不可有停止不前的念頭；莠不是禾苗卻像禾苗，所以探求事理的人不能沒有真知灼見。

【研　析】河流嚮往大海，奔騰不息地流向大海，追求學問和道德修養，也要以高標準要求自己，才能不斷進取。人生有涯而知無涯，學無止境，只有不斷學習，不斷更新知識，才能跟上時代前進的步伐。若有了點知識就自滿自足，就會止步不前。

世上的事情是複雜的，許多真相往往被假象所掩蓋，只有具備真知灼見，才能透過表面現象接觸到事情的本質。真知灼見指對事物深刻而獨特的理解，來自深厚的學養和實踐經驗的積累。

一〇二

守身❶必謹嚴，凡足以戕❷吾身者宜戒之；養心須淡泊，凡足以累吾心者勿為也。

【注釋】❶守身　即立身，指約束自己的行為，遵循道德規範。❷戕　戕害；殘害。

【語譯】立身處世一定要嚴謹，凡是足以損害自己的事情都應該戒絕；怡養心性一定要淡泊，凡是足以使自己身心疲累的事情都不要去做。

【研析】梁簡文帝蕭綱〈誡當陽公大心書〉云：「立身先須謹慎，文章且須放蕩。」立身謹慎，從道德層面講，是要時刻檢點自己，一言一行都不逾越道德規範，「勿以惡小而為之」。〈家庭寶鑑序〉云：「所謂立身之本者，即閒邪存誠，克己復禮，敦篤倫常，深信因果，戰兢惕厲，唯恐隕越。能如是，庶可以明其明德，而止于至善之域矣。」從健康層面講，凡是不利於健康的生活習慣都應該戒絕，如抽煙酗酒、沉湎聲色、作息無常等等。

中國的傳統思想，無論儒家還是佛道，都崇尚淡泊。所謂淡泊，即不受物欲牽纏，保持心情的寧靜平和。孔子宣揚「安貧樂道」，稱讚顏回道：「賢哉回也！一簞食，一瓢飲，在陋巷，人不堪其憂，回也不改其樂。賢哉回也！」老子宣揚「見素抱樸，少私寡欲」，提出「五色令人目盲，五音令人耳聾，五味令人口爽（傷）」，豐富的物質和精神生活只能給人帶來傷害。佛教則將人們的生活需求視作孽障，只有割斷塵緣，才能明心見性。宋元理學以儒學為本，兼收佛道思想，提倡「存天理、去人欲」，通過靜坐的方法使心地明淨，不為物累。

一〇三

人之足傳，在有德，不在有位；世所相信，在能行，不在能言。

【語譯】一個人的名聲足以流傳，在於有良好的品德，不在於有多高的地位；世人所相信的人，在於他能有實際的行動，不在於他能說會道。

【研析】道德高尚的人，才能夠名垂青史，流芳百世，而不在於地位的高低或權勢的大小。古語云「德厚行遠」，道德有潛移默化的教育功能和強大的感染力，道德高尚的人讓人敬重仰慕，不求名而名自來。地位高權勢大的人，若無道德，其惡行後果尤為嚴重，只落得個千古罵名。

行動勝於語言，古今中外許多名人對此有精闢的論述，《孔子家語》云：「君子以行言，小人以舌言。」威・赫茲特里說：「偉大的思想只有付諸行動才能成為壯舉。」克雷洛夫說：「現實是此岸，理想是彼岸，中間隔著湍急的河流，行動則是架在川上的橋梁。」一切理論和思想，只有通過行動才能實現，否則就是不切實際的空談。宋明理學大談心性，逐漸形成了崇尚空談的風氣。尤其是明代後期，陽明心學盛行，講學風氣日盛，許多人以清談為高，遇到實際問題便束手無策，故清初有些學者批評明末文人清談亡國，倡導實學以糾正時弊。「世所相信，在能行，不在能言」，也是針對時弊而發。

一〇四

與其使鄉黨❶有譽言❷，不如令鄉黨無怨言；與其為子孫謀產業，不如教子孫習恆業❸。

【注釋】❶鄉黨　鄉親；鄉里。❷譽言　美言；讚揚的話。❸恆業　長久的謀生事業。

【語譯】與其讓鄉親對自己讚譽有加，不如讓鄉親對自己沒有怨言；與其為子孫謀取家產，不如教子孫學習長久的謀生本領。

【研析】讓人有譽言易，讓人無怨言難。做一件好事，就能博得他人的稱讚，一輩子不做壞事，才能使人沒有怨言。為子孫謀產業，如果子孫不能自立，家產總有耗盡之時，讓子孫學會謀生的本領，才是長久之計。

一〇五

多記先正❶格言，胸中方有主宰❷；閒看他人行事，眼前即是規箴❸。

【注釋】❶先正　先賢；前代的賢人。❷主宰　主見。❸規箴　規勸、告誡。

【語譯】多記前賢的格言，胸中自有主見；旁觀他人做事，就是對自己的規勸告誡。

【研析】前賢的格言，是人生經驗的總結，包括著深刻的哲理，布拉德利說：「我們的生活經驗，傾注在格言裡，凝固在冷峻的警句中。」學習前賢的格言，有助於樹立正確的人生觀，警策人們努力奮進，增長智慧和才幹，加深對現實的認識和理解，因此歌德說格言是「社會最寶貴的財富」。

他山之石，可以攻玉，觀察別人行事處世的方法，可以從中吸取經驗教訓，作為自己的借鑑。所謂「閒看」，意為站在客觀的立場，不帶偏見地評判別人的行為，虛心學習別人的長處，盡量避免別人所犯的錯誤。

一〇六

陶侃運甓官齋❶，其精勤❷可企❸而及也；謝安圍棋別墅❹，其鎮定非學而能也。

【注　釋】❶陶侃運甓官齋　典出《晉書．陶侃傳》：「侃在州無事，輒朝運百甓於齋外，暮運於齋內。人問其故，答曰：『吾方致力中原，過爾優逸，恐不堪。』其勵志勤力，皆類此也。」後以「運甓」表示勵志勤力，努力奮發。陶侃，東晉名將，官至大司馬。甓，磚。官齋，官舍，官員的住宅。❷精勤　專心勤勉。❸企　盼望。❹謝安圍棋別墅　典出《晉書．謝安傳》：「(苻)堅後率眾，號百萬，次於淮肥，京師震恐。加安征討大都督。玄入問計，安夷然無懼色，答曰：『已別有旨。』既而寂然。玄不敢復言，乃令張玄重請。安遂命駕出山墅，親朋畢集，方與玄圍棋賭別墅。安常棋劣於玄，是日玄懼，便為敵手而又不勝。……玄等既破堅，有驛書至，安方對客圍棋，看書既竟，便攝放床上，了無喜色，棋如故。客問之，徐答云：『小兒輩遂已破賊。』既罷，還內，過戶限，心喜甚，不覺屐齒之折，其矯情鎮物如此。」謝安，東晉名士，官至宰相。

【語　譯】陶侃在官舍搬運磚頭，他的專心勤勉是可以期盼達到的；謝安在別墅下圍棋，他的鎮定不是能學得會的。

【研　析】陶侃在官舍搬磚，表示自己勵志勤力，努力奮發的志向。這種外在的行為，只要有力氣不怕累，很容易模仿。謝安接到淝水之戰的捷報，面無喜色，照樣與人下棋，顯示了寵辱不驚，喜怒不形於色的風度和雅量，這種內在的修養，是一般人模仿不來的。謝安的「矯情鎮物」成為魏晉風度的典範，為後人所稱道。然而也有人對此提出異議，認為謝安聞知淝水大捷，心中大喜，只是在他人面前故作鎮靜，表現自己的風度和雅量，實質上是虛偽。後來「矯情飾物」多用於貶義，形容人之虛偽。

一〇七

但患我不肯濟人，休患我不能濟人；須使人不忍欺我，勿使人不敢欺我。

【語　譯】只怕我不肯幫助別人，不要怕我不能幫助別人；應該讓人不忍心欺負我，不要讓人不敢欺負我。

【研　析】有濟人之心，時時處處能幫助人，不在於地位高低、財富多少、能力大小。古人說「勿以善小而不為」，若有善心，小善即是大德。譬如支援災民，捐五萬十萬是行善，捐三百五百也是行善，數目雖有多少，然行善之心是相同的。億萬富翁捐五萬十萬，猶如九牛一毛，貧困者省吃儉用，捐三百五百更難能可貴。

不忍欺我，是以德感人，不敢欺我，是以力降人。以力降人不如以德感人深入持久。力，包括權勢、財富和體力，有彼此消長之時，以力降人，當他人之力超過自己時，就難免被人欺負。

一〇八

何謂享福之人，能讀書者便是；何謂創家之人，能教子者便是。

【語　譯】什麼是享福的人，能讀書的人就是享福的人；什麼是創立家業的人，能教育子女的人就是創立家業的人。

【研　析】能讀書有兩層意思，一是有條件讀書，一是善於讀書。古代「萬般皆下品，唯有讀書高」，能讀書者不是家庭有點地位，就是饒有資產，底層的勞動人民是沒有機會讀書的，故說能讀書者就是享福之人。善於讀書，通過讀書洞悉人情世故，理解人生的意義，並增強修養陶冶性情，也是一種樂趣。蘇舜欽以《漢書》下酒，就是領悟到了讀書的快樂。

古人十分重視家庭教育，程頤說：「人生之樂，無如讀書；至要，無如教子。」有萬貫家產，不如培養一個有出息的子弟。若子弟不肖，家產再多也會被蕩盡，若子弟有出息，便能傳承家業，光大門楣。

一〇九

子弟天性未漓❶，教易入也，則體孔子之言以勞之（愛之能勿勞乎❷），勿溺愛以長其自肆❸之心；子弟習氣已壞，教難行也，則守孟子之言以養❹之（中也養不中，才也養不才❺），勿輕棄以絕其自新之路。

【注釋】❶漓　同灕，水滲流貌。❷愛之能勿勞乎　出自《論語・憲問》。❸自肆　放縱任意。❹養　教養；培養。❺中也養不中二句　出自《孟子・離婁下》。中，指無過無不及的中庸之道，此處指道德修養好的人。

【語譯】子弟的天性在沒有流失的時候，容易接受教育，那麼就應該按照孔子所說的讓他勞苦（愛他，能不讓他勞苦嗎？），不要溺愛而助長他放縱恣肆的習性；子弟已經有了壞習氣，就難以對他進行教育，那麼就遵循孟子所說的方法去教養他（品德修養好的人教育薰陶品德修養不好的人，有才能的人教育薰陶沒有才能的人），不要輕易放棄而斷絕他改過自新的出路。

【研析】中國古代重視家庭教育，尤其重視幼兒的教育。幼兒童心未泯，思想單純，容易接受教育。對幼兒不能溺愛，要讓他經受艱苦的鍛煉，培養他吃苦耐勞、嚴於自律的品格，才能成長為有用之材。孩子長大後，難免沾染社會上不良習氣，對家長的教育產生了抗拒心理。對這樣的子弟，不能放任不管，而是要通過有道德和才能的人施加潛移默化的影響和薰陶，促使他改變不良習氣。

一一〇

忠實❶而無才，尚可立功，心志專一也；忠實而無識❷，必至僨事❸，意見多偏❹也。

【注釋】❶忠實　忠厚老實。❷識　見識。❸僨事　敗事。僨，敗壞。❹偏　偏執；偏激。

【語譯】一個人忠厚老實卻沒有才能，還可以建立功業，這是因為他做事專心致志；一個人忠厚老實卻沒有見識，一定會壞事，這是因為他的見解大多偏激固執。

【研析】忠厚老實的人做事勤懇踏實，即使沒有多大的才能，只要專心致志做一件事，總能取得成功。這就是「以勤補拙」的道理。忠厚老實的人不知變通，容易認死理鑽牛角尖，即使錯了也不知改正，這樣就一定會壞事。

一一一

人雖無艱難之時，卻不可忘艱難之境；世雖有僥倖❶之事，斷不可存僥倖之心。

【注釋】❶僥倖 意外獲得成功或免除災禍，即幸運之意。

【語譯】一個人雖然在順利的時候，卻不能忘記身處艱難的境地；世上雖然有僥倖的事情，斷斷不可存有僥倖的心理。

【研析】一個人在順利的時候，要想到艱難的處境，這樣才能「居安思危」，防患於未然。處於順境而沒有憂患意識，就會形成安樂怠惰的習氣，災禍就會接踵而來，個人如此，國家也是如此，故孟子說「生於憂患而死於安樂」。

僥倖之事純屬偶然，是可遇而不可求的。存僥倖之心，遇事只碰運氣，不願付出辛勤的勞動，卻希望有所收穫，是不勞而獲的懶漢思想。《韓非子》所載「守株待兔」的寓言，就是對心存僥倖之人的深刻諷刺。

一一二

心靜則明，水止❶乃能照物；品超斯遠❷，雲飛而不礙❸空。

【注釋】❶止　靜止。❷品超斯遠　品行高超才能心志高遠。❸礙　阻礙；妨礙。

【語譯】心地清靜就明亮，就如靜止的水能映照物象；品行高超才能心志高遠，就如雲在空中飛揚而沒有阻礙。

【研析】平靜的水能映照萬物，若風起波動，映物則變其形，照人則失其真。心地明淨，才能洞察事理，若被物欲雜念蒙蔽，則不能認清事情的真相。古人十分重視心，即人的主觀意識在認識過程中的作用，認為人們常為個人的利害關係所左右，在認識事物中有各自的立場，不能做到不偏不倚，客觀公正，因而不能窮究物理，廓清事物真相。蘇軾詩云：「橫看成嶺側成峰，遠近高低各不同。不識廬山真面目，只緣身在此山中。」同一座廬山，由於各人立場不同，看到的形狀也就不同。身在山中，視角受到限制，難以窺見廬山真實的全貌。看山如此，看社會也如此，只有不受世俗觀念的束縛，才能看到一個真實的世界。古人強調在認識客觀世界時，要保持心地澄明，李翱認為聖人之性「寂然不動，廣大清明，照乎天地，感而遂通天下之故」，事物來時能昭然感應，卻不執著於任何具體的聞見。邵雍提出「以物感物」，順應事物的本然狀態，完全不摻雜主觀情緒。聖人由於無我，所以能夠順應事物變化，理解事物之性質，達到物我貫通的神妙境界。

品行高超的人，不受世俗觀念拘縛，不為名利牽累，達到真正自由的精神境界。莊子在〈逍遙遊〉中描寫了「水擊三千里，摶扶搖而上者九萬里」大鵬的偉岸形象，表達了莊子所追求的精神境界：廣大、高遠、自由，無可束縛也無可企及。這種精神的自由，成了中國古代文人一貫的追求。

一一三

清貧乃讀書人順境，節儉即種田人豐年。

【語　譯】清貧是讀書人順利的境遇，節儉就是種田人豐收的年成。

【研　析】富貴人忙於應酬世務，難得靜下心來讀書。清貧之人安分度日，沒有紛繁的世事牽纏，可以專心讀書。富貴人滿足現狀，不必下苦功夫讀書，清貧人為擺脫困境，必須努力讀書，因為在中國古代，讀書做官是改變一個人命運最主要的途徑。

開源節流是增長財富的兩條途徑，對於種田人來說，增產是豐收，節儉也是豐收，所以有諺語說「節省下來多少，就是得到多少」，「節儉本身就是一宗財產」。

一一四

正而過則迂，直而過則拙，故迂拙之人猶不失為正直；高❶或入於虛❷，華❸或入於浮，而虛浮之士，究難指為高華。

【注釋】❶高　高潔；清高。❷虛　空虛；虛無。❸華　才華。

【語譯】方正過分了就變得迂腐拘泥，剛直過分了就變得笨拙固執，所以迂腐笨拙的人還不失為正直的人；高潔也許會成為空虛，才華也許會成為浮誇，而空虛浮誇的人難以被視作清高和有才華的人。

【研析】任何事物內部都包含著肯定和否定的兩個方面，這兩方面既互相對立、互相排斥，又互相依賴、互相滲透，並在一定條件下相互轉化。老子說：「福兮禍所伏，禍兮福所倚。」即說明了這個道理。就個人品德而言，也是如此。正直的人堅持操守，在任何情況下都不會放棄原則，然而正直的人往往不知變通，明知不可為而為之，即使犯了錯誤也不回頭，正直也就成了迂拙。昆劇《十五貫》講油葫蘆從丈人家借了十五貫錢，回家與妻子開玩笑，說是賣妻所得，妻子連夜出走，路上碰到收賬回家的熊友蘭。小偷婁阿鼠到油葫蘆家行竊，偷走十五貫錢，被油葫蘆發現，婁阿鼠將油葫蘆殺死後逃走。案發後，鄰居發現熊友蘭與油葫蘆妻子同行，熊友蘭褡褳中恰有十五貫銅錢，縣令過於執認定熊友蘭與油葫蘆妻子有姦情，殺死油葫蘆捲款私奔，遂將兩人判為死刑。過於執未能聽取熊友蘭的申辯，也沒有仔細調查案情，遂鑄成冤案，但其本心是要懲處兇犯，伸張正義，雖迂執而不失正直。清高的人容易目空一切，有才華的人容易誇誇其談，但高傲浮誇的人並不一定清高有才華，這是一個邏輯上交叉概念和逆推理的問題，猶如菜放在籃子裡，但放在籃子裡的不一定是菜。

一一五

人知佛老❶為異端❷，不知凡背乎經常❸者，皆異端也；人知楊墨❹為邪說❺，不知凡涉於虛誕者，皆邪說也。

【注釋】❶佛老　指佛教和老子的學說。❷異端　古代儒家稱其他學說、學派為異端，後泛指不符合正統的觀點、學說或教義為異端。❸經常　此處指常理。❹楊墨　楊朱和墨翟。楊朱，戰國時期哲學家，其學說重視個人生命的保存，反對他人對自己的侵奪，也反對自己侵奪他人，主張「貴生」、「重己」、「全性保真，不以物累形」，宣揚「古之人損一毫利天下，不與也；悉天下奉一身，不取也。」墨翟，春秋戰國之際思想家，墨家學派的創始人。其學說主張兼愛、非攻、尚賢、尚同，反對儒家繁縟的禮節，提倡薄葬、非樂。❺邪說　不符合正統的學說。

【語　譯】人們知道佛教和老子的學說是異端，不知道凡是背離常理的學說，都是異端；人們知道楊朱、墨翟的學說是邪說，不知道凡是涉及虛妄荒誕的學說，都是邪說。

【研　析】異端指不符合正統思想的主張或教義，中國的正統思想是儒家思想，對於儒家來說，凡異乎仁本主義的各種「主義」，凡異乎儒家道統的其他系統，都是異端。邪說指具有嚴重危害性的不科學不正當的議論。邪說必為異端，但異端不一定是邪說，有些異端思想自有其科學合理的一面。中國思想界的主流，由儒、佛、道三家構成，而儒家又占據著主導地位。儒家視佛、道為異端，而又吸取了佛道思想的精華，形成了三教合一的局面。佛教在東漢時從西域傳入中原，受到儒士的排斥和攻擊，《牟子理惑論》提到當時人們批評佛教背離父母，有違孝道，儒家提倡「身體髮膚，受之父母，不敢毀傷」，「不孝有三，無後為大」，佛教主張剃度，不能結婚生子，皆與孝道不符。唐代傅奕指責佛教無君臣父子，不忠不孝，曾上疏清除佛教，他在〈請除釋教疏〉中說：「佛在西域，言妖路遠，漢譯胡書，恣其假託。故使不忠不孝，削髮而揖君親；遊手遊食，易服以逃租賦。演其妖書，述其邪法，偽啟三途，謬張六道，恐嚇愚夫，詐欺庸品。」佛教為要在中原地區生存發展，不得不迎合儒家的忠孝之道，在講經文中增添了勸忠勸孝的內容，聲稱佛教與儒家思想並不矛盾。佛教宣揚愛人救世的精神，與儒家相通，對心性的認識，也頗多一致，而且對心性的認識比儒家更深入，對精神活動的分析比儒家更精細。宋代理學為鞏固儒學的統治地位，一方面排斥佛教，另一方面又覺得儒學對心性的認識過於膚淺和粗糙，於是援佛入儒，吸取了佛教對心性的有關論述，形成了與原始儒學不同的新儒學。

中國的道家源於老莊（與通常理解的道教不同）。老莊的世界觀是歸本自然，與儒家歸本倫理有所不同。從崇尚自然出發，老莊反對用繁瑣的道德倫理束縛人的自由，並認為儒家倡導的禮儀是形成社會混亂的禍根，老子說：「夫禮者，忠信之薄而亂之道。」莊子說：「自我觀之，仁義之端，是非之途，樊然淆亂，吾惡能知其辨。」老莊否定仁義禮制，勢必與儒家思想發生衝突，而被認作異端。以儒家正統自居的學者，不僅把佛道視作異端，並且把諸子百家，儒家內部與孔孟思想不同的學派視作異端。呂坤說：「異端者，本無不同，而端緒異也。千古以來，惟堯、舜、禹、湯、文、武、孔、孟一脈是正端，千古不異。無論佛、老、莊、列、申、韓、管、商，即伯夷、柳下惠，都是異端。」儒家正統視諸子百家為異端，更將楊朱、墨子學說視作邪說。墨子主張兼愛尚同、節儉薄葬，被儒家批評為「無父」，楊朱宣揚「拔一毛利天下而不為」的利己主義，被儒家批評為「無君」，孟子說：「聖王不作，諸侯放恣，處士橫議，楊朱、墨翟之言盈天下，天下之言不歸楊則歸墨。楊氏為我，是無君也；墨氏兼愛，是無父也。無父無君，是禽獸也。」「楊、墨之道不息，孔子之道不著，是邪說誣民，充塞仁義也。」然而墨子平等博愛的精神、楊朱貴生重己的思想，在今天看來是值得肯定和重視的。

一一六

圖功❶未晚，亡羊尚可補牢❷；浮慕❸無成，羨魚何如結網❹。

【注　釋】❶圖功　謀求功業。❷亡羊尚可補牢　意謂羊圈不牢，羊群走失，事後把羊圈補牢也不算晚，後以「亡羊補牢」比喻出了差錯要及時補救。語出《戰國策・楚策四》：「臣聞鄙語曰：『見兔而顧犬，未為晚也；亡羊而補牢，未為遲也。』」牢，關養牲畜的欄圈。❸浮慕　表面上仰慕；憑空羨慕。❹羨魚何如結網　語出《淮南子・說林》：「臨河而羨魚，不如歸家結網。」《漢書・董仲舒傳》：「古人有言曰：臨淵羨魚，不如退而結網。」意謂與其在水邊空想能得到魚，不如回家編織漁網動手捕魚。羨，希望得到。

【語　譯】謀求功業什麼時候都不算晚，羊群走失了還可以補好羊圈；空想而無實際行動，就一事無成，與其在水邊希望得到魚，不如回家編織漁網動手捕魚。

【研　析】「亡羊補牢」是人們熟知的成語，意為遇到問題及時補救，可以減少損失。一個人犯了錯誤，及時發覺、及時改正，可以避免在錯誤的道路上越走越遠，並且能從錯誤中吸取教訓，成為寶貴的精神財富。尤其是年輕人，難免犯錯誤，甚至誤入歧途，只要迷途知返，及時悔改，依然能成就事業。唐代陳子昂出身富家，年輕時「尚氣決，弋博自如」，整天打架鬥毆，遊手好閒，到十七八歲還不知讀書。進入鄉校後，忽然悔悟，刻苦讀書，「數年之間，經史百家，罔不該覽」，終於成為唐代著名的詩人。

做事情要踏實，從細微處做起，沉溺於虛幻的想像，而無實際行動，將一事無成。荀子說：「不積跬步，無以致千里。」俗話說「千里之行始於足下」，只有腳踏實地一步一步行進，才能達到遠大的目標。

一一七

道本足於身，以實❶求來，則常若不足矣；境❷難足於心，盡行放下，則未有不足矣。

【注釋】❶實　實處，指客觀的物質世界。❷境　指相對於自身的外在環境。

【語譯】道理本來存在於自身的天性之中，從實際事物中尋求道理，就會時常感到不滿足；外在的環境很難滿足心中的欲念，把心中的欲念全都放下，那麼就沒有不滿足的了。

【研析】宋明理學對道的認識，可以分為程朱和陸王兩派。以程頤、程顥兄弟和朱熹為代表的一派，認為道充塞於宇宙間，體現於萬事萬物之中，因此人們必須通過體認每一具體事物中所蘊含的道理，才能逐步掌握具有普遍性的道，這就是程朱理學提倡的「格物致知」工夫；以陸九淵、王陽明為代表的心學，則認為道就存在於人心中，人心為外物所蒙蔽，使心中的道迷失，因而不能正確認識和應對客觀世界。只要去除心中雜念，保持心地明淨，道就常存心中，這就是陸王心學「致良知」的工夫。心學認為程朱理學從外物求道，過於繁瑣，宇宙浩瀚，世事繁雜，「格物致知」是無窮盡的，因而永遠不會感到滿足。王陽明起初信奉程朱之說，在格物上下工夫，曾在竹子下坐了三天，結果生了場大病，毫無收穫，於是創立陽明心學，提倡更加簡捷的方法來悟道。

一一八

讀書不下苦功，妄想顯榮❶，豈有此理？為人全無好處，欲邀❷福慶❸，從何得來？

【注釋】❶顯榮　指仕途的顯赫榮耀。❷邀　希求。❸福慶　幸福喜慶。

【語譯】讀書不下苦功夫，妄想顯赫榮耀，哪有這樣的道理？一個人不做點好事，希望求得幸福安康，從哪裡來呢？

【研析】在古代社會，「學而優則仕」，讀書做官是取得榮華富貴的主要途徑。古代科舉考試競爭十分激烈，讀書人千千萬萬，能獲取功名的只是極少數。明清時期三年一次會試，每次錄取的進士僅二三百人，因此只有下苦功讀書，才有希望躋身仕途。不僅讀書要下苦功，做任何事情都要下苦功，才能取得成就，俗話說「一分耕耘一分收穫」，機遇只青睞勤奮的人。

古人相信因果報應，「善有善報，惡有惡報」，只有行善積德，才能獲得幸福。

一一九

才覺己有不是，便決意改圖❶，此立志為君子也；明知人議其非，偏肆行無忌❷，此甘心做小人也。

【注　釋】❶改圖　改變計畫，此處有改正錯誤，重新做起的意思。❷肆行無忌　毫無顧忌地放縱自己的行為。

【語　譯】才覺得自己有不對的地方，就決心改正錯誤，這是立志要做君子；明知道別人在議論自己的不對，偏要毫無顧忌地放縱自己，這是甘心要做小人。

【研　析】《左傳》說：「人非聖賢，孰能無過，過而能改，善莫大焉。」一個人不能不犯錯誤，重要的是犯了錯誤要及時發覺、主動改正。子貢說：「君子之過也，如日月之食焉，人皆見之；更也，人皆仰之。」君子不隱瞞自己的過錯，改正錯誤更讓人敬仰，這就是君子的品德。有了錯誤執迷不悟，不僅不思悔改，還一意孤行，就是自甘墮落，願做小人。

一二〇

淡中交耐久，靜裡壽延長❶。

【注釋】❶延長 綿延久長。

【語譯】平淡的交往能夠維持久遠，平靜的生活能夠延年益壽。

【研析】《莊子》說：「君子之交淡若水，小人之交甘若醴；君子淡以親，小人甘以絕。」郭象注曰：「無利故淡，道合故親。」君子交友注重情誼，講究志同道合，不摻雜功利的動機，因此能夠長久。小人交友出於私利，為達目的想方設法巴結討好對方，一旦發覺對方並不能給自己帶來好處，就視同陌路。古人說：「小人之交以利，利盡則散；君子之交以義，義薄雲天。」「交得其道，千里同好；固於膠漆，堅於金石。」「以勢交者，勢傾則敗；以利交者，利窮則散；以財交者，財盡則絕；以色交者，色落則渝。」

平靜的生活、良好的心態能使人健康長壽，是為現代科學所證實的常識，尤其在現代化社會裡，人們的工作越來越忙，生活節奏越來越快，環境越來越複雜，保持平靜的生活和良好的心態更為重要。

一二一

凡遇事物突來，必熟思審處，恐貽❶後悔；不幸家庭釁❷起，須忍讓曲全❸，勿失舊歡❹。

【注釋】❶貽 遺留；留下。❷釁 嫌隙；爭端。❸曲全 委曲求全。❹舊歡 往日的歡樂。

【語譯】凡是遇到突發事件，一定要深思熟慮謹慎處理，恐怕會留下後悔；不幸家庭發生了爭端，必須委曲求全，不要失去往日的和睦歡樂。

【研析】人們遇到突發事件，容易驚慌失措，倉促應對，往往處理不當，留下後患。當遇到突發事件時，要保持冷靜，考慮周詳，找出最好的處理辦法，這需要有臨危不亂的心理素質和應對各種困難的能力。然而，當突發事件來臨時，往往容不得人們深思熟慮，必須立即作出反應，否則就會貽誤時機，造成不可挽回的損失，這種應急的本領來自日常的鍛煉和積累。

家庭內部經常會發生一些矛盾，應該各自忍讓，保持家庭的和睦。俗話說「家和萬事興」，家庭和睦，對個人或對家庭都很重要。家庭中的矛盾衝突，大多是日常瑣事，無須斤斤計較，即使自己受些委曲，也沒有什麼大不了的。親情受到傷害才是最大的損失。

一二二

聰明勿使外散，古人有纊❶以塞耳，旒❷以蔽目者矣；耕讀何妨兼營，古人有出而負耒❸，入而横經❹者矣。

【注　釋】❶纊　絲綿。古代帝王冠冕兩旁用纊塞耳，漢班固《白虎通義・紼冕》：「纊塞耳，示不聽讒也。」❷旒　古代冠冕前後懸垂的玉串。《晏子春秋》：「冕前有旒，惡多所見也。纊紘珫耳，惡多所聞也。」❸負耒　從事農業勞動。耒，古代耕田的農具。❹横經　持經，指誦讀經書。

【語　譯】不要讓聰明往外流失，古人有用絲綿塞耳不聽廢話，用冕旒遮目不見瑣事的舉動；耕田讀書不妨兼顧，古人有出門扛著農具耕作，進門捧經誦讀的行為。

【研　析】此處「聰明」指明淨的心境和認知的能力。古人講究內省的修養方法，主張摒除外在的干擾，保持心地的明淨。《老子》說：「五色令人目盲，五音令人耳聾，五味令人口爽，馳騁田獵令人心發狂，難得之貨令人行妨。是以聖人為腹不為目，故去彼取此。」認為人若沉溺於感官的享受，就會迷亂心志，不能認識宇宙和生命的真諦。孔子提出「內省不疚」，主張「克己復禮」，克制自己不正當的感情欲念，「非禮勿視，非禮勿聽，非禮勿言，非禮勿動」。莊子主張「外化而內不化」，即人體行為順物而變化，而內心精神凝靜專一而守道。宋明理學進一步強調內省的涵養工夫，認為道德修養需喚醒本心，「收斂此心」，使之不昏昧、不放縱，從而使心「自做主宰處」，「自然知得是非善惡」。

中國有悠久的耕讀傳統。中原地區本是農耕社會，逐步形成了「以農為本，重本抑末」的觀念。古人通過讀書入仕，讀書是獲取功名，光宗耀祖的主要途徑，因此有「萬般皆下品，唯有讀書高」的說法。「讀可榮身，耕可致富」，耕讀並重，形成了具有中國特色的耕讀文化。耕讀文化早期作為文人的一種理想，起源於隱逸，是儒家「窮則獨善其身」和道家「復歸自然」的人格結構，在中國傳統文化中有深遠的影響。那些退隱田園的文人「既耕亦已種，時還讀我書」，「日入開我卷，日出把我鋤」，其中陶淵明是以耕讀為業的隱逸文人典型。隋唐以後，隨著科舉制度的演進，耕讀文化有了進一步的發展。古代將人分為「士農工商」四個階層，宋代規定只有士、農才有資格參加科舉考試，工商業者及其子弟是不能參加科舉考試的。農家子弟也能參加科舉考試，使他們也看到了讀書入仕、光耀門楣的希望，「朝為田舍郎，暮登天子堂」不再是天方夜譚式的幻想，「以忠孝節義為紀綱，以耕讀勤儉為本務」、「一等人忠臣孝子，兩件事讀書耕田」，就成了許多地方的家規族訓。

一二三

身不飢寒，天未曾負我；學無長進，我何以對天。

【語譯】自己沒有飢寒之苦，老天沒有虧待我；學習沒有長進，我怎麼面對老天。

【研析】中國古代崇尚節儉，反對奢靡浪費，宋明理學更提倡「存天理，去人欲」，認為過分的生活享受會引起道德的墮落，只要吃飽穿暖能滿足基本的生存需求就可以了。在生產力不發達，物資匱乏的年代，提倡節欲，有助於社會的穩定。然而隨著時代的發展，人們的生活需求也在不斷提高，而消費是拉動生產的槓桿，沒有適度的消費，生產力就不能發展，社會也就不能進步。因此提倡「禁欲主義」，不僅使個人受到壓抑，也會妨礙社會的發展和繁榮。

學業無長進，無顏對天，這天既指賦予我生命的天地自然，也指培育我成人的社會和父母鄉親。

一二四

不與人爭得失，唯求己有知能❶。

【注釋】❶知能　智慧和才能。

【語譯】不與人計較名利得失，只求自己有智慧和能力。

【研析】與人相爭，無非是名和利。「不與人爭得失，惟求己有知能」，有兩層意思：名和利不是與人爭來的，而是靠自己的智慧和才能獲得的；名利都是身外物，而智慧和能力才是自己確實擁有的寶貴財富。

一二五

為人循矩度❶，而不見精神❷，則登場之傀儡❸也；做事守章程，而不知權變❹，則依樣之葫蘆❺也。

【注釋】❶矩度　規矩法度。❷不見精神　此處指沒有主觀能動性，缺乏進取的精神。❸傀儡　用土木做成的偶像，也指木偶戲中的木偶。後用以比喻受人操縱，不能自主的人。❹權變　隨機應變。❺依樣之葫蘆　俗語有「依樣畫葫蘆」，比喻一味模仿，毫無創新。

【語譯】做人只知道循規蹈矩，缺乏積極進取精神，那就像舞臺上的傀儡；做事只知墨守成規，不知道隨機應變，那就像依樣畫葫蘆，毫無創新。

【研析】俗話說「沒有規矩不成方圓」，做人要有規矩，辦事要有章程，但在規矩章程許可的範圍內，要充分發揮個人的主觀能動性，消極地循規蹈矩、墨守章程，將一事無成。規矩和章程，是在實踐中形成的道德規範和做事法則，對人具有一定的約束作用。人們必須服從規矩章程，會感到受壓抑和不自由，時間長了成為習慣，外在的壓力轉化為內心的體認，行人做事率性而為，卻能不逾越規矩章程，從哲學上講，是從必然王國向自由王國的飛躍。《論語》說：「十有五而志於學，三十而立，四十而不惑，五十而知天命，六十而耳順，七十而從心所欲不踰矩。」孔子把從心所欲而不踰矩的自由境界視作人生最高的境界。道德規範隨時代發展而演進，章程法則隨情況不同而改變，人們必須順應情形的變化調整自己的行為規範，循規蹈矩、墨守成規必定會被淘汰。

一二六

文章是山水化境❶，富貴乃煙雲幻形❷。

【注　釋】❶化境　精妙的境界。❷幻形　虛幻不實的情形。

【語　譯】文章可以描繪山水最精妙的境界，富貴如同煙雲般虛幻不實。

【研　析】張潮《幽夢影》說：「文章是案頭之山水，山水是地上之文章。」原文有評云：「文章必明秀，方可作案頭山水；山水必曲折，乃可名地上文章。」文章本義指縱橫交錯的花紋和美好的圖案，引申為有文采的文學作品。山水是文章的材料，文章是山水的鼓吹；好山水激發好文章，好文章點染好山水。寫好文章，一定要具山水之奧妙；要賞山水，一定要有文章之精彩。文人從大自然吸取靈氣，從奇山秀水中獲得靈感。文章之妙，在於波瀾起伏，一曲三折，溝壑縱橫，美景紛呈，如行走在山陰道上，千巖競秀，萬壑爭流，令人應接不暇。讀這樣的文章，如臥遊江山，令人心馳神往。山水之妙，在於佈置得當，起承轉合，首尾相顧，換步移景，起伏變幻，其結構佈局與文章有異曲同工之妙，遊覽山水猶如閱讀精妙的文章。

古人多將富貴比喻為過眼雲煙，孔子說：「不義而富且貴，於我如浮雲。」江淹〈效阮公詩十五首〉其二：「富貴如浮雲，金玉不為寶。」杜甫〈丹青引贈曹將軍霸〉：「富貴於我如浮雲。」黃庭堅〈跋王荊公禪論〉：「真視富貴如浮雲，不溺於名利酒色，一世之偉人也。」視富貴為雲煙有兩層意思，一是富貴皆身外之物，不值得重視；一是認為富貴稍縱即逝，不能長久。這兩層意思，在《紅樓夢》〈好了歌〉中表述得最為深刻。

一二七

郭林宗❶為人倫之鑑❷，多在細微處留心；王彥方❸化鄉里之風，是從德義中立腳。

【注　釋】❶郭林宗　郭泰，字林宗，東漢末太學生。不就官府徵召，歸鄉閉門教書。生平好品評人物，以善於察鑑人倫道德而聞名。❷人倫之鑑　指鑑定、評論人物的道德品質。❸王彥方　王烈，字彥方，東漢人，因善於以德行感化鄉里，化解鄉鄰紛爭而為時人所重。

【語　譯】郭林宗鑑定品評人物的道德品質，多留意細小的地方；王彥方改變鄉里的風尚，是以道德和義理為基礎的。

【研 析】一個人的品德修養，總是通過日常細微處培養而成，也在不經意的細節處得到真實的反映。《世說新語》載：「管寧、華歆共園中鋤菜，見地有片金，管揮鋤與瓦石不異，華捉而擲去之。又嘗同席讀書，有乘軒冕過門者，寧讀如故，歆廢書出看。寧割席分坐，曰：『子非吾友也！』」管寧看到地上的金子，與瓦石無異，視而不見。華歆拿起來再扔掉，說明心有所動，片刻間的猶疑顯示出他與管寧在不貪金錢上境界的不同。門外有貴人乘車經過，管寧聽而不聞，華歆跑出去看熱鬧，表明管寧淡泊名利，而華歆心有所慕。《世說新語》通過兩個細節，表現出管寧和華歆在品德修養方面的差異。正因為細節能反映出一個人的道德修養，所以古人很注意在細節上嚴格要求自己，提出「不矜細行，必累大德」，「不慮於微，始成大患；不防於小，終虧大德」，平時不注重細節，必有損於品德修養，甚或鑄成大錯。只有從細節做起，形成良好的工作生活習慣，才能培養正確的人生觀，樹立高尚的品德修養。不僅個人品德修養要注重細節，做任何事情都要注重細節，「細節決定成敗」，「不積細流，無以成江海；不積跬步，無以至千里」，大事都是由一件件小事積累而成的，只有做好每一件小事，才能取得大的成功，托爾斯泰說：「一個人的價值，不是以數量而是以他的深度來衡量的，成功者的共同特點就是能做小事情，能夠抓住生活中的一些細節。」

道德教化是改變風俗人心的根本。道德規範是被社會絕大多數人認可的行為準則，是人們在長期生活過程中逐漸形成的生活秩序，是一種約定俗成的生活習慣。它體現於人們的行為上，深藏於人們的品格、意向和價值觀念之中。它不是靠強制力量迫使人們執行的，而是人們憑藉其內心信念力量自覺自願去執行的。因此要改變人們的風俗習慣，使民俗具有義理內涵，只能通過道德教化去實行，依靠政治或法律的強制手段無法達到目的。道德教化是要「以情易情」，用道義和仁愛的力量去改造人性，建立健全的人性，猶如春風化雨，其深入的程度和影響的廣泛也是政治和法律手段無法企及的。《漢書》說：「教化立而奸邪皆止者，其堤防完也；教化廢而奸邪並出，刑罰不能勝者，其堤防壞也。古之王者明于此，是故南面而治天下，莫不以教化為大務。」

一二八

天下無憨人❶，豈可妄行欺詐；世人皆苦人，何能獨享安閒。

【注　釋】❶憨人　傻瓜；笨人。憨，傻氣；癡呆。

【語　譯】天下沒有傻瓜，怎麼能隨意地欺詐別人；世上都是受苦的人，怎麼能獨自享受安樂悠閒的生活。

【研　析】世上欺詐事情層出不窮，行騙者能得逞，基於受騙者的愚昧和貪心，若頭腦清醒，不貪圖非分之財，騙術再高明也無法售其奸。現在流行的電信詐騙，上當受騙者主要是老年人，就是因為老年人容易犯糊塗。行騙者利用人們的愚昧和貪心，往往能得逞於一時，但騙局最終會被折穿。

佛教宣揚「人生皆苦」，認為人有八苦：生、老、病、死、怨憎會、愛別離、求不得、五陰熾盛。生、老、病、死是生理上的痛苦，求不得、愛別離、怨憎會、五陰熾盛是精神上的痛苦。這些痛苦伴隨人的一生，誰也不能避免。如何面對人生之苦？佛教宣揚只有遁入空門，放棄一切欲念，才能擺脫苦海，贏得人生的救贖。道家主張順應自然，看輕人生的得失，坦然面對人生的痛苦。莊子認為人的生命來於自然，最終復歸於自然，生、老、病、死是人生的必然過程，應該以達觀的態度來對待這一切。因此莊子妻子去世，莊子鼓盆而歌，沒有悲哀的神色。儒家用積極入世的態度來看待人生的痛苦，認為應該經受各種磨難，以此鍛煉自己的意志，培養健全的人格，增長辨事的才能，使自己成為有用的人才。儒家以濟世救人為己任，把建功立業視作人生價值的體現，「世人皆苦人，何能獨享安閒」也有以天下為己任，解民於倒懸的意思。

一二九

甘受人欺，定非懦弱；自謂予智，終是糊塗。

【語譯】甘於受人欺負，一定不是懦弱；自己覺得聰明，終究是糊塗。

【研析】懦弱的人受人欺負不敢反抗，受人欺負而能忍讓的人不一定懦弱。《後漢書》曰：「以天下為量者，不計細恥；以四海為任者，不顧小節。」韓信是一代名將，年輕時便胸懷大志。有一次他遇到市井無賴的挑釁，那人以為韓信軟弱可欺，讓他從自己胯下爬過去，韓信就照他的話做了。韓信甘受胯下之辱，是韜光養晦之計，不願為無謂的爭執遭受不必要的傷害。唐代名相婁世德為人寬厚謙和，曾推薦狄仁傑為宰相，但從未在狄仁傑面前提起此事。狄仁傑和婁世德同居相位，覺得婁世德沒什麼才能，多次提出要將婁世德調離朝廷，去外地任職，婁世德也不計較。武則天知道狄仁傑看不起婁世德，故意問狄仁傑：「婁世德賢能嗎？」狄仁傑回答不知道。武則天又問：「婁世德有知人之明嗎？」狄仁傑回答：「我與他同朝為官，沒聽說他有知人之明。」武則天告訴狄仁傑：「我重用你，就是他推薦的，也可稱作知人了。」狄仁傑感歎地說：「婁公美德盛大，我被他的盛德包容，看不到它的邊際。」婁世德的弟弟被擢升為代州都督，婁世德對他說：「我沒有什麼才能，已經位居相位，你現在又任州牧，僥倖占據高位。人家會嫉妒的，這事怎麼得了啊！」弟弟回答說：「我會小心謹慎的，即使人家把唾沫吐到我臉上，我也不敢與他爭吵，只能自己擦掉它。這樣總不會為兄長增添憂慮了吧？」婁世德說：「這正是我所憂慮的，別人因為生氣才向你吐唾沫，你擦掉唾沫，是觸犯他，猶如火上澆油。唾沫不擦自己會乾，不如笑著忍受它。」這就是唾面自乾的典故。婁世德唾面自乾，顯示出他的雅量，也是他自保的手段。

中國傳統道德講究寬厚待人，提倡忍讓。忍讓謙和體現一個人的涵養，是高尚的品格。若人們能相互謙讓，人際關係就會親密，社會也就和諧穩定。如今人們對功利的追求更加迫切，忍受的壓力越加沉重，因此變得心浮氣躁，無謂的糾紛和爭執日益增多，就更需要提倡互相寬容忍讓。然而忍讓也有限度，遇到大是大非，不可作無原則的忍讓，否則公理不能伸張，邪惡不能遏制。

真正的聰明人是對自己有正確的認識，既要看到自己的優點和長處，更要看到自己的缺點和不足，這樣才能虛懷若谷，不斷學習別人的優點和長處，克服自己的缺點和不足，使自己不斷進步。只有正確認識自己，才能確定自己的人生目標，並確定實現目標切實可行的方法，不至於犯錯誤。自以為聰明的人，看不到自己的缺點和不足，做事好高騖遠，自以為是，很少有不犯錯誤的。有些人喜歡耍小聰明，做事不走正道，結果「聰明反被聰明誤」，最終害了自己。這些人都是假聰明真糊塗。

一三〇

漫❶誇富貴顯榮，功德文章要可傳諸後世；任教聲名烜赫，人品心術不能瞞過史官❷。

【注釋】❶漫　休要；不要。❷史官　古代主管文書、典籍，負責修撰前代史書和收集記錄當代史料的官員。

【語譯】不要誇耀自己的榮華富貴，功業德行和文章要能流傳後世；任憑聲名烜赫，人品和心術不能瞞過史官。

【研析】功名富貴都是過眼煙雲，稍縱即逝，只有功德文章才能流傳後世。《左傳》曰：「太上有立德，其次有立功，其次有立言，雖久不廢，此之謂不朽。」後人遂將「立德、立功、立言」稱為可以流傳後世的「三不朽」。立德指做人，立功指做事，立言指做學問。立德是做人的根本，也是立功、立言的基礎，只有具備了高尚的道德品格，才能做出有利社會、有益人民的事情，才能寫出足以流傳後世的著作。道德高尚的人具有深廣的影響力，不僅為當代人所敬佩，而且因道德的承傳性而為後人仰慕。文天祥〈過零丁洋〉：「人生自古誰無死，留取丹心照汗青。」丹心即指忠君愛國、殺身成仁等道德品格，惟有道德高尚者方能名垂青史。屈原、岳飛的忠貞，荊軻、關羽的義勇，蘇武、文天祥的氣節，包拯、海瑞的清正，藺相如、孔融的謙讓等等，他們的高風亮節一直被傳為美談，成為人們效法的楷模。立功就是要做有益於社會，有利於民眾的事情。立功是立德的結果，是立德的具體表現。立德不光是個人的道德修養，更要有濟世救時之心，要有為國家和民族獻身的精神。儒家道德的核心是仁，仁者愛人，就是要造福於他人。中國歷代有許多仁人志士，為了國家的繁榮，民族的興盛，貢獻了畢生的精力，甚至犧牲了自己的性命，他們是中華民族的脊梁，他們的精神永放光芒。立言指著書立說，創立一家之說，為人類提供寶貴的精神財富。曹植說「文章經國之大業，不朽之盛事」，即認識到思想和理論的重要意義。立德、立功要靠立言記載傳播，並傳之後世，而好的文章也是值得珍視的文化遺產，可以永久地流傳下去。

中國具有悠久的史學傳統，產生了許多秉筆直書的史官。春秋時晉靈公荒淫無道，國相趙盾屢次諫諍，晉靈公非但不聽，還要殺趙盾。趙盾只得逃出都城，到外地避難。族人趙穿憤而起兵誅殺靈公，另立晉成公，讓趙盾繼續擔任國相主持朝政。董狐將此事記錄下來，寫上「趙盾弒其君」。趙盾對董狐說他沒有殺靈公，董狐說：「你身居相位，既沒有走出國境，回來後也沒有懲辦兇手，這弒君的罪名，不是你又是誰呢？」崔杼殺齊莊公，立杵臼為景公，齊太史書曰「崔杼弒莊公」，崔杼把他殺了。他的弟弟繼續修史，還是這樣寫，崔杼又把他殺了。崔杼一連殺了三個史官，第四個人堅持不改，崔杼才無奈放過了他。「晉之董狐，書法不隱」，「齊之南史，直書崔弒」，成為秉筆直書的傳統承傳下來。劉知幾《史通》曰：「夫所直筆者，不掩惡，不虛美，書之有益褒貶，不書無損于勸誡。」真實客觀地記錄史實，成為中國的史學精神。有些人在位時權勢熏天，恣意妄為，他們的種種劣跡都逃不過史官的一枝筆，終將在歷史上留下罵名。

一三一

神傳於目，而目則有胞❶，閉之可以養神也；禍出於口，而口則有唇，闔❷之可以防禍也。

【注釋】❶胞　眼胞；眼皮。明葉子奇《草木子．觀物》：「胎生者眼胞自上而瞑，卵生者眼胞自下而瞑，濕生者眼無胞也，常不瞑也，故不寐。」❷闔　關閉。

【語譯】人的精神通過眼睛來傳達，而眼睛有眼皮，閉上眼皮可以養神；禍從口出，而口有嘴唇，閉起嘴唇可以防備禍害。

【研析】禍從口出，言語不當會引起不必要的麻煩，甚至以言獲罪、以言喪身，因此古人非常強調慎言，劉向《說苑》載：「孔子之周，觀于太廟，右階之前，有金人焉，三緘其口，而銘其背曰：『古之慎言人也，戒之哉，戒之哉！無多言，多言多敗。』」三緘其口指在嘴上貼了三張封條，形容言語謹慎。劉晝著有一本書，書名即為《劉子》，書中曰：「明者慎言，故無失言；闇者輕言，自致害滅。」古代格言也有「修己以清心為要，涉世以慎言為先」。在生活中，常常因為說話不謹慎而與人發生衝突，有些甚至拔刀相向，引發命案。如果因言語不當冒犯權貴，後果更加嚴重。在專制社會中，人們沒有言論的自由，以言獲罪的事情就更多，慎言也就成為自保的必要手段。一般人言語不當，引起誤會或衝突，影響還有限，地位越高、權勢越大的人言語不慎，後果就更為嚴重。隋煬帝下揚州時，一天晚上看到螢火蟲，就隨口說了一句：「如果把螢火蟲放在袋子裡照明，一定很好看。」臣子聽說，下令在全國各地捕捉螢火蟲，裝在袋子裡送往揚州，在民間引起極大的騷動。司馬光在《資治通鑑》中記載了此事，感歎地說：「做皇帝的，一言一行要格外慎重，稍有不慎，就會引起很嚴重的後果。」

一三二

富家慣習❶驕奢，最難教子；寒士❷欲謀生活，還是讀書。

【注釋】❶慣習　即習慣。❷寒士　貧窮的讀書人。

【語　譯】富貴人家習慣於驕橫奢靡，最難教育子弟；貧窮的書生要維持生計，還是靠讀書。

【研　析】俗話說「富家多敗兒」，在富裕家庭中成長的孩子，養尊處優慣了，體會不到人生的艱辛，缺乏刻苦學習的動力和努力工作的精神，容易成為不學無術、一無所長的紈絝子弟。《紅樓夢》中賈府子弟，從賈赦、賈珍到賈璉、賈芸等人，整天吃喝嫖賭，不務正業，用賈政的話來說，都是些不成器的東西。當然事情不是絕對的，富家子弟不僅有優厚的物質條件，還有良好的文化傳統，只要教導得法，就容易成才。

隋唐以前，選拔人才講究門第，只有世家子弟才能做官，造成「上品無寒門，下品無士族」的局面。隋朝開始實行科舉制度，通過考試選拔人才，為門第低微的寒士打開了通往仕途的大門，「朝為田舍郎，暮登天子堂」，「脫卻青衫換紅袍」成了許多平民所追求的理想。在科舉時代，讀書做官是士人唯一出路，他們除了讀書，別無一技之長，也不屑從事其他職業。《儒林外史》中的范進、〈孔乙己〉中的孔乙己，就是這樣的寒士，不同的是范進最終達到目的，考中了舉人，生活狀況發生了翻天覆地的變化；而孔乙己卻潦倒一生，其悲慘的下場是千千萬萬受科舉制度毒害的讀書人寫照。

一三三

人犯一「苟」❶字，便不能振；人犯一「俗」字，便不可醫。

【注　釋】❶苟　苟且；馬虎。只顧眼前，得過且過。

【語　譯】一個人有了得過且過的毛病，就不能振作；一個人有了庸俗的毛病，就不可醫治。

【研　析】做人一定要認真，絕不可苟且度日。首先要確立人生的理想，這樣才能為達到目的而努力進取，不至於渾渾噩噩地虛度此生。確立了人生理想後，要對自己的生活和工作有科學的規劃，不能做一天和尚撞一天鐘，混過一天是一天。有了規劃，就要踏實地去實行，「不積跬步，無以致千里」，只有認真做好每一件事，才能實現遠大的理想。認真是一種生活態度，也體現人的品格，從大的方面講，認真就是要堅守氣節，不做苟且之事，從小的方面講，認真就是要嚴格要求自己，踏實做好每一件事，「認認真真做人，踏踏實實做事」，這是每個人都應該遵循的信條。

蘇軾說：「無肉令人瘦，無竹令人俗。人瘦尚可肥，士俗不可醫。」俗與雅相對，指人的氣質。俗人品味低下，注重於物質享受而缺失精神追求，在生活中缺乏審美鑑賞的能力，言行舉止粗魯醜陋。氣質是一個人的思想素養、理論水平、所掌握的綜合知識、精神境界等，通過與他人接觸過程中的自然流露和反映，是一個人內在素養對外展示和表達。一個人的氣質是在一定環境下，經過長期學習和生活的磨練而形成的，成為滲透於人內心的潛意識，體現為習慣性的行為方式。人的氣質形成不易，一旦定型也就難以改變。

一三四

有不可及之志，必有不可及之功；有不忍言❶之心，必有不忍言之禍。

【注釋】❶不忍言　不忍心說出來；說不出口。

【語譯】有常人不能及的志向，必定有常人不能及的功業；有說不出口的心思，必定有說不出口的禍害。

【研析】古人將立志視作做人的根本，程顥說：「治天下者必先立其志。」王夫之說：「人之所以異於禽獸者，唯志而已矣。」呂坤《呻吟語》說：「把意念沉潛得下，何理不可得；把志氣奮發得起，何事不可做。」立志高遠，人生才有方向，奮鬥才有目標，故成大事者必先立大志。若胸無大志，苟且度日，則不能有所作為。

一個心術不正，懷有邪念的人，必定會做壞事，犯下嚴重的罪行，其結果是給自己帶來巨大的災難。

一三五

事當難處之時，只讓退一步，便容易處矣；功到將成之候，若放鬆一著❶，便不能成矣。

【注釋】❶一著 本指下棋落子，也指做事的一個步驟。

【語譯】當事情難以處理的時候，只要退讓一步，就容易處理了；事業到即將成功的時候，如果放鬆一點，就功敗垂成了。

【研析】「事當難處之時，只讓退一步，便容易處矣」有兩層意思：一指做事情遇到困難，陷入僵局時，要懂得迂迴曲折之術。事情往往是欲速則不達，後退是為了更好地前進。兩軍對陣，有時候戰術上必要的撤退，能換取戰略上的主動。做事情遇到難處，改變思路，另闢蹊徑，就能柳暗花明，達到預期的效果。另一層意思則是當與人發生衝突時，要能夠忍讓，退一步海闊天空，矛盾就容易化解。

《尚書》曰：「為山九仞，功虧一簣。」意為做事情要善始善終，不能半途而廢。凡事情接近成功的時候，人們容易鬆懈，結果前功盡棄，《老子》說：「慎終如始，則無敗事。」事情將完成時，也往往是最艱難的時刻，需要作最後的努力，「成功往往在最後的堅持之中」。有些人不能堅持到底，成功就偷偷地從手邊溜走了。

一三六

無財非貧，無學乃為貧；無位非賤，無恥乃為賤；無年❶非夭，無述❷乃為夭；無子非孤❸，無德乃為孤。

【注釋】❶無年　年壽不長。❷無述　指沒有值得被人稱頌記述的，即沒有聲譽。❸孤　年幼無父或父母雙亡、年老無子都稱為孤。此處孤有孤寡獨居的意思。

【語譯】沒有財產並不是貧窮，沒有學問才是貧窮；沒有地位並不下賤，沒有廉恥才是下賤；壽命不長並不是短命，沒有聲譽才是短命；沒有兒子並不孤獨，沒有德行才是孤家寡人。

【研析】人的生活分為物質生活和精神生活，精神生活是更高層次的追求。財產只能滿足物質生活而不能滿足精神生活，有了學問就是精神上的富翁。財產不能轉化為精神，而學問可以轉化為財富。在古代靠學問考中科舉，有了舉人、進士的身分，就可以擺脫貧困的處境。如今科學技術是最大的生產力，科研成果應用於市場，可以轉化為大量的財富。眾生平等，人生下來並無高低貴賤之分，是社會地位的差異，把人分為不同的等級。從世俗的眼光看，社會地位的高低決定了人的貴賤，然而從道德層面講，有節操的人高貴，無廉恥的人下賤。仁義廉恥是立身之本，道德比地位更重要。封建社會末世，道德淪喪，權貴勢要以及許多讀書人為求私利不擇手段，達到鮮廉寡恥的地步，而在民間則保留著淳樸的風尚，平民百姓還遵守著傳統的道德規範，這就是孔子所說的「禮失而求諸野」。《儒林外史》是專門刻畫士林醜相的小說，最後描寫了四位市井高人：寫字的季遐年、賣紙火筒子的王太、開茶館的蓋寬、做裁縫的荊元，他們不慕名利，不求虛名，憑一技之長自食其力，過著淡泊悠閒的生活。他們雖然社會地位低下，在道德上要比劣跡斑斑的讀書人高尚得多。人的壽命是有限的，壽命的長短也是相對的，莊子說：「殤子為壽，而彭祖為夭。」傳說中活了八百年的彭祖，在歷史的長河中也是短命的。生命的意義不在於長短，而在於能不能做出有益於社會，有利於民眾的事情，在歷史上留個好名聲。人的壽命有限，而好名聲卻能流傳久遠，因此說「無年非夭，無述乃為夭」。「得道多助，失道寡助」，無德之人被人唾棄，才是真正的孤獨。

一三七

知過能改，便是聖人之徒❶；惡惡❷太嚴，終為君子之病。

【注釋】❶徒　徒弟；門徒。❷惡惡　憎恨壞人壞事。前一「惡」字是動詞，作憎恨；厭惡解。後一「惡」字是名詞，指惡人和壞事。

【語　譯】知道過錯能夠改正，就是聖人的門徒；嫉惡如仇太過嚴厲，終究是君子的弊病。

【研　析】「金無足赤，人無完人」，每個人都有缺點，也不能不犯錯誤，重要的是要正視自己的缺點，勇於改正錯誤。《左傳》說：「人非聖賢，孰能無過，過而能改，善莫大焉。」孔子說：「過而不改，是謂過也。」王陽明說：「智者不以無過為喜，人之大德在於改過，做一新人。」人不怕犯錯誤，怕的是知錯不改，在錯誤的道路上越走越遠，最後到不可收拾的地步。如果勇於改正錯誤，就能從錯誤中吸取教訓，不斷增強道德修養，獲得更多的人生經驗。人的一生就是在不斷改正錯誤的過程中成長和完善的。本書第一一九條「才覺己有不是，便決意改圖，此立志為君子也」，與此意同。

每個人都會犯錯誤，自己犯了錯誤要勇於改正，也要允許別人犯錯誤，給人以改正錯誤的機會。對待犯錯誤的人，在看到他的缺點時也要看到他的長處，在指出他的錯誤時也要肯定他的成績。對別人的錯誤要實事求是地分析，不要過分誇張地把小錯誤說成大罪行。在糾正別人錯誤時，要抱著與人為善的態度，注意方法方式，不能粗暴簡單，把人一棍子打死。「水至清則無魚，人至察則無徒」，對人過於嚴苛，不僅會失去朋友，而且會樹敵過多。明末阮大鋮曾依附魏忠賢，與東林黨人為敵。魏忠賢倒臺後，阮大鋮有悔改之意，主動接近復社文人，卻遭復社文人群起而攻之。後來阮大鋮投靠馬士英，在南明小朝廷身居高位，對復社文人實施報復，南明也就在內訌中被清滅亡。清初曾有人指出，如果當時復社文人能接納阮大鋮，阮大鋮也許會真心悔過，就不至於發生後來的清黨之禍。真正的君子嚴於律己，寬以待人，為顯示自己清高而排斥犯錯誤的人，不是君子風度。

一三八

士❶必以《詩》《書》❷為性命，人須從孝悌❸立根基。

【注　釋】❶士　指讀書人。❷詩書　《詩經》和《尚書》，後泛指書籍。❸孝悌　亦作「孝弟」，封建倫理以善事父母為孝，善事兄長為悌。

【語　譯】讀書人必然把書籍當作生命，人應該從孝悌上打下根基。

【研　析】古代讀書人全憑科舉謀出路，只有通過科舉考試才能獲取功名，踏入仕途，改變自己的人生，因此將書籍視為性命。

百善孝為先，孝悌是儒家倫理道德的重要內容，也是傳統道德的核心，是道德修養的起點。孔子說：「君子務本，本立而道生，孝弟也者，其為仁之本與。」中國文化的中心是儒學，而仁學又為儒學之主要精神，卻是完全由孝道出發的。《孝經》說：「夫孝，始於事親，中於事君，終於立身。」父子、兄弟是最重要的血緣關係，是人生中最親近的人，如果不能孝敬父母，熱愛兄弟，又怎能去愛其他人呢？家庭是社會的細胞，如果不能盡到家庭的責任，又怎能承擔社會的責任呢？因此在家事孝，在外盡忠，求忠臣必於孝子，是古代社會做人的準則，也是治國的方略。

儒家的孝道，作為一種倫理道德的準則，既是對父子、君臣等倫常關係的規範，也體現了人生倫理行為的價值取向。孝道從最初的家庭倫理規範發展為社會倫理規範，它是人們最基本的行為規範，也是涵蓋面極廣、功能性極強的道德實踐。遵守孝道不僅帶來家庭的和睦與穩定，而且能使人際關係趨於和諧，為人生的成功打下堅實的基礎，因此說「人須從孝悌立根基」。

一三九

德澤❶太薄，家有好事，未必是好事，得意者何可自矜❷；天道❸最公，人能苦心❹，斷不負苦心，為善者須當自信。

【注釋】❶德澤　恩惠；恩德。❷自矜　自誇。❸天道　天理；天意。❹苦心　為實現願望而耗盡心力。

【語譯】積德太少，家裡有好事，也未必是好事情，得意的人怎麼能自我誇耀；天意最公道，一個人能用心盡力，上天絕不會辜負這片苦心，做善事的人應有自信。

【研析】古人相信因果報應，認為福祉皆由積德行善而來，「積善之家，必有餘慶」。福祉若非積德所致，皆不可靠。有些事情從眼前看是好事，豈知不是禍患的根源？蘇秦年輕時家貧，於是發憤讀書，學成後遊說列國，成為縱約長，佩六國相印，富貴到極點，也因此遭人嫉恨，死於非命，臨死前感歎道：「當初我家裡有幾頃薄田，就會在家清閒度日，不會落到今天的下場了。」

因此在事業上有所成就時，不能驕傲自滿，要檢討享受到的榮華富貴是否與自己對社會的貢獻相符合，要謙虛謹慎，更要努力工作回報社會。

俗話說「皇天不負苦心人」，行善貴在堅持，做一件好事容易，做一輩子好事難。只要持之以恆，好心總有好報。有句話叫「人在做，天在看」，「天道」虛幻難測，公道自在人心，有時候做好事一時不被人理解，只要堅持下去，最終會被社會認可，受到民眾的讚許。社會輿論、民心相背，就是「天道」。

一四〇

把自己太看高了，便不能長進；把自己太看低了，便不能振興❶。

【注釋】❶振興　振作、興盛。

【語譯】把自己看得太高，就不能長進。把自己看得太低，就不能振作。

【研析】一個人不能自高自大，否則就會驕傲自滿，不能長進。一個人也不能妄自菲薄，太看低自己，就會失去信心，喪失進取的精神。正確認識自己，給自己以恰當的定位，既看到自己的長處，又看到自己的不足，既要謙虛謹慎，又要充分自信，對於確定人生目標和待人處世都很重要。然而識人難，識己更難，站在客觀的立場，對他人有正確的認識還比較容易，要摒除主觀偏見，正確認識自己就不那麼容易了，正所謂「不識廬山真面目，只緣身在此山中」。

一四一

古之有為之士，皆不輕為之士；鄉黨好事之人，必非曉事之人。

【語譯】古代有作為的人士，都不是輕舉妄動的人；鄉親中喜歡多事的人，一定不是懂事的人。

【研析】要做成一件事情，必須深思熟慮，絕不可輕舉妄動。做事前要先確定正確的目標，不能無的放矢；要謀劃做事最有效的方案，不能隨意而為；要設想可能遇到的困難，準備最佳應對方案；要及時總結經驗教訓，盡量避免走彎路。俗話說多一事不如少一事，大事化小，小事化了是息事寧人之法。鄉鄰之間經常會為一點小事發生摩擦和糾紛，為維護鄉里的安寧，保持鄉親的情誼，應該用息事寧人的方法去化解矛盾，而不是誇大激化矛盾。好事之人喜歡無事生非，沒有事情惹出事來，有了事情盡量誇大，唯恐天下不亂，這就是不懂人情事理。

一四二

偶緣為善受累，遂無意為善，是因噎廢食❶也；明識有過當規，卻諱言❷有過，是諱疾忌醫❸也。

【注釋】❶因噎廢食　因害怕吃飯鯁塞喉嚨而不敢進食，比喻因偶然的挫折而不敢做事。❷諱言　因有顧忌不敢說或不願說。❸諱疾忌醫　隱瞞病情，不願醫治，比喻掩飾錯誤，不願接受批評、改正錯誤。

【語譯】偶爾因為做好事而受到拖累，就不願意再做好事，這是因噎廢食；明知道有了過失應該糾正，卻不願意承認自己有錯，這是諱疾忌醫。

【研析】做好事是一種付出，是犧牲自己的利益去幫助別人，因此要有奉獻精神。做好事也會被別人誤解，不可因為誤解而放棄行善之心。固然現在有人借慈善之名行斂財之實，或借慈善欺世盜名，但只要真心行善，就不會因誤解而放棄初衷。清代武訓為辦義學，四處行乞，將積攢下來的錢修建學校，也曾遭人譏笑和辱罵，說他是武瘋子，但他數十年如一日，堅持行乞辦學，為發展中國教育事業作出了貢獻。

知錯能改，是優良的品德，《論語》中子貢說「君子之過也，如日月之食焉，人皆見之；更也，人皆仰之」。若有了錯誤自己認識不到，受到別人的批評還不承認，就像諱疾忌醫，不可救藥了。

一四三

賓❶入幕❷中，皆瀝膽披肝❸之士；客登座上❹，無焦頭爛額❺之人。

【注釋】❶賓　指賓僚、賓友，古代高級官員私人聘請的顧問或工作人員。❷幕　幕府，古代高級官員的府衙。❸瀝膽披肝　亦作「披肝瀝膽」，比喻以真誠相見或竭盡忠誠。瀝，滴下。披，打開。❹客登座上　指客人受到禮遇，即座上客。❺焦頭爛額　形容處境狼狽窘迫。

【語譯】進入幕府的賓友，都是赤膽忠心的人；受到禮遇的客人，沒有狼狽窘迫的人。

【研析】此條似為讚揚某官員的對聯，意為此官員招募的賓客都是赤膽忠心之人，交往的朋友都是很有體面的人。從字面上看，稱讚的是入幕之賓和座上之客，實際上是讚揚賓客的東家和接待客人的主人，說明主人有識人之明。識人是門大學問，要有深厚的學識和豐富的閱歷，要有清醒的頭腦和敏銳的眼光。曾國藩以識人著稱，著有《冰鑑》專講識人之法。曾國藩指派李鴻章訓練淮軍時，有一次李鴻章帶了三個人來，請曾國藩分配他們職務。正值曾國藩外出散步，三個人就在室外等候。曾散步回來，對李鴻章說：「不用召見他們了，站在右邊的人忠厚可靠，可以做後勤補給工作；中間那個人陽奉陰違，只能給他無足輕重的事做；站在左邊的人是個上上之才，應予重用。」李鴻章驚奇地問：「你與他們沒有交談過一句話，怎麼就知道他們的品行呢？」曾國藩說道：「剛才我散步回來，走過三個人面前，右邊那人垂首不敢仰視，可見他恭謹厚重；中間那人表面上畢恭畢敬，但我一走過，立刻左顧右盼，可見他陽奉陰違；左邊那人始終挺立，雙目正視，不亢不卑，乃大將之才。」曾國藩所說有大將之才的人，就是後來擔任臺灣巡撫的劉銘傳。

一四四

地無餘利，人無餘力❶，是種田兩句要言❷；心不外弛，氣不外浮❸，是讀書兩句真訣❹。

【注　釋】❶地無餘利二句　意為要充分利用土地和人力資源。❷要言　至理名言，包含真理極精闢的話。❸心不外弛二句　即心平氣和之意。❹真訣　秘訣；訣竅。

【語　譯】土地要充分發揮其效益，人要竭盡全力，這是種田的兩句名言；心志專一不散亂，神氣沉靜不浮躁，這是讀書的兩句妙訣。

【研　析】有句老話：「兩耳不聞窗外事，一心只讀聖賢書。」這句話常被用於批評某些知識分子只知讀書，不關心世事，但從讀書角度而言，必須專心致志，這句話還是有道理的。做任何事情都要專心，讀書尤其如此，以往說讀書之法須「鑽進去，跳出來」，所謂鑽進去就是要讀懂書中的意思，領會書中的精神，跳出來就是不為書本所侷限，對書本知識作出自己的判斷和評價。只有專心致志，才能鑽進去，真正掌握書本中的知識。讀書要有嚴謹的科學態度，沉下心來，循序漸進，不可心粗氣浮，浮光掠影是讀不好書的。讀書就是做學問，做學問切忌急功近利。做學問是一個漫長艱苦的過程，也不能立刻獲得實際的利益，因此要沉下心來，耐得住寂寞，要「板凳坐得十年冷」，這樣才能在學問上有所建樹。

一四五

成就人才，即是栽培子弟；暴殄天物❶，自應折磨兒孫。

【注釋】❶暴殄天物　殘害天生萬物，後指任意揮霍糟蹋東西。

【語譯】成就人才，就是培養子弟；任意糟蹋東西，自然會使兒孫遭受磨難。

【研析】家長對子女有潛移默化的影響。如果家長能夠培養人才，子弟就會向優秀的人才學習，刻苦勤奮。古人強調勤儉持家，提出「成由節儉敗由奢」，如果家長不愛惜財物，形成奢侈浪費的習性，就會敗壞門風，貽害無窮。

一四六

和氣迎人，平情應物❶，抗心希古❷，藏器❸待時。

【注　釋】❶平情應物　以平常心應對事情。平情，公允溫和的感情。應，應付；對付。❷抗心希古　樹立高尚的志向，仰慕古人。抗，樹立；聳立。希，仰慕。❸藏器　隱藏才能。器，才能；本領。

【語　譯】以和藹的態度對待他人，以平常心應對事情；樹立高尚的志向，仰慕古人，隱藏才能等待時機的到來。

【研　析】古人待人接物，講究平和中庸。待人要和氣寬厚，不要刻薄嚴峻，只有和氣待人，才能處理好人際關係，事業有所發展。俗話說「和氣生財」，商人做生意，就靠和氣招徠顧客，做其他事情，何嘗不是如此。你待人和氣，他人也對你和氣，尊重別人，也就是尊重自己。各人性格不同，性格溫和的人，待人和氣，性格急躁的人，容易動怒，而性格的養成與修養密切相關。和氣待人看似容易，做起來不易，尤其當個人利益受到侵犯時，和氣待人就更難了。和氣待人要有與人為善的心思，要有寬闊包容的胸襟，有設身處地為他人著想的氣度。

對待任何事情，要有顆平常心，這樣才能做到客觀公正，穩當妥帖。若遇事心高氣傲，偏激固執，就會誤判形勢，一意孤行，勢必會犯錯誤，甚至是致命的嚴重錯誤。三國時期關羽英勇無敵，聲震華夏，但他驕傲自大，不把東吳放在眼裡，違背了諸葛亮「聯吳抗曹」的戰略方針，結果敗走麥城，不僅自己身首異處，還給蜀漢帶來了災難性的影響。

「抗心希古，藏器待時」，意為做人志向要高遠，行事要低調。中國古代文人都有復古情結，他們認為時代越久遠，政治越清明，風俗越醇厚。政治家以上古三代之治為施政藍圖，文學家以先秦兩漢之文為楷模。李白〈戲贈鄭溧陽〉有「清風北窗下，自謂羲皇人」、杜甫〈奉贈韋左丞二十二韻〉有「致君堯舜上，再使風俗淳」之句，都是中國文人復古情結的表現。

「藏器待時」，即《紅樓夢》中「玉在匱中求善價，釵於奩內待時飛」的意思，是古人總結的做人經驗，也是獲得事業成功的重要途徑。真正有本事的人，要善於忍耐寂寞，等待時機的到來，一舉獲得成功。有本事的人不善於隱藏自己，就會招人嫉恨，成為眾矢之的，遭受嚴重的傷害。有本事而不知道等待時機，急躁冒進，也不能獲得成功。劉備素有平定天下的大志，但他勢孤力單，一度只能寄居曹操幕下。他私下感歎久疏沙場，「髀肉復生矣」，表面上卻以種菜度日，以示自己胸無大志。曹操為試探他，與他煮酒論英雄，說「天下英雄，惟使君與操耳」，劉備以為曹操識破他的用心，驚嚇得筷子掉在地上，恰好天上打雷，劉備掩飾說，因為害怕雷聲而掉落筷子。曹操認為一個害怕雷聲的人，不會有大出息，於是對劉備放心了。劉備就是一個善於藏器待時的英雄。

一四七

矮板凳且坐著❶，好光陰莫錯過❷。

【注釋】❶矮板凳且坐著　即坐冷板凳的意思，形容讀書做學問要坐得住，耐得住寂寞。❷錯過　耽誤；失去時機。

【語　譯】矮板凳姑且坐著，大好光陰不要錯失。

【研　析】做學問要耐得住寂寞，要有堅韌不拔的毅力，要「板凳坐得十年冷」。時間是無價的，每個人都有與生俱來的一輩子時間，所以容易輕易拋擲時光而不覺可惜。時間又是最珍貴的，生命是時間的延續，浪費時間就是浪費生命。歲月流逝如白駒過隙，因此要珍惜好時光，《淮南子》說：「聖人不貴尺之璧而重寸之陰。」陶淵明〈雜詩十二首〉其一：「盛年不重來，一日難再晨，及時當勉勵，歲月不待人。」只有抓緊時間及時努力，才能學有所成，事能畢功。

一四八

天地生人，都有一個良心，苟❶喪此良心，則其去❷禽獸不遠矣；

聖賢教人，總是一條正路，若捨此正路，則常行荊棘❸之中矣。

【注釋】❶苟 假如；如果。❷去 離開；相距。❸荊棘 叢生多刺的灌木，用以比喻艱險的處境。

【語譯】天地養育人類，都有一顆良心，如果喪失了這個良心，那麼離禽獸不遠了；聖賢教導人們，都是一條正路，如果放棄這條正路，那麼就像行走在荊棘叢中。

【研析】中國歷史上最早提出「良心說」的是孟子。孟子認為良心是仁義之心、善良之心，「雖存乎人者，豈無仁義之心哉」？孟子又將良心歸結為「四心」：「無惻隱之心，非人也；無羞惡之心，非人也；無辭讓之心，非人也；無是非之心，非人也。」孟子還把良心與道德意識相聯繫：「惻隱之心，仁之端也；羞惡之心，義之端也；辭讓之心，禮之端也；是非之心，智之端也。」孟子認為良心是與生俱來的本性，也稱之為「赤子之心」，宋陳曾以詩詮釋孟子的赤子之心：「真淳未鑿本諸天，飲食啼號性所然。情欲不生無外誘，聖人之質自渾全。」良心是一個人自律的道德法庭，人沒有良心的約束，就會膽大妄為不顧天理，私欲膨脹不顧情理，就會為所欲為無惡不作，不擇手段傷害自己與他人。「良心」出自自然天性，但包含著道德價值意識，這就是人與動物不同之處，孟子說人若無良心，「人之異於禽獸者幾希」。

聖賢教人立身處世，無非是儒家倡導的仁義禮智信一套封建倫理道德，若背離了倫理道德，就會走入歪門邪道。儒家的倫理道德，至今依然有其現實意義。儒家的倫理道德以人為本位，以仁為中心，仁者愛人，包含著人道主義的精髓。孔子論義云：「君子有勇而無義為亂，小人有勇而無義為盜。」管子將禮義廉恥作為「國之四維」，即治國的四大綱領，其釋「義」為「不自進」。劉熙《釋名》曰：「義，宜也，裁制事物使各宜也。」由此可見，義指行為公正適宜，不巧詐妄為。這是行事的基本原則。禮從內心情感而言，是要有敬畏之心，用恭敬的態度待人接物；從社會制度層面而言，遵守各種行為規範而不逾越。禮對於維護人際關係的和諧和社會秩序的安定是十分必要的。智指通達人情世故，做事通情達理。信指誠信，誠信為立身之本，也是立國之本，就個人而言，誠信是成就事業的基礎和條件；就人際關係而言，它是人們之間正常交往、友好相處，建立良好人際關係的重要紐帶；就社會政治領域而言，是社會文明繁榮、穩定發展的重要保證。綜上所述，古代聖賢倡導的倫理道德，至今對做人行事、治理國家都有積極的指導意義。

一四九

世上言樂者，但曰讀書樂、田家樂，可知務本業❶者，其境常安；古之言憂者，必曰天下憂、廊廟❷憂，可知當大任者，其心良苦❸。

【注釋】❶本業　本身的職業，原來從事的行業。❷廊廟　宮中廊屋和帝王的祖廟，後用以代指朝廷。❸其心良苦　即用心良苦，心思很深。

【語譯】世人說起快樂，只是說讀書快樂，種田快樂，可知專心從事自己職業的人，他們的境況經常是安靜快樂的；古人說起憂慮，一定說憂慮天下的百姓，憂慮朝廷的政事，可知能擔當大任的人，他的心思是很深的。

【研析】 孔子在談到學習的時候說：「知之者不如好之者，好之者不如樂之者。」意為知道學習的人比不上喜愛學習的人，喜愛學習的人比不上以學習為樂趣的人。不僅學習如此，做任何事情都是如此。人們在社會上從事某項職業，如果把從事這項職業當作一種樂趣，一種享受，就會安心本職工作，不會覺得煩惱痛苦而見異思遷。有句成語「安居樂業」，即言樂業能令人快樂，使社會安定。讀書人以讀書為業，以讀書為樂，因為讀書能增長知識，陶冶性情，古人說：「養心莫善寡欲，至樂無如讀書。」「蹉跎莫遣韶光老，人生惟有讀書好。」知識能改變人的命運，這也是很多人樂於讀書的原因，如果讀書帶有過多的功利目的，讀書也就不那麼快樂，甚至變成沉重的負擔而令人痛苦。古代許多讀書人為應付科舉考試，皓首窮經，潦倒終身，他們感覺不到讀書的快樂。現在一些中小學生，在升學的壓力下不得不刻苦讀書，失去了童年快樂的時光，因而產生了厭學情緒。

中國歷代以農為本，對農耕格外重視，隱居不仕的文人和從官場退居田園的仕宦，皆以農耕為業，陶淵明〈庚戌歲九月中于西田獲早稻〉：「人生歸有道，衣食固其端。孰是多不營，而以求自安？開春理常業，歲功聊可觀。晨出肆微勤，日入負耒還。」在文人筆下，田園生活充滿詩情畫意，陶淵明〈歸園田居〉：「方宅十餘畝，草屋八九間。榆柳蔭後檐，桃李羅堂前。曖曖遠人村，依依墟里煙。狗吠深巷中，雞鳴桑樹顛。戶庭無塵雜，虛室有餘閒。久在樊籠裡，復得返自然。」辛棄疾〈村居〉：「茅檐低小，溪上青青草。醉裡吳音相媚好，白髮誰家翁媼。大兒鋤豆溪東，中兒正織雞籠；最喜小兒無賴，溪頭臥剝蓮蓬。」范成大〈四時田園雜興〉：「晝出耘田夜績麻，村莊兒女各當家。童孫未解供耕織，也傍桑陰學種瓜。」歸隱田園的文人大多饒有資產，他們並未真正參與耕作之事，偶爾做些輔助性的工作，因此覺得很有樂趣，猶如現在有些人在都市久了，便想去鄉村田野放鬆心情，參加一些農業勞動便覺得身心愉悅。也有人看到了農民的辛勞和艱苦，李紳〈憫農〉詩便說：「鋤禾日當午，汗滴禾下土。誰知盤中飧，粒粒皆辛苦。」農民還要受賦稅的盤剝，生活更加困苦，范成大〈四時田園雜興〉組詩在描寫田園生活安逸舒適時，也寫到農民的艱辛：「採菱辛苦廢犁鋤，血指流丹鬼質枯。無力買田聊種水，近來湖面亦收租。」真正的農民是體會不到文人的田園樂趣的。

范仲淹有句名言：「先天下之憂而憂，後天下之樂而樂。」胸懷大志者以天下為己任，時刻為國家的命運、民眾的生計而操心，職位越高、權力越大，肩負的責任就越重。

一五〇

天雖好生❶，亦難救求死之人；人能造福❷，即可邀❸悔禍❹之天。

【注釋】❶好生　愛惜生靈。❷造福　佛教語，謂積善行德。❸邀　邀請；招致。❹悔禍　撤去所加的災禍。

【語　譯】上天雖然愛惜生靈，也難以挽救自己求死的人；人們能夠積善行德，就可以請上天免除災禍。

【研　析】俗話說「天作孽猶可活，自作孽不可活」，自然災難可以設法防止和避免，人為的禍害不能補救。求死之人指犯了嚴重錯誤不知悔改，執迷不悟的人，其歸途只有走向滅亡。積德可以免禍，是佛教宣揚的因果報應，然而有時候行善可以贖罪，有時候善惡不能相抵。有些人罪孽在身，並無悔改之心，卻跑到寺院燒香拜佛，捐款做功德，祈求菩薩保佑他不受懲罰。若果真如此，就沒有天理，菩薩不會保佑這些為惡不悛之人的。

一五一

薄族❶者，必無好兒孫；薄師❷者，必無佳子弟，吾所見亦多矣。恃力者，忽逢真敵手；恃勢者，忽逢大對頭❸，人所料不及也。

【注　釋】❶薄族　刻薄地對待族人。❷薄師　輕視師長。❸對頭　冤家；仇人。

【語　譯】刻薄地對待親族的人，一定不會有好的兒孫；輕視師長的人，一定不會有好的學生，我見到的也多了。憑仗著力量行兇的人，忽然碰到真正的對手；憑仗著權勢霸道的人，忽然碰到厲害的仇人，這是人們難以預料的。

【研 析】父母是子女最早的啟蒙老師，家庭教育對孩子的成長具有重要的影響，「言教不如身教」，父母的行為舉止對子女起到潛移默化的作用。「忠厚傳家遠，詩書繼世長」，傳統道德提倡忠厚待人，並以此作為治家訓條，明何爾健〈廷尉公訓約〉云：「吾族務要恪遵祖訓，以倫理為綱。父慈子孝、兄友弟恭、夫婦和順。一家雍穆，端由于此。即同宗相處，須要安分守己。尊莫凌卑，強莫欺弱。卑幼者不許干犯長上，富貴者宜憐窮困。」忠厚待人，即尊老愛幼，安分守己，幫助窮困，不欺凌卑弱，是做人的基本操守，必備的修養。如家長不能以忠厚待人，子女受其影響，必然會干犯長上，欺負弱小，成為一個不講道德的刻薄人。

中國有尊師重教的傳統，所謂「一日為師終身為父」，《荀子・禮論》曰：「天地者，生之本也；先祖者，類之本也；君師者，治之本也。無天地惡生，無先祖惡出，無君師惡治，三者偏亡，則無安人。故禮，上事天，下事地，尊先祖而隆君師，是禮之三本也。」荀子首次提出「天地君親師」的概念，並將尊師視為禮之本，此後「天地君親師」成為民間祭祀的對象，錢穆先生指出：「天地君親師五字，始見《荀子》書中。此下兩千年，五字深入人心，常掛口頭。其在中國文化、中國人生中之意義價值之重大，自可想像。」若當老師者不能尊師，教出的學生也是不懂禮數之人，《晏子春秋》曰：「凡人之所以貴于禽獸者，以有禮也。」人不知禮，則與禽獸何異？

君子應以禮待人、以德服人，若以力欺人、以勢壓人，便是小人無賴行徑。恃力者自以為有一身力氣，打遍天下無敵手，卻不知「天外有天，人外有人」，總有一天會碰到更厲害的人，輸得一敗塗地。《拍案驚奇》卷三〈劉東山誇技順城門〉講了兩個「恃力者，忽逢真敵手」的故事：有個武舉人，膂力過人，武藝出眾，「一生豪俠好義，真正路見不平，拔刀相助」。有一次他借宿於老婦家，老婦對他說媳婦兇悍異常，經常受她凌辱，便要教訓媳婦為老婦出氣。夜間媳婦回家，背了一隻斑斕猛虎，說是在山中打死的，那舉人便心中懼怕，只是好言勸她：「看娘子如此英雄，舉止恁地賢明，怎麼尊卑分上覺得欠些個？」媳婦把舉人拉到院中太湖石旁，說起她如何支撐門戶，如何奉養婆婆，每說一件事，便用手指在太湖石上劃一道，那堅硬的太湖石便被摳去一寸多深。那舉人嚇得氣也不敢出了。明朝嘉靖年間，有個巡捕叫劉東山，弓馬嫻熟，箭無虛發。後來改行做買賣，有一次在店中吃飯，有人說現在路上不太平，要他小心點。劉東山哈哈大笑，說二十年來不曾撞到個對手，保管無事。次日劉東山上路，遇見一個少年同路。劉東山又誇口道：「小可平生，兩隻手，一張弓，拿盡綠林中人，也不記其數，並無一個對手。」少年拿過劉東山的弓，連放連拽，就如一條軟絹帶。少年將自己的弓給劉東山，劉東山用盡平生之力，也拉不開那張弓。第三日劉東山又在路上碰到那少年，少年連發兩箭，箭從他兩耳擦過，只是未曾傷人，第三箭對準他的面門，要他把做生意的錢留下。劉東山自知不敵少年，「膝行至少年馬前，叩頭道：『銀錢謹奉好漢將去，只求饒命。』」小說結尾說：「可見人生一世，再不可自恃高強，那自恃的，只是不曾逢著狠主子哩。」

權力和地位，都是在政治角逐中獲得的，只有擊敗政敵，才能獲得和保住權勢。明代嚴嵩通過排擠高拱占據了首輔的地位，在執政三十餘年間清除了不少政敵，最終被徐階拉下馬，徐階便是嚴嵩的「大對頭」。

恃力者遇到真敵手，恃勢者遇到大對頭，也許恃力者、恃勢者始料所不及，但在旁人看來，卻在意料之中。

一五二

為學不外「靜」「敬」二字，教人先去「驕」「惰」二字。

【語譯】做學問不外乎「靜」「敬」兩個字，教人先要去掉「驕」「惰」兩個字。

【研析】為學不外「靜」「敬」二字，靜即能靜下心來，耐得住寂寞，不受外界的干擾，專心致志地讀書做學問；敬是有嚴謹的治學態度和謙虛好學的刻苦精神。敬之本義為態度恭謹、行為端肅。儒家論修養，強調「敬」，程頤說「主一之謂敬」、「無適之謂一」，朱熹說「將個敬字收斂身心」，「敬業者，專心致志以事其業也」。朱熹把「敬」作為貫穿於做學問的根本工夫，說：「敬之一字，聖學所以成始而成終也」。所謂成始，即小學之「涵養本原」，進而為大學之「進德修業」，最終實現「明德新民」、「治國平天下」的儒家終極理想，整個過程都離不開一個「敬」字。

為人切忌驕、惰。「驕」有兩義：驕縱、驕傲。驕縱指不能約束自己，行事不守規矩。人生活在社會中，必然要受到法律和制度的約束，不可能隨心所欲，若驕縱自己，勢必會犯錯誤。驕傲是進步的障礙，人若驕傲自滿，就會缺乏遠大的目標和進取心，也不善於學習別人的長處來提高自己。惰即懶惰，世上任何事都要認真去做，懶惰的人滿足現狀，得過且過，就什麼事情也辦不成。韓愈說「業精於勤而荒於嬉」，學習如此，做任何事情都是如此。

一五三

人得一知己，須對知己而無慚；士既多讀書，必求讀書而有用。

【語譯】人們得到一個知己朋友，必須面對知己而無愧疚之心；讀書人既然讀了很多書，一定要做到讀書有用於世。

【研析】知己是彼此互相了解，情誼深切的朋友。朋友有很多種，有在社交場互相應酬的朋友；有因共同愛好而結識的朋友，如喜歡攝影的「攝友」等等。現在網絡發達，交友的渠道更多，於是有了「網友」。朋友雖多，知己難覓，故「人生得一知己足矣」。正因為知己難覓，所以更要珍惜知己的友情，不能做出愧對知己的事情。中國人珍視友情，《論語》提出「吾日三省吾身」，其中有一條就是「與朋友交而不信乎」。「仁義禮智信」五常中的「義」，即指朋友相交的倫理原則。珍惜友誼，忠於朋友，是道德修養的重要內容。

學以致用，讀書不付諸實踐就毫無意義。《荀子》曰：「知之而不行，雖敦必困。」意為懂得許多道理卻不付諸實踐，雖然知識很豐厚，也必將遭遇困厄。《禮記》曰：「博學之，審問之，慎思之，明辨之，篤行之。」做學問從博學始，最後落實到篤行。認識世界的目的是改造世界，讀書是要用學到的知識服務社會、造福人類。陸游〈冬夜讀書示子聿〉詩云：「古人學問無遺力，少壯工夫老始成。紙上得來終覺淺，絕知此事要躬行。」人們對書本知識的理解總是膚淺的，只有通過實踐，才能加深對書本知識的理解。

一五四

以直道❶教人，人即不從，而自反❷無愧，切勿曲以求榮❸也；以誠心待人，人或不諒❹，而歷久自明，不必急於求白❺也。

【注　釋】❶直道　正道，正直的道理。❷自反　自我反省。❸曲以求榮　曲意遷就以博取他人的稱譽。榮，光榮；榮耀。❹諒　相信；信任。❺求白　表白；辯解。

【語　譯】以正直的道理教導他人，別人即使不能聽從，但自我反省心中無愧，切勿曲意遷就他人以博取稱譽；以誠心對待他人，他人也許不相信，但時間久了自然明白，不必急於表白自己。

【研　析】古人說「忠言逆耳利於行」，忠言即以正直的道理去教導人，指出別人的缺點錯誤，促使其改進的言論。每個人都有自己的立場和觀察事物的獨特視角，因此容易犯主觀偏執的毛病，聽不進別人的反對意見。而虛榮心是人性普遍的弱點，人們都喜歡聽讚揚的好話，對批評自己的言論往往會有本能的排斥。正直的人應該堅持真理，不能因為別人聽不進自己的意見而放棄原則，甚至與錯誤同流合污。中國歷史上有許多堅持真理敢說實話的忠臣義士，如戰國時期的屈原，早年深得楚懷王信任，曾參與制定法律，主張章明法度，舉賢任能，改革政治，聯齊抗秦，但懷王聽信令尹子蘭、上官大夫靳尚的讒言，逐漸疏遠屈原。西元前三〇五年，屈原因反對楚懷王與秦國訂立黃棘之盟，遭到流放。屈原「信而見疑，忠而被謗」，但他「亦余心之所善兮，雖九死其尤未悔」，始終堅持對美好理想的追求，最後投身汨羅江以示忠貞清白。宋初有個御史叫張靄，有一次進宮說有急事向皇帝上奏，當時趙匡胤正在用彈弓打鳥取樂，聽罷匯報，認為都是些平常事，就責備張靄為何小題大作。張靄直言相對：「臣以為這些小事，也比打鳥雀重要。」趙匡胤大怒，抓起斧柄打落張靄兩顆門牙。張靄拾起帶血的牙齒揣在懷裡，趙匡胤問道：「你想以此為證，告朕的狀嗎？」張靄答道：「臣不能狀告陛下，但自有史官將此事寫進史書。」

以誠心待人，有時不被人理解，但日久自明。君子以誠待人，不為獲取好名聲，只求自家心安，若急於辯白，做了好事生怕別人不知道，其心就不誠。明代張居正十二歲考取秀才，十三歲參加鄉試，主考官是湖廣巡撫顧璘。顧璘很欣賞這個少年秀才的文才，但考慮他年紀太輕，若科舉過於順利，一旦躋身仕途，不懂人情世故，不利於他的成長和發展，就沒有錄取他。張居正當時感到很委屈，其他人也為他不平，顧璘卻不說明原由。過了三年，張居正再次參加考試，顧璘錄取了他，並贈以玉帶，鼓勵他繼續努力。張居正這才明白顧璘的良苦用心，刻苦學習，最終成為一代名相。

一五五

粗糲❶能甘❷，必是有為之士；紛華❸不染，方稱傑出之人。

【注釋】❶粗糲　粗糧，此處指艱苦的生活。❷甘　樂意；情願。❸紛華　繁華富麗。

【語譯】樂意過艱苦的生活，必然是有所作為的人士；不沾染繁華富麗的習氣，才是傑出的人士。

【研　析】《孟子》曰：「生於憂患，而死於安樂也。」，「天將降大任於是人也，必先苦其心志，勞其筋骨，餓其體膚，空乏其身，行拂亂其所為，所以動心忍性，曾益其所不能。」古詩云：「寶劍鋒從磨礪出，梅花香從苦寒來。」溫室裡培養不出參天大樹，經歷風雨方顯松柏堅貞，只有經過艱難困苦的磨練，才能鍛煉人的意志品格，增長人的知識能力，然後有所作為。《菜根譚》曰：「勢利紛華，不近者為潔，近之而不染者為尤潔。」不貪戀繁華的生活，甘於清貧，方顯出崇高的情操和氣節。

一五六

性情執拗❶之人，不可與謀事也；機趣流通❷之士，始可與言文也。

【注釋】❶執拗　固執偏激。❷機趣流通　天性風趣活潑。

【語譯】脾氣固執偏激的人，不可與他商量事情；性格風趣活潑的人，才可以與他談論文藝。

【研析】固執偏激的人，看事情愛走極端，並且固執己見，不願聽取別人的意見，很難與這樣的人共事。「機趣流通之士，始可與言文也」，此處「文」指帶有文學色彩的散文和詩歌，即如今所說之文學。文學是通過形象抒發內心情感的藝術樣式，文學創作需要奇妙的想像和豐富的情感，陸機〈文賦〉是中國古代第一篇專門論述文學創作的著作，文中提到在創作前的準備階段，應該仔細觀察體驗生活，醞釀創作的情感：「遵四時以嘆逝，瞻萬物而思紛；悲落葉于勁秋，喜柔條于芳春。心懍懍以懷霜，志眇眇而臨雲。」隨著季節的變遷，感歎時光的流逝，看到萬物紛呈又思緒翻騰。深秋季節，因樹葉零落而感到悲涼；陽春三月，看到柔嫩的樹枝心中喜悅；有時心存敬畏，如冰霜在胸，有時志趣高遠，上及行雲。當進入創作過程後，起初是沉思默想，思想在天地間馳騁，想像在九霄翱翔，「其始也，皆收視反聽，耽思傍訊，精騖八極，心游萬仞」。待到文思醞釀成熟，眼前的情景，像初出的旭日愈見鮮明，描寫的物象，也愈見清晰地不斷湧現。於是藝術的想像，上天入地無所不及，佳句麗詞紛至沓來：「其致也，情曈曨而彌鮮，物昭晰而互進；傾群言之瀝液，漱六藝之芳潤；浮天淵以安流，濯下泉而潛浸。于是沉辭怫悅，若游魚銜鉤而出重淵之深；浮藻聯翩，若翰鳥纓繳而墜層雲之峻。」如果一個作家沒有對生活深切的體驗，缺乏建立在充沛感情基礎上的形象思維，是創作不出好的文學作品的。文學創作需要豐富的感情和奇妙的想像，文學欣賞也是如此。文學欣賞是二度創作，閱讀者依據自己的生活經驗重塑文學形象，若缺乏感情和想像力，就不能領會作品的內涵和意義，不能獲得審美的愉悅。

一五七

不必於世事件件皆能❶，唯求與古人心心相印。

【注釋】❶能　勝任；能做到。

【語譯】不必能勝任世間的每一件事情，只求與古人心心相印。

【研析】一個人精力和能力有限，不可能樣樣事情都精通，什麼事情都想做，結果一件事情也做不好，專心致志做一件事，才能把事情做好，《荀子・勸學》曰：「目不能兩視而明，耳不能兩聽而聰。螣蛇無足而飛，梧（鼯）鼠五技而窮。」蔡邕〈勸學篇〉曰：「鼯者，能飛不能上屋，能緣不能窮木，能泅不能渡瀆，能走不能絕人，能藏不能覆身是也。」鼯鼠看起來本領很多，卻什麼事情也做不成。「惟求與古人心心相印」，指做事符合古代聖賢的教導，不逾越傳統的道德觀念。在中國，崇古復古的意識根深蒂固，形成了習慣性的思維方式，並成為價值判斷的依據。古人認為，三代之治是最完美的政治，遠古社會是最理想的社會；古代的道德風尚最醇厚，古人、古聖最合乎道、自然或天性；古代聖賢的言論是真理的標準。而隨著時代的變遷，人性不斷喪失，道德日益墮落，世風逐漸敗壞，許多人強調要用聖賢的思想規範自己的行為，挽救世道人心，回歸到三代之治。

一五八

夙夜❶所為，得無抱慚於衾影❷？光陰已逝，尚期收效於桑榆❸。

【注釋】❶夙夜　早晚；日夜。❷得無抱慚於衾影　語出北齊劉晝《劉子．慎獨》：「獨立不慚影，獨衾不愧衾。」意謂獨處時沒有任何愧對於心的行為。得無，莫非；能不。衾，被子。❸桑榆　桑樹和榆樹。因日落時日光照於桑榆樹端，故以桑榆指日暮，也喻指人之晚年。

【語譯】日夜所做的事情，能否獨處時也無愧於心？光陰已經流逝，還是期望在晚年能有所成就。

【研析】古人在論述道德修養時，非常強調「慎獨」，《中庸》曰：「君子戒慎乎其所不睹，恐慎乎其所永聞，莫見乎隱，莫顯于微，故君子慎其獨也。」朱熹說：「君子慎其獨，非特顯明之處是如此，雖至微至隱，人所不知之地，亦常慎之，小處如此，大處亦如此，顯明處如此，隱微處亦如此。表裡內外，精粗顯微，無不慎之，方謂之誠其意。」慎獨就是在個人獨處的情況下，也要謹慎小心，自覺遵守法度和道德規範，不要因為別人不在場或不注意時幹壞事。東漢楊震去荊州赴任，道經昌邑縣，縣令王密是楊震舉薦的，為報答提攜之恩，晚上帶了十兩黃金送給楊震，被楊震拒絕。王密說：「暮夜無知者。」楊震答道：「天知、神知、我知、子知，何謂無知？」楊震即是慎獨的典範。慎獨即「慎心」，也就是朱熹說的「誠其意」，無論在何種場合，都要靠「心」把持住自己，不受物欲的誘惑。慎獨是道德修養的必要工夫，也是道德修養很高的境界，曾國藩日課四條：「慎獨、主敬、求仁、習勞。」將慎獨置於首位。只有做到慎獨，才能「誠無垢，思無辱」，「仰不愧天，俯不怍人」。

「失之東隅，得之桑榆」，原意為在某個時候喪失機會或失敗了，在另一個時候得到補償。此處桑榆指人的晚年，意為人老了，還要繼續努力，做成一番事業。曹操〈步出夏門行〉詩云：「老驥伏櫪，志在千里。烈士暮年，壯心未已。」老年人雄心未減，依然可以有所作為。姜子牙八十歲拜相，輔佐武王統一天下；孫思邈百歲高齡寫成《千金翼方》；德國的艾米九十六歲才開始寫作，一〇一歲時出版了第一部自傳體小說《和萊奧在一起的日子》，聲名鵲起；美國的摩西七十六歲開始學畫，八十歲舉辦個人畫展，引起轟動，後來稱之為「摩西效應」。古今中外，大器晚成的例子很多，成功不在於起步時間的早晚，也不在乎年齡的大小，真正的成功來自長期堅持不懈的努力。

一五九

念祖考❶創家基❷，不知櫛風沐雨❸，受多少苦辛，才能足食足衣，以貽後世；為子孫計長久，除卻讀書耕田，恐別無生活❹，總期克勤克儉❺，毋負先人。

【注　釋】❶祖考　祖先。❷家基　家業；家產。❸櫛風沐雨　以風梳頭、以雨洗頭，比喻不避風雨，奔波勞苦。❹生活　為謀生而從事的各種活動。❺克勤克儉　既能勤勞，又能節儉。克，能。

【語　譯】回想祖先創立家業，不知道不畏風雨奔波勞苦經受了多少辛苦，才能衣食豐足，把家產留給後人；從子孫的長遠考慮，除了讀書種田，恐怕沒有別的謀生方法，總是希望他們能勤勞節儉，不要辜負了祖先。

【研　析】創業難，守業更難，在宗法社會中，如何傳承祖業，光大門楣，成為許多人關注的大事情，以耕讀為本業、勤儉持家是最主要的兩條。「讀可榮身，耕可致富」，通過讀書應試，躋身仕途，是出人頭地、光宗耀祖的最佳途徑。讀書能明理，增強道德修養，在社會上贏得好聲譽，是更重要的「榮身」。中國以農業為主，歷來以農為本，以工商為末，在「士農工商」四民中，農的社會地位僅次於士而在工商之前。在許多家訓族規中，「以耕讀為本業」是出現頻率最高的詞句，溫州楠溪江芙蓉村《陳氏宗譜》載：「凡吾族子弟，為士者須篤志苦學，以求仕進；為農者須勤耕貿遷，以成家業。即甚貧之者，亦宜清白自守，切不可習為下流，玷壞家聲。」勤儉持家是中國的傳統美德，司馬光在〈訓儉示康〉家書中說：「儉，德之共也；侈，惡之大也。」朱柏廬〈治家格言〉說：「一粥一飯，當思來處不易；半絲半縷，恆念物力維艱。」何爾健〈廷尉公訓約〉說得更詳盡：「吾族務要恪遵祖訓，以勤儉為根本。或耕，或讀，或營運，或方技，總要持心公平，不持偽詐，不惜辛勤。凡一切度用，須用省約，不事奢華，自然衣食有資，日用無言，家業隆起，不落人後。」勤儉治家，不僅是維持祖業之根本，也是道德修養之必須。

一六〇

但作里中❶不可少之人，便為於世有濟❷；必使身後有可傳之事，方為此生不虛。

【注　釋】❶里中　鄉里。❷濟　接濟；救助。

【語　譯】只要做一個在鄉里中不可缺少的人，就是對世間有所幫助；一定要讓身後有可以流傳的事蹟，才算沒有虛度這一生。

【研　析】一個人的能力有大小，事業上的成就也就不同，但只要有益於社會，有利於人民，便值得肯定和讚揚。能安邦治國，澤被天下的英傑終究是少數，大部分都是在普通崗位上工作的平凡人，但只要從身邊小事做起，造福鄉里，就能體現人生的價值。「人生自古誰無死，留取丹心照汗青」，古人把名聲看得比生命還重要。榮華富貴如過眼煙雲，稍縱即逝，並不值得留戀，好的名聲能流傳後世，才能充分顯示自身的價值，而好名聲來自於「於世有濟」。

一六一

齊家先修身❶，言行不可不慎；讀書在明理，識見❷不可不高。

【注　釋】❶齊家先修身　語出《禮記．大學》：「欲齊其家者，先修其身。」齊家，治理家事。修身，修養身心。❷識見　見識，對事物的認識和理解。

【語　譯】要治理家事，先要修身養性，言行不可不謹慎；讀書在於明白事理，見識不可不高明。

【研　析】《禮記》曰：「欲明明德于天下者，先治其國；欲治其國者，先齊其家；欲齊其家者，先修其身；欲修其身者，先正其心；欲正其心者，先誠其意；欲誠其意者，先致其知，致知在格物。」後人將這段文字概括為「修身齊家治國平天下」。修身指個人的道德修養，要端正自己的思想，規範自己的行為。只有自己行得正坐得端，才能使家庭和睦。家庭是社會的縮影，只有把家庭管理好了，才能治理國家，「一屋不掃，何以掃天下」，如果家庭管理不好，又怎麼能治理國家呢？只有治理好國家，天下才能太平。修身、齊家、治國、平天下是四個不同層次，而修身是起點，也是基礎。

讀書的目的是要掌握書中所說的道理，而要理解書中的道理，讀者必須要有一定的鑑定和分析的能力，即所謂「識見」。不同的人讀同一本書會有不同的理解和心得，這就是各人識見不同所致，所謂「有一百個讀者，便有一百個哈姆雷特」。中國古代做學問，有「漢學」和「宋學」之別，漢學講究考據訓詁，重在對經書字句本義的闡述，被稱之為章句之學；宋學則從經書的要旨和義理著眼，致力於探究其內涵，即所謂闡釋微言大義。「讀書在明理，識見不可不高」，當為宋學讀書之法。

一六二

桃實之肉暴於外，不自吝惜❶，人得取而食之；食之而種其核，猶饒生氣❷焉，此可見積善者有餘慶❸也。栗實之肉秘於內，深自防護，人乃破而食之；食之而棄其殼，絕無生理❹矣，此可知多藏者必厚亡❺也。

【注　釋】❶吝惜　愛惜；顧惜。❷生氣　使萬物生長之氣，也指生命力；活力。❸餘慶　留給後代的福祉。❹生理　生存的希望。❺厚亡　失去很多。

【語　譯】桃子的肉暴露在外，自己毫不吝惜，人們拿來就能吃；吃了把桃核種在土中，依然生根發芽具有旺盛的生命力。由此可見積善行德的人，能給後代帶來福祉。栗子的肉藏在裡面，自我保護得很嚴密，人們就砸破外殼吃裡面的肉；吃了把殼丟掉，栗子就絕對沒有重生的希望了。由此可知藏得越多必定丟失得越多。

【研　析】此條從桃子和栗子的不同悟出「積善者有餘慶」、「多藏者必厚亡」的道理，正是宋明理學格物致知的工夫。格物致知歷來有不同的解釋，通常的理解是通過對具體事物的研究分析，從中概括出帶有普遍性的哲理，如明代李夢陽在〈論學〉中談到，花生仁藏於殼中，因此仁在人心中。他還從竹席的編織領悟到經緯錯綜之法。格物致知從認識論角度看，無疑是正確的，人們的認識過程總是從個別到一般，從具體到抽象，然而宋明理學家的格物，多有牽強附會之處，此條對桃栗的分析，也不科學。「多藏者必厚亡」，語出《老子》：「是故甚愛必大費，多藏必厚亡。」意為過分追求物質和名利欲望的人，必定要勞心勞力，大費精神，付出的就越大。財產收藏得越多，越容易使人嫉妒怨恨，往往身遭橫禍，損失也就越大。《莊子．胠篋》曰：「將為胠篋探囊發匱之盜而為守備，則必攝緘縢固扃鐍，此世俗所謂知也。然而巨盜至，則負匱揭篋擔囊而趨，唯恐緘縢扃鐍之不固也。然則鄉之所謂知者，不乃為大盜積者也。」為了防盜，把財寶放在箱子裡，鎖得牢牢的，結果盜賊來了，連箱子一起搬走，那些財寶都是為盜賊積累的，這就是多藏者必厚亡的道理。

一六三

求備❶之心，可用之以修身，不可用之以接物❷；知足之心，可用之以處境❸，不可用之以讀書。

【注釋】❶求備　追求完備。❷接物　待人接物；與人交往。❸處境　適應環境。

【語譯】追求完備的想法，可以用來修身養性，不可用於待人接物；知足的念頭，可以用來適應環境，不可用於讀書。

【研析】「求備之心，可用之修身，不可用之以接物」，講的是「嚴以律己，寬以待人」的道理。嚴以律己、寬以待人，是一種修養，一種情懷，一種豁達，明薛瑄說：「惟寬可以容人，惟厚可以載物。」《增廣賢文》說：「以責人之心責己，以恕己之心恕人。」嚴以律己，是要嚴格要求自己，言行舉止都符合道德規範，不能有一絲一毫的疏忽和懈怠。在與人交往中發生矛盾，在工作中遇到困難時，多想想自己的不足，主動承擔責任。寬以待人，是在充分理解的基礎上，對他人以客觀的評價，要充分看到他人的優點和長處，對他人的缺點和錯誤以善意的態度予以充分的諒解。對於曾經冒犯和傷害過自己的人，要寬容大度，不計前嫌。人們在生活和工作中，必然會與許多人打交道，也免不了發生矛盾和衝突，只要有嚴以律己、寬以待人的胸懷，就可以化隔閡為理解，化矛盾為友誼，事業就會興旺發達，社會也就和諧穩定。嚴以律己、寬以待人，對於領導者更為重要，馮夢龍說：「欲人勿惡，必先自美；欲人勿疑，必先自信。」，陳繼儒說：「輕財足以聚人，律己足以服人，量寬足以得人，身先足以率人。」

人們在生活中，應該有知足常樂的平和心態和豁達態度。人生不如意事常八九，人的欲望和追求不可能完全滿足，如果不能知足常樂，就會被無窮無盡的煩惱憂愁所困擾，不僅身心健康受到傷害，而且會在欲念的驅使下誤入歧途。然而在學習中，卻不能滿足，知識不斷更新，學習永無止境，只有堅持不懈地刻苦學習，才能跨越崇山峻嶺，攀登上知識的高峰。

一六四

有守❶雖無所展布❷，而其節不撓❸，故與有猷❹有為而並重；立言即未經起行❺，而於人有益，故與立功立德而並傳。

【注釋】❶守　操守。❷展布　施展；展現。❸撓　屈服。❹猷　計謀；謀略。❺起行　實際行動；具體作為。

【語譯】有操守的人雖然無所施展，但他的志節不會屈服，所以與有謀略有作為同等重要；著書立說即便沒有具體的作為，但對人有益，所以與建立功業德行同樣可以流傳後世。

【研　析】對一個人來講，操守和謀略同等重要，甚至更為重要。操守指有道德信仰，有明確的人生目標和堅定不移的意志。操守作為人內在的道德修養，平時顯露不出來，也不引人注目，不像有謀略的人幹出一番事業便引起轟動，但它是立身之本，是人必須遵守的道德底線。古人講「三立」，即立德、立功、立言。立言指著書立說，形成一家之言，為人類留下寶貴的精神財富。立言雖不像立德那樣直接體現於人的行為之中，也不像立功那樣有實際的成效，但它構建了一個時代的精神世界，對人類社會發展有重要的作用，因此與立德、立功同樣成為不朽的事業。

一六五

遇老成人❶，便肯殷殷❷求教，則向善必篤❸也；聽切實話❹，覺得津津有味，則進德可期也。

【注　釋】❶老成人　年高有德之人。❷殷殷　懇切；急迫。❸篤　真誠；專一。❹切實話　實在的話。

【語　譯】遇到年高德劭的人，就願意懇切地求教，那麼向善之心必定很誠摯；聽到實在的話，覺得津津有味，那麼德業的長進是可以期待的。

【研　析】德高望重的老年人，有豐富的閱歷，有淵博的知識，有深厚的修養，因此要善於向老年人學習，繼承他們的精神遺產。有些年輕人覺得老年人思想保守，精力衰退，對他們持輕視的態度；或認為老年人落後於時代，年輕人與老年人有代溝而不願交流。這樣的年輕人不懂得尊老敬老，是道德的缺失。歷史是一代一代積累起來的，不注意向老年人學習，就是割裂歷史，放棄傳統。中華民族優秀文化流傳千年而無斷裂，與尊老敬老，尊師重教的傳統有密切關係。

切實話指與日常生活有關的實在話，即所謂大實話。老子說：「美言不信，信言不美。」漂亮的言辭沒有真實的內容，真實的話不需要華麗的辭藻。人們往往被花言巧語所迷惑，而對樸實無華的言辭不感興趣。大實話雖然沒有華麗的辭藻，玄妙的哲理，卻具有深刻的思想，包含著寶貴的人生經驗。莊子認為道體現在萬事萬物之中，陽明心學認為「百姓日用即道」，李贄提出「穿衣吃飯即人倫物理」，農夫談耕作、商人談生意，即是真實而達理的「邇言」。聽切實話，就是學習日常生活的各種道理，這是增強道德修養最好的途徑。

一六六

有真性情❶，須有真涵養❷；有大識見❸，乃有大文章❹。

【注釋】❶真性情　指未經人為修飾的自然本性。❷真涵養　真誠切實的修養。❸大識見　遠大的見識。❹大文章　具有重大影響的文章。

【語譯】要有純真的性情，必須有真切的涵養；有遠大的見識，就有重大影響的文章。

【研析】性情指人的性格、習性和思想感情，表現為人的個性。真性情就是真實的本性，表現為情感外露，率性而為，敢愛敢恨，不以外界環境而改變或隱藏自己的本性。具有真性情的人，被稱為性情中人。真性情關鍵在一個「真」，其意有二：一是真實不虛假，一是本真不加修飾。《莊子．漁父》曰：「真者，精誠之至也。不精不誠，不能動人，故強哭者雖悲不哀，強怒者雖嚴不威，強親者雖笑不和。真悲無聲而哀，真怒未發而威，真親未笑而和。真在內者神動於外，是所以貴真也。」莊子認為「真在內者神動於外」，有真性情才有真感情。李贄說：「童心者，絕假純真最初一念之本心。」童心即真性情，是純真無假的人之本性。人的性情，即性格、稟性、感情，既有先天的遺傳，也有後天的培養，而後天的培養更為重要，後天的培養即體現於人的涵養，因此真性情須有真涵養。古人談真性情，是指對個性和內在精神價值的看重，對外在功利的蔑視，如陶淵明不願為五斗米折腰，李白「安能摧眉折腰事權貴」，可謂性情中人，如此真性情體現了人的道德修養。孔子說「七十而從心所欲不踰矩」，從心所欲是真性情，不踰矩即是修養。

古人將文章視作「經國之大業，不朽之盛事」，應該有經世濟時之功效，那些嘲弄風花雪月的文章，被視作「雕蟲小技」，「壯夫不為也」。唐代韓愈提出「文以明道」，宋明理學提倡「文以載道」，認為文章的首要功能就是闡述以倫理道德為主的各種道理。因此要寫大文章，即有深刻的哲理，具有經世濟時功效的文章，必須有淵博的學問、高明的見解。其實一切文章，包括文學作品在內，如果沒有學養作為基礎，寫出的文章也就是無本之木、無源之水，空洞淺薄而無實用價值。

一六七

為善之端❶無盡，只講一「讓」字，便人人可行；立身之道何窮，只得一「敬」字，便事事皆整❷。

【注　釋】❶端　事情，事情的方面和種類。❷整　嚴整；整治。

【語　譯】做善事是沒有盡頭的，只講一個「讓」字，那麼每個人都可以辦到；立身處世的方法哪裡有止境，只要有一個「敬」字，那麼每件事情都會嚴整有序。

【研　析】「讓」即忍讓、謙讓，是美德，是高尚的思想境界。《荀子．儒效》說：「志忍私，然後能公；行忍性情，然後能修。」白居易說：「古之為聖為賢，建功立業，立身處世，未有不得利於忍也。」忍讓、謙讓，要有無私的精神，淡泊的胸襟，不與人爭名逐利，做到「先天下之憂而憂，後天下之樂而樂」。要寬容大度，不與人斤斤計較，盡量擺脫無原則的糾紛，「退一步海闊天空」。沒有忍讓、謙讓，就沒有平靜、和諧，個人就會失去成功的機會，國家就會失去安定的環境。一個人生活在社會上，不可能隨心所欲，萬事如意，再強勢的人，也有忍讓的時候，只是許多人小事能讓，大事不能讓，失意時能讓，得意時不能讓，這裡便有人品高下、修養深淺之別。

「敬」是儒家的重要觀念，是人們倫理生活中隨時都須具備的態度。敬是禮的內在精神，孔子強調如果「為禮不敬」，也就不足觀了，如他在講到孝時，說如果對父母僅僅能夠盡到贍養的義務，那只能說是像餵養犬馬一樣的「養」，不能說是「孝」，只有在贍養父母時做到「敬」，才可以說是「孝」。人們在日常生活中時刻保持恭敬之心，也就合乎禮了。儒家把「敬」作為人們對待生活、立身行事的一種根本態度，要人們對待生活中每一件事都要保持嚴肅認真的態度，「敬」也就成為涵養、成就「君子」人格的重要手段。孟子把「恭敬之心」歸結到人的內在道德感情上，即人皆有之的「良知」、「良能」，如孩提之童，自然而然地知道「愛親」、「敬兄」，由「愛親」、「親親」而有「仁」，由「敬兄」、「敬長」而有義，「敬」和仁義皆是人內在的本性。人若有「敬」，則事事合乎「禮」，也就整齊有序而不逾越規範。

一六八

自己所行之是非，尚不能知，安望知人；古人以往之得失，且不必論，但須論己。

【語譯】自己做的事情是對還是錯，尚且不能知道，怎麼能指望知道別人的是非；古人以往的得失，暫且不必議論，但是必須對自己的得失作出評論。

【研析】「自己所行之是非，尚不能知，安望知人」有兩層意思，一是自己不知道是非，怎麼能讓人知道是非，「安望知人」之「知」為使動用法，讓別人知道的意思。自己都沒有搞清楚，卻想使別人明白，「以其昏昏，使人昭昭」，這是做不到的事情。另一層意思是一個人不能了解自己，怎麼能了解別人。通常情況，人最了解自己，「人心隔肚皮」，了解別人就困難得多。可是「當局者迷，旁觀者清」，往往能看清別人的是非得失，而對自己的是非得失卻看不清楚。

評論古人的是非得失，可以吸取歷史經驗，作為自己行為的借鑑，但古人與今人所處環境不同，歷史經驗並不完全適用於現實，認識自己的是非得失，更為重要，更有直接的現實意義。

一六九

治術❶必本儒術❷者，念念皆仁厚也；今人不及古人者，事事皆虛浮❸也。

【注釋】❶治術　治理國家的方法、策略。❷儒術　儒家的學術和思想。❸虛浮　浮誇不實。

【語譯】治理國家的方法必須以儒家思想作為根本，每個念頭都是仁厚的；今人不及古人，因為今人做的每件事情都是浮誇不實的。

【研析】中國歷代統治者，皆以儒家作為治理國家的指導思想，因此有「以半部《論語》治天下」的說法。仁是儒家思想的核心，道德規範的最高原則。仁者愛人，從個人而言，「夫仁者，己欲立而立人，己欲達而達人」，「己所不欲，勿施於人」，即推己及人，人憂吾亦憂，人喜吾亦喜，自己在謀求生存發展時，也要幫助他人生存發展，不能為滿足自己的欲望而損害他人，「苟志於仁矣，無惡也」。（以上引文皆出自《論語》從治理國家而言，就是要推行仁政，為政以德，用德治或禮治教化民眾。孔子把養民、富民、安民當作從政者的首要任務。孟子提出「以民為本」，「民為貴，社稷次之，君為輕」，統治者應「重民」，「保民」，使民有恆產，才能贏得人民的尊重。要與民同樂，「樂民之樂者，民亦樂其樂；憂民之憂者，民亦憂其憂。樂以天下，憂以天下，然而不王者，未之有也」。

古代社會由於生產力低下，物質匱乏，人們的生活是簡約的，思想是樸實的。隨著社會的發展，經濟的繁榮，人們的欲望日益擴張，生活日趨講究，思想也變得複雜起來。在爭名逐利，競爭激烈的社會中，欺詐取代了誠信，浮誇取代了樸實。中國古代的歷史觀是復古的歷史觀，認為上古三代之治，政治清明，民風淳樸，是最理想的社會模式。後代世風日下，人心不古，於是杜甫有「致君堯舜上，再使風俗淳」的感歎。

一七〇

莫大之禍，起於須臾[1]之不忍，不可不謹。

【注　釋】❶須臾　片刻。

【語　譯】最大的禍患，起因於一時的不能忍耐，不可不謹慎。

【研　析】《論語》曰「小不忍則亂大謀」，一時的衝動，會釀成大禍，歷史上這樣的事例很多。三國時關羽敗走麥城，被東吳所殺，張飛悲痛欲絕，下令三軍趕製白衣，為關羽戴孝，若不能按期完成，必將重罰，逼得手下將官鋌而走險，將其刺殺。劉備為報東吳殺害關羽之仇，不聽諸葛亮等人勸告，發兵伐吳，結果被東吳火燒連營，敗走白帝城，一命嗚呼，蜀國也元氣大傷，無力問鼎中原了。司馬懿則是能忍而取得成功的例子。諸葛亮出祁山伐魏，司馬懿避其鋒芒，即使諸葛亮送他婦人巾飾羞辱他，他也能忍受，依舊按兵不動，諸葛亮最終無功而返。魏明帝死後，曹芳即位為少帝，任命曹爽為大將軍，司馬懿為太尉，各領兵三千輪流在皇宮值日。曹爽為獨攬大權，以魏少帝的名義提升司馬懿為太傅，實際上是奪取了他的兵權。司馬懿看透曹爽的心事，卻裝作不知，推託自己有病不再上朝。後來司馬懿趁曹爽出城的時候，率兵占據城門和兵庫，並假傳皇太后的詔令，撤去曹爽大將軍的職務，掌握了魏國的政權。在現實生活中，人們遇到矛盾糾紛時，一時頭腦發熱，失去理智，釀成慘禍的事實，也屢見不鮮。用理智克制自己，對矛盾糾紛作出正確的反應，採取合適的行動，是修養和智慧的表現。

一七一

家之長幼，皆倚賴於我，我亦嘗❶體其情否也？士之衣食，皆取資❷於人，人亦曾受其益否也？

【注釋】❶嘗 曾經。❷取資 獲取資助；憑藉。

【語譯】家中老小都依靠我生活，我是否也曾體察他們的心情呢？讀書人的衣食，都取之於他人，他人是否也曾受到讀書人的好處呢？

【研析】中國古代是專制社會，家庭也是專制家庭，家長有絕對的權威，一切事情都由家長說了算，子女必須無條件地服從，於是有了「父要子亡，子不得不亡」的愚孝之說，並將其誤解為孔子宣揚的孝道。其實孔子並不贊同無條件服從父母的愚孝，《孝經》記載曾參問孔子：「兒女都聽從父母的指令，就是孝嗎？」孔子回答說：「這是什麼話？父母有敢於跟自己爭論的子女，他們就不會陷於不義，所以父母有不對的言論，就應該與之爭論。聽從父母的指令，又怎能就算是孝？」孔子注重父子自然親情，倡導子女人格平等，父義則從，父不義則諫，主張以義輔親。對無原則地順從父母尊長意志，荀子更明確提出「從道不從君，從義不從父」的觀點。漢代以孝治天下，更強調孝在維繫人倫關係中的重要作用，劉向編《孝子傳》，收集了許多愚孝的事例，後來流傳甚廣的《二十四孝》大多取材於此。至宋代以後，家庭專制越發嚴重，家長的權威更不可動搖，《紅樓夢》中賈政就是專制家長的代表，他只知以封建教條管制約束子女，而全不顧及子女的需求和感受。「家之長幼，皆倚賴於我，我亦嘗體其情否也」？意為作為維持家庭生計的家長，不能僅滿足家庭成員的物質需求，還要體察家庭成員心情，不能將自己的意志強加於家庭成員，體現了孔子論孝時體察子女人格平等的精神。

讀書人不事生產，衣食皆須他人供應，因此讀書人有了知識，應該用知識回報社會，為人民服務。古代許多讀書人，一旦發跡躋身仕途，便自覺高人一等，騎在老百姓頭上作威作福，忘了老百姓是他們的衣食父母，這樣的人知識越多，人品越低下。

一七二

富不肯讀書，貴不肯積德，錯過可惜也；少不肯事長❶，愚不肯親賢❷，不祥莫大焉。

【注　釋】❶事長　侍奉長輩。❷賢　賢人；有才德的人。

【語　譯】富有時不肯讀書，顯貴了不肯積累德行，錯過時機可惜啊；少年人不肯侍奉長輩，愚笨的人不肯親近有才德的人，沒有比這更不吉祥的了。

【研析】富家子弟衣食無憂，正可安心讀書，卻荒廢學業，權貴之家有能力幫助別人，卻不肯行善積德，便是錯過了大好時機，極為可惜。然而貧家子弟讀書更加刻苦，比家境優越的子弟更容易得到成績。一個人的能力有大小，但只要一心向善，便是積德。

中國有尊老敬老的傳統，尊敬老人，侍奉長輩是最基本的道德，「老吾老以及人之老」是做人的一個準則。切實保障老年人合法權益，讓老年人度過幸福、美滿、安詳、健康的晚年，共享人類社會發展的成果，是社會文明進步的重要標誌。人不怕天資愚笨，只怕不肯學習，而親近有才能德行的人，是學習的好機會。若天資愚笨，又不善於向人學習，就難以進步。

一七三

自虞廷❶立五倫❷為教，然後天下有大經❸；自紫陽集四子成書❹，然後天下有正學❺。

【注釋】❶虞廷　虞舜的朝廷，虞舜之世。❷五倫　古代將君臣、父子、兄弟、夫婦、朋友之間的人倫關係稱為五倫，提倡君臣有義、父子有親、夫婦有別、長幼有序、朋友有信，成為封建的道德規範。❸大經　常道；常規。❹自紫陽集四子成書　朱熹作《大學章句》、《中庸章句》、《論語集注》、《孟子集注》，合稱《四書章句集注》，簡稱《四書集注》。朱熹，南宋理學大家，宋代理學集大成者，與程頤、程顥兄弟齊名，後世並稱為程朱，他們的學說被稱作程朱理學。朱熹晚年創建紫陽書院，故別號紫陽。❺正學　符合正道的學說，此處指程朱理學。

【語　譯】自從虞舜時代創立五倫來教化民眾，然後天下才有了常規；自從紫陽集《大學》、《中庸》、《論語》、《孟子》為《四書集注》，然後天下才有了符合正道的學說。

【研　析】《尚書》載：「帝（舜）曰：『契，百姓不親，五品不遜，汝作司徒，敬敷五教，在寬』」，《孟子》曰：「人之有道也，飽食煖衣，逸居而無教，則近於禽獸。聖人有憂之，使契為司徒，教以人倫——父子有親、君臣有義、夫婦有別、長幼有敘、朋友有信。」現存《尚書》為偽書，所載史實不一定可靠，《孟子》所言當得之傳說，五倫作為道德原則、規範，本源於周禮，漢代後發展為三綱五常。董仲舒認為在五倫之中，君臣、父子、夫妻三種關係最主要，其中存在著天定的，永恆不變的主從關係：君為主，臣為從；父為主，子為從；夫為主，妻為從，即為「三綱」，而仁、義、禮、智、信則是處理人倫關係的基本法則，是為「五常」。「三綱五常」體現了封建統治的各種關係，成為封建立法的指導思想，是維護社會秩序的理論依據。自從立五倫，人類才與禽獸有別，社會才進入文明時代。

儒家發展到宋代，演變為理學，分為許多派別。這些派別既相互繼承吸收，又互相爭辯甚至攻訐。朱熹吸取了程頤的「理學」，又吸取了張載的「氣」一元論，建立了理學的哲學體系，成為理學的集大成者。然而南宋時朱熹學派曾被視作偽學而遭禁，而朱熹的推崇者則堅稱朱熹之學方為「正學」，朱熹門人黃榦說：「道之正統待人而後傳，自周以來，任傳道之責者不過數人，而能使斯道章章較著者，一二人而止耳。由孔子而後，曾子、子思繼其微，至孟子而始著。由孟子而後，周、程、張子繼其絕，至熹而始著。」宋以後，元、明、清三朝統治者倡導理學，理學成為官方哲學，朱熹的《四書章句集注》成為學校的教科書和科舉考試的標準答案，朱熹的「正學」地位遂不可動搖。

一七四

意趣❶清高❷，利祿❸不能動也；志量❹遠大，富貴不能淫❺也。

【注釋】❶意趣　情趣。❷清高　純潔高尚。❸利祿　功名富貴。利，指錢財。祿，指官祿。❹志量　志向；理想。❺淫　惑亂；迷亂。

【語譯】情趣高尚，利祿不能使他動搖；志向遠大，富貴不能使他迷亂。

【研析】美國心理學家馬斯洛認為，人生有五個層次的需求：第一是最低層次的生理上的需求，如溫飽之類；第二是對安全的需求，如堅固的住所；第三是愛人與被愛的需求；第四是受到尊重的需求；第五是最高層次的自我實現的需求。前兩個需求是物質方面的，有金錢即可滿足；後三個需求是精神方面更高層次的追求，就不是金錢所能滿足的。情趣高尚的人，更注重精神需求，追求人格的完美，並不會受利祿的誘惑。志向遠大的人，有宏偉的人生目標，有堅定不拔的毅力，為實現個人價值而「威武不能屈，富貴不能淫」。

一七五

最不幸者，為勢家女❶作翁姑❷；最難處者，為富家兒作師友。

【注釋】❶勢家女　權貴人家的女兒。❷翁姑　公婆。

【語譯】最不幸的，是做權貴人家女兒的公婆；最難相處的，是做有錢人家子弟的老師和朋友。

【研析】權貴人家的女兒，在家驕橫慣了，出嫁後習性難改，對夫家人頤指氣使，公婆礙於她娘家的權勢，也奈何不得。戲曲《打金枝》演郭子儀之子郭曖娶唐代宗女昇平公主為妻，昇平公主自恃金枝玉葉，在郭家盛氣凌人，郭曖只得忍讓。郭子儀過生日，郭曖要與昇平公主同去拜壽，昇平公主卻說自己貴為公主，郭子儀是臣子，不願去拜壽。兩人爭吵之間，郭曖氣急，打了昇平公主一巴掌，昇平公主哭訴到代宗處。郭子儀聽說，深恐大禍臨頭，綁了郭曖上殿請罪。還好代宗深明大義，沒有治郭曖的罪，反將昇平公主責怪一番。這個故事，可說明為勢家女作翁姑之不易。富家子弟嬌生慣養，追求享樂，耐不得讀書之清苦，又覺得家產豐厚，不務正業照樣衣食無憂，因此缺乏上進心。富家子弟做學生，頑劣不可教，富家子弟做朋友，聽不進忠言勸告，所以說最難處者，為富家兒作師友。然而世事不可一概而論，也有出身權貴之家嫁入寒門，能夠恪守中饋之職，侍奉翁姑，相夫教子的賢惠女子，也有出身富家，能夠刻苦讀書，節儉自守，奮發有為的青年。家庭出身為一個人的成長提供了必要的環境和條件，遺傳基因也有一定的作用，但自身的努力更為重要。

一七六

錢能福人，亦能禍人，有錢者不可不知；藥能生人❶，亦能殺人，用藥者不可不知。

【注釋】❶生人　救人；使人存活。

【語譯】錢能給人帶來幸福，也能給人帶來災禍，有錢的人不能不知道；藥能救人，也能殺人，用藥的人不能不知道。

【研析】現在流行一句話：「錢不是萬能的，沒有錢是萬萬不能的。」在現代社會中，金錢是財富的象徵，是人們生活的保障，它既能給人以物質享受，也能為人們怡養心性提供條件。若有了財富而揮霍無度，追求奢華侈靡的生活方式，就會腐蝕人的意志，敗壞人的道德。古人推崇節儉反對奢華，認為「儉者，德之共也」，「成由節儉敗由奢」，從個人而言，奢侈喪德敗身，從社會而言，奢侈敗壞風氣，從國家而言，奢侈禍國殃民。金錢能刺激人們的欲望，許多人為了追求金錢，往往不擇手段，甚至不惜以身試法，最終被金錢所誤。金錢也是一種力量，力量本身並無善惡，用之得當便是善，用之不當便是惡，用之為善便是福，用之為惡便是禍，故金錢是把雙刃劍，既能福人，亦能禍人。

藥可治病，但用藥不當，就會損害健康，甚至危及生命。因此用藥必須對症，劑量必須合適，這是普通的常識。

一七七

凡事勿徒❶委於人，必身體力行❷，方能有濟❸；凡事不可執於己❹，必集思廣益，乃罔❺後艱❻。

【注釋】❶徒　只；僅。❷身體力行　親身體驗；努力實行。❸濟　成功；成就。❹執於己　固執己見。❺罔　無；沒有。❻後艱　往後的艱難。

【語譯】任何事情都不要只是託付給別人，一定要自己努力去做，才能取得成功；任何事情都不能固執己見，一定要採納眾人的建議，才能沒有後顧之憂。

【研析】做一件事情，只有親身實踐，才能掌握事情的規律，了解其中關鍵所在，明白如何去做才能成功。對於領導者而言，身體力行尤其重要。有些領導者不下基層，不調查研究，不親身實踐，只是坐在辦公室聽匯報發指令。不親身實踐，對事情沒有感性的認識，聽匯報偏聽偏信，發指令不切實際，這種官僚主義的作風，是辦不成事情的。俗話說：「三個臭皮匠，頂個諸葛亮。」只有集思廣益，聽取各方面的意見，才能做出正確的決策，保證工作的順利進行。只相信自己，不相信別人，獨斷專行，必然會誤事。然而，任何事情都有其兩面性，提倡領導者身體力行，並不是說事無巨細，事必躬親。一個人的精力有限，地位越高的領導者，負責的事情越多，更不能事事參與。對於領導者而言，除了必要的調查研究，善於用人，善於採納下級的意見更為關鍵。諸葛亮為興復漢室鞠躬盡瘁，《三國志》說諸葛亮輔佐劉禪，「事無巨細，亮皆專之」，「事無巨細，咸決於亮」。諸葛亮與司馬懿在五丈原對峙時，派使者去司馬懿軍營。司馬懿不說打仗的事，只是問諸葛亮吃飯睡覺和管些什麼事，使者回答：「諸葛公夙興夜寐，罰二十以上，皆親攬焉；所食不至數升。」司馬懿說：「食少事煩，其能久乎?」諸葛亮不久即病逝五丈原。對於領導者而言，集思廣益固然重要，但也要善於決斷，成語曰：「作舍道旁，三年不成。」議論多而無決斷，也辦不成事情。

一七八

耕讀固是良謀❶，必工課❷無荒，乃能成其業；仕宦雖稱顯貴，若官箴❸有玷❹，亦未見其榮。

【注釋】❶良謀　好計謀；好辦法。❷工課　同「功課」。指從事某種職業必須做的工作。❸官箴　做官的紀律和戒規。❹玷　玷污；蒙受恥辱。

【語譯】以種田讀書為業固然是好主意，一定要不荒廢日常工作，才能成就事業；做官雖然顯赫尊貴，如果做官的操守被玷污，也不見得榮耀。

【研析】中國古代以耕讀為本業，是謀生的正道，無論是讀書還是農耕，都要持之以恆，才能有所收穫。讀書成其業，是為應試求仕，若科舉不中，學業就無成。農耕並不僅為溫飽，而是要創立家業，才算有所成就。做官固然顯赫，但要做好官不易，若做貪官、昏官，壞了名聲，只能蒙受恥辱。

一七九

儒者❶多文為富，其文非時文❷也；君子疾名不稱❸，其名非科名❹也。

【注釋】❶儒者　尊崇、學習儒家學說的人，後泛指讀書人。❷時文　古代科舉的應試文章，明清時期特指八股文。相對於科舉應試文章的散文，則通稱為古文。❸疾名不稱　擔心自己的名聲得不到傳揚。疾，憂慮；擔心。稱，稱譽；讚揚。❹科名　科舉功名。

【語　譯】讀書人以文章多為富有，這個文章不是應試文章；君子擔心名聲得不到傳揚，這個名聲不是科舉功名。

【研　析】古代的文章，分為古文和時文兩種，古文指帶有學術性和文學性的文章，時文是應付科舉考試的文章。古代文人認為古文能體現一個人的學問和才華，而時文只是躋身仕途的敲門磚。因此考中科舉的讀書人，做官之後不再作時文，他們編選自己的文集，大多只收古文而不收時文。時文，明代之後稱為八股文，受到題目和文體的限制，不能自由發揮自己的思想，也不能揮灑自如地表現自己的文采，因此受到許多有識之士的反對和抨擊，清末的變法維新，則將廢除八股文作為首要目標。然而平心而論，八股文對封建社會後期的文學有不可忽視的影響，周作人曾說過：「八股是中國文學史上承先啟後的一個大關鍵，假如想要研究或了解本國文學而不先明白八股文這東西，結果將一無所得。」明代的八股文尚有一些敢於發表自己意見的好文章，至清代則難覓其蹤了。君子珍惜聲譽，這聲譽來自道德文章，而不是靠科舉掙來的功名。

一八〇

「博學篤志，切問近思」❶，此八字是收放心❷的功夫；「神閒氣靜❸，智深勇沉❹」，此八字是做大事的本領。

【注釋】❶博學篤志二句　語出《論語・子張》：「博學而篤志，切問而近思，仁在其中矣。」意謂學問要廣博，志向要專一，虛心求教，深入思考。篤志，專心致志。篤，專一。切問，懇切地求教。近思，對於身邊習見之事作深入的思考。❷收放心　約束放縱散漫的心思。放心，散失不受束縛之心。❸神閒氣靜　也作「神閒氣定」，神情悠閒，心氣平靜。❹智深勇沉　智謀深遠，勇敢沉毅。

【語譯】「博學篤志，切問近思」，這八個字是約束放縱散漫之心的功夫；「神閒氣靜，智深勇沉」，這八個字是做大事情的本領。

【研析】「收放心」是中國古代哲學的一個命題，其意為將迷失的本心找回來。孟子主性善說，認為人天生就具備仁、義、禮、智的善端，但後世不注重修養，人們善良的本性就會迷失，「學問之道無他，求其放心而已矣」。明代王陽明提出心外無理，心之本體便是理，他所說的理，即是人倫物理。他把包含倫理道德的心稱為「良知」，人在日常生活中，良知被物欲所蒙蔽，就像鏡子蒙上灰塵，要通過修養功夫把迷失的良知找回，這個過程便是「致良知」，也就是「收放心」。王陽明主張通過靜處體悟的方法，克制自己的欲望，從而達到收放心的效果，他在〈與辰中諸生書〉中寫道：「前在寺中所云靜坐者，非欲坐禪入定，蓋因吾輩平日為事物紛拏，未知為己，欲以此補小學收放心一段工夫耳。」雖然王陽明表白他的靜坐與佛教坐禪不同，但他的靜坐體悟之法，與佛教禪宗的面壁靜坐，明心見性的修養功夫並沒有根本的區別。王陽明提倡靜坐體悟，本意是反對程朱理學格物致知的繁瑣複雜，卻容易陷於虛妄，因此遭到不少人的批評。本文將「博學篤志，切問近思」作為收放心的功夫，是調和程朱理學和陽明心學，將做學問的功夫用於個人的修養，只有通過努力學習，深入思考，才能明白事理，保持心地的純淨。

做大事者，要有臨危不懼、處驚不亂的素質，面對複雜困難的局面能冷靜應對，《三國演義》中諸葛亮在司馬懿大軍包圍下，獨守孤城，在城頭焚香撫琴，唱了一齣空城計，這便是神閒氣靜。做大事者必須智慧和勇敢兼備，勇敢指處事有決斷。有智慧而無決斷，遇事患得患失、猶豫不決，就會錯失良機，俗話說「當斷不斷，反受其亂」。有勇而無謀，就是魯莽行事，就像李逵殺人，只知痛快而不計後果。

一八一

何者為益友❶？凡事肯規❷我之過者是也；何者為小人？凡事必徇己之私❸者是也。

【注釋】❶益友　有益的朋友。❷規　規勸；告誡。❸徇己之私　曲從自己的私情，為了個人的情感和利益做不合法的事情。

【語譯】什麼是益友？不論什麼事情都肯規勸我的過失，這就是益友；什麼是小人？不論什麼事情總是曲從自己的私情，這就是小人。

【研析】孔子將朋友分為益友和損友，「益友有三：友直、友諒、友多聞；損友有三：友便辟、友善柔、友便佞」，使人受益的朋友有三種：正直不阿的朋友、寬宏大量的朋友、見多識廣的朋友；使人受損的朋友有三種：外表恭敬、善於逢迎而不正直的朋友、善於諂媚而不信實的朋友、善於口頭爭辯而無實學的朋友。與人相交，無功利目的，坦誠相見，在思想上互相幫助，在精神上互相鼓勵，若對方有過失，就直率地加以批評和勸告，使對方及時改正錯誤，這才是益友。

孔子在論述君子與小人的區別時說：「君子喻於義，小人喻於利。」君子講道義，而小人則看重一己之私利。小人為謀私利，可以背離道義不擇手段，可以趨炎附勢陽奉陰違，可以拉幫結派陷害好人，可以巧言令色弄虛作假，凡種種卑劣手段，皆出於追求個人利益的私心。現代觀念強調維護個人權益，並不反對人們用正當的手段追求個人利益，但人們在追求個人利益的時候，不應該損害他人和公眾的利益，損人利己的行為在任何時候都是要受到譴責和阻止的。

一八二

待人宜寬，唯待子孫不可寬；行禮宜厚，唯行嫁娶不必厚。

【語譯】對待他人應該寬容，只是對待子孫不可寬容；禮尚往來應該隆重，只是舉辦婚禮不必太鋪張。

【研析】「嚴以律己，寬以待人」，對自己嚴格要求，對別人寬容大度，是立身處世的重要原則，也是道德修養的體現，但這句話不適用於家庭教育。中國傳統的家庭教育都是「嚴」字當頭，有格言道「傳家有道惟存厚，教子無方只求嚴」，縱容子女貽害無窮，所謂「寵子未有不驕，驕子未有不敗」。對子孫嚴格要求，並不是用簡單粗暴的方法去對待子孫，顏之推說：「父母威嚴而有慈，則子女畏慎而生孝矣。」嚴慈相濟才是正確的教育方法。

中國是禮儀之邦，在人們交往中十分注重禮節，建立了包括婚喪嫁娶在內繁複的禮儀制度，並形成了鋪張奢華的習俗。沿至今日，結婚講排場的風氣依然，而且有增無已。「行禮宜厚，惟行嫁娶不必厚」，意為與人交往禮數應該周全，嫁娶之事不宜鋪張浪費。

一八三

事但觀其已然❶，便可知其未然❷；人必盡其當然❸，乃可聽其自然❹。

【注　釋】❶已然　既成事實；已經如此。❷未然　還沒有成為事實。❸當然　應當如此。❹聽其自然　任其自然發展，不加干涉。

【語　譯】只要觀察已經形成的事實，就可以知道還沒有發生的事情；一個人必須盡其所能做好該做的事情，至於結果如何就聽其自然了。

【研析】察古而知今，觀以往而知未來，《論語．為政》載：「子張問：『十世可知也？』子曰：『殷因於夏禮，所損益可知也；周因於殷禮，所損益可知也。其或繼周者，雖百世可知也。』」佛經說：「欲知過去因，見其現在果；欲知未來果，看其現在因。」任何事物都處於因果鏈上，歷史是時間的積澱，是在繼承傳統之中發展的，通過研究歷史可以知道其發展的方向和趨勢。

「人必盡其當然，乃可聽其自然」，語出呂坤《呻吟語》：「莊、列見得道理原著不得人為，故一向不盡人事。不知一任自然，成甚世界？聖人明知自然，卻把自然擱起，只說個當然，聽那個自然。」老莊哲學提倡自然無為，一切順其自然，反對用人力干擾事物的自由發展變化；以孔子為代表的儒家採取積極入世的人生態度，只要符合道義應該去做的事情，「知其不可為而為之」，只求努力而不問結果，這就是「謀事在人，成事在天」。

一八四

觀規模之大小，可以知事業之高卑；察德澤❶之淺深，可以知門祚❷之久暫。

【注釋】❶德澤　恩德；恩惠。❷門祚　家族的福運氣數。

【語譯】看規模的大小，可以知道事業的高下；看恩德的淺深，可以知道家族氣數的長短。

【研析】此處規模，指人物的才具氣概，唐袁郊〈甘澤謠〉云：「吾子無帝王規模，非將帥才略，乃亂世之雄傑耳。」看一個人的才具氣概，就可以知道他成就事業的大小，做大事業者，必有豪氣雄才。中國人常說「積善之家，必有餘慶」，只有行善積德，才能福壽綿延，門庭興旺。

一八五

義之中有利，而尚義❶之君子，初非計及於利也；利之中有義，而趨利❷之小人，並不顧其為害也。

【注釋】❶尚義　崇尚道義。❷趨利　追逐利益。

【語譯】道義中有利益，但崇尚道義的君子，起初並沒有考慮到謀求利益；利益中有道義，但追逐利益的小人，並不顧及追逐利益對道義的損害。

【研析】儒家歷來強調義利之辨，孔子首先提出「君子喻於義，小人喻於利」，君子指「勞心者」，即當時統治階級成員，以及學習統治道術的「士」，近似於現在的「知識分子」；小人指「勞力者」，即被統治的從事生產的勞動人民。孔子認為對君子應該曉之以義，要求他們遵循仁義道德，對小人應該動之以利，讓他們能夠生存發展。後人將君子理解為道德高尚的人，小人為卑鄙無恥之人，認為君子只講義，小人只謀利。其實孔子並不反對君子謀利，他說：「富而可求也，雖執鞭之士，吾亦為之。如不可求，從吾所好。」「富與貴，是人之所欲也，不以其道得之，不處也；貧與賤，是人之所惡也，不以其道得之，不去也。」孔子認為富貴合乎道就可以去追求，若不合乎道，就應該拒絕，「不義而富且貴，於我如浮雲」。義中有利，從大處講，封建的倫理道德能維護國家的安定，「苟利國家，生死以之」，這是最大的利益；從小處言，遵循義理，能給人以好名聲和社會地位，並帶來一定的物質利益，這也是利。然而君子行仁義，其初衷並不是為獲取好名聲和社會地位，若如此便違背仁義本意了。利之中有義，即「君子愛財，取之有道」，在獲取利益時不能觸犯道德底線。如今經商，也有商業道德，在追求利潤最大化時，不能違背商業道德。小人唯利是圖，完全不顧道義，對社會和他人具有極大的侵略性和破壞性。

一八六

小心謹慎者，必善其後❶，暢則無咎❷也；高自位置❸者，難保其終，亢則有悔❹也。

【注釋】❶善其後　善始善終，使事情有好的結果。❷暢則無咎　通達就沒有過失。咎，過失；罪過。❸高自位置　把自己放在很高的位置，即自我推許很高。❹亢則有悔　《周易・乾卦》：「上九，亢龍有悔。」孔穎達疏：「上九，亢陽之極，大而極盛，故曰亢龍，此自然之象。以人事言之，似聖人有龍德，上居天位，久而亢極，物極則反，故有悔也。」意謂居高位而不知謙退，則盛極而衰，不免敗亡之悔。亢，高傲、無禮。

【語譯】小心謹慎的人，一定會善始善終，通達事理就沒有過失；自視甚高的人，難以保持好的結局，高傲無禮就會帶來敗亡的悔恨。

【研析】小心謹慎的人，在做一件事情的時候，必然會做詳細的調查研究，了解事情的前因後果，因此能善始善終，取得很好的效果。自視甚高的人，誇大了自己的才能和長處，看不到自己的缺點和不足，往往眼高手低，把一切都看得很容易，做起事來掉以輕心，結果什麼事情也做不好，這就是「驕必敗」的道理。

一八七

耕所以養生❶，讀所以明道❷，此耕讀之本原❸也，而後世乃假❹以謀富貴矣；衣取其蔽體，食取其充飢，此衣食之實用也，而時人乃藉❺以逞❻豪奢矣。

【注釋】❶養生　保養生命；維持生計。❷明道　明白事理。❸本原　根源；根本。❹假　憑藉；依靠。❺藉　憑藉。❻逞　顯露；誇耀。

【語　譯】耕稼為了維持生計，讀書為了明白事理，這是耕稼讀書的本意，可是後世卻藉耕讀來謀取富貴了；衣服用來遮蔽身體，食物用來充飢，這是衣食的實際用途，可是現在的人卻藉衣食來炫耀豪華了。

【研　析】上古時代，種田為了吃飽肚子，讀書為了明白事理，後世許多人靠農耕發家，積累財產，成了地主富豪，讀書為了科舉，一旦考中便平步青雲，出人頭地。從此書作者看來，這是人心不古的表現，然而這是社會發展的必然結果。若種田僅能果腹，生產不能發展，財富不能積累，社會也就停滯不前。衣服最原始的功能是蔽體禦寒，到後來成為裝飾，具有了審美效果；食物的原始功能是充飢，到後來成為美食享受。古代歷來崇尚儉樸，隨著生產力的提高，經濟的發展，社會風尚趨向奢靡，明清之際尤其如此。屠隆《鴻苞》在論及明萬曆年間風尚之變時說，時人「薄本業而好冶游，家無擔石之儲而身披羅綺之服，出則縱飲博之樂，而入不問饔飧之需」。《金瓶梅詞話》是第一部以家庭日常生活為題材的長篇小說，小說詳盡地描寫了商人西門慶家庭的飲食起居，一席之間珍饈數十品，喝的酒就有幾十種，接待往來官員的宴席排場更大，動輒花費數百金。西門慶家中婦女的衣飾也極其華麗，如第十五回寫吳月娘等人正月十五日到李瓶兒家登樓觀燈，「吳月娘穿著大紅妝花通袖襖兒，嬌綠緞裙，貂鼠皮襖。李嬌兒、孟玉樓、潘金蓮都是白綾襖兒藍緞裙，李瓶兒是沈香色遍地金比甲，頭上珠翠堆盈，鳳釵半卸，鬢後挑著許多各色燈籠兒」，街上看燈的人指著她們紛紛議論「一定是那位公侯府裡出來的宅眷」「是貴戚皇孫家艷妾，來此看燈，如何內家裝束」。《紅樓夢》賈府的生活更為奢靡，已為大家所熟知。在許多人看來，風尚習俗之演變，是人心墮落，道德敗壞所致，是社會日趨腐敗沒落的標誌。

一八八

人皆欲貴也，請問一官到手，怎樣施行？人皆欲富也，且問萬貫纏腰❶，如何布置❷？

【注　釋】❶萬貫纏腰　即「腰纏萬貫」，隨身帶著很多錢，形容非常富有。語出梁殷芸《小說》：「有客相從，各言所志，或願為揚州刺史，或願多貲財，或願騎鶴上升。其一人曰：『腰纏十萬貫，騎鶴上揚州。』欲兼三者。」❷布置　安排；使用。

【語　譯】人都想顯貴，請問官位到手後，怎樣施行政務？人都想富足，試問腰纏萬貫的時候，如何安排錢財？

【研　析】做官地位顯赫，可是做官不易，並不是每個人都能做官的，若無德無才，做個昏官貪官，必無好下場。人都想富足，一旦腰纏萬貫，卻不知道如何處置財富，也是件痛苦的事情。有個故事，說有個窮人整天想發財，後來意外地獲得一大筆財富，卻不知道如何處置，日夜守著財富，白天怕人搶，夜晚怕人偷，惶惶不可終日，才覺得財富是累贅。財富能給人帶來幸福，處置不當，也會給人帶來災難，所以說「錢能福人，亦能禍人」。

一八九

文、行、忠、信❶，孔子立教之目❷也，今唯教以文而已；志道、據德、依仁、遊藝❸，孔門為學之序也，今但學其藝而已。

【注釋】❶文行忠信　文，指詩書禮樂等典籍。行，指行為的準則和方式。忠，指忠貞的信念。信，指誠信的品德。❷立教之目　教學的科目和內容。❸志道據德依仁游藝　語出《論語・述而》：「志於道，據於德，依於仁，游於藝。」志道，有志於學習、掌握道義。據德，根據道德行事。依仁，為人處世以仁為依據。遊藝，遊憩於六藝之中，後泛指學藝的修養。藝，指儒家的六藝，即禮、樂、射、御、書、數。

【語譯】學習詩書禮樂等典籍，掌握行為的準則和方式，樹立忠貞的信念，培養誠信的品德，這是孔子教學的科目和內容，如今只教人學習詩書禮樂罷了；立志探求道義，根據道德行事，依照仁處世，掌握六藝的技能，這是孔門學習的次序，如今只是學習六藝罷了。

【研析】《論語・述而》曰：「子以四教：文、行、忠、信。」孔子將文、行、忠、信作為教學的四個科目，文指書本知識，行指社會實踐，忠、信指道德修養。《論語・先進》將孔子教學分為德行、言語、政事、文學四門，「文學」與「文」對應；「德行」與「行」對應；「言語」指言而有信，與「信」對應；「政事」指忠於職守，與「忠」對應。孔子教育思想的宗旨是讀書以明理，增強道德修養，並應用於實踐。孔子的教育總綱是志道、據德、依仁、游藝，即首先要一心向道，立志高遠，達到人生最高境界，立志高遠須體現於實踐，為人處世皆要符合道德，而德行皆出於仁心。有了高遠的志向和道德修養，再學習具體的知識和技能，才能成為真正有用的人才。孔子的教育目的是培養德才兼備的人才，而德比才更為重要。後來儒家的教育思想，則以德業為本，以六藝為末，明代唐順之早年博學多聞，晚年一心向道，始覺六藝之學皆為虛耗精力之末學，他在〈與王堯衢書〉中說：「詩文六藝與博襍記問，昔嘗強力好之，近始覺其羊棗昌歜之嗜，不足饑飽于人，非古人切問近思之義，於是取程、朱諸老先生之書，降心而伏讀焉。」

一九〇

隱微之衍❶，即干❷憲典❸，所以君子懷刑❹也；技藝之末，無益身心，所以君子務本❺也。

【注釋】❶衍　過失。❷干　違反。❸憲典　法律；法典。❹君子懷刑　語出《論語・里仁》：「君子懷德，小人懷土；君子懷刑，小人懷惠。」懷刑，謂畏刑律而守法。❺君子務本　語出《論語・學而》：「君子務本，本立而道生。」務本，致力於根本。

【語譯】細微的過失，就可能觸犯了法律，所以君子畏懼刑律而守法度；無關緊要的技藝，對身心沒有益處，所以君子在根本上下功夫。

【研　析】「不矜細行，終累大德」，細微的過失，會導致嚴重的後果，故君子處世，戰戰兢兢，如臨深淵，如履薄冰，嚴格要求自己，「勿以惡小而為之」。儒家以德業為本，六藝為末，參見上一條。

一九一

士既知學，還恐學而無恆；人不患貧，只要貧而有志。

【語　譯】讀書人已經知道要學習，還怕學習沒有恆心；人不怕貧窮，只要窮得有志氣。

【研　析】學無止境，學習要刻苦持久，決不可淺嘗輒止，若半途而廢，學業便不能精進。「書山有路勤為徑，學海無涯苦作舟」，做學問無捷徑可走，只有堅持不懈的努力，才能有所成就。人不怕貧窮，只怕沒有志氣，有了志氣，就甘貧若飴，不會向世俗低頭；有了志氣，就會奮發圖強，通過自己的努力改變命運。

一九二

用功於內者，必於外無所求；飾美❶於外者，必其中無所有。

【注釋】❶飾美　打扮得漂亮、華美。

【語譯】在內在修養上下功夫的人，必定對於外在的形式無所追求；外表打扮得漂亮的人，必定內在空虛一無所有。

【研析】注重內心修養的人，崇尚自然不在乎外在的形式；只注重外表華美的人，內心必然空虛，就如俗話所說「繡花枕頭一包草」。古人提倡本色自然，反對虛偽巧飾，這裡牽涉到內容與形式的關係。儒家重質輕文，注重內容大於形式，言語要誠信，反對言過其實；文章要質實，反對虛辭浮飾；行為講踐行，反對華而不實；做人要誠信，反對巧言令色。道家更是將內容和形式相對立，提出「美言不信，信言不美」，認為真實的言語不加修飾，華麗的語言沒有真實的內容，並認為一切事物都不需要形式的裝飾。從社會而言，道家嚮往上古社會的質樸，認為禮樂制度都是不必要的累贅；從個人而言，強調率性而行，不在乎規矩禮數。內容和形式既對立又統一，互相依存而不可分割，內容能決定形式，形式也同樣能決定內容，因此只要內容不要形式的觀點是偏激的。

一九三

盛衰之機❶，雖關氣運❷，而有心者必貴❸諸人謀；性命之理❹，固極精微❺，而講學者必求其實用。

【注　釋】❶機　關鍵。❷氣運　氣數、命運。❸貴　重視。❹性命之理　研究天人關係和道德修養的哲學，後專指理學。❺精微　精深微妙。

【語　譯】事物盛衰的關鍵，雖然與命運相關，但有心人一定會重視人的謀劃；研究天人關係和道德修養的哲學，固然極精深微妙，但講學的人一定會注意它的實用性。

【研　析】古人相信天命，認為國家的治亂興衰、人事的休咎禍福都由上天主宰，人們只能服從命運的安排。孔子主張「知天命」、「畏天命」，提出「死生有命，富貴在天」，孟子說「莫之為而為者，天也；莫之致而至者，命也」，天命是人不可駕馭的事物變化規律。漢代董仲舒創立了「天人合一」和陰陽災異的複雜思想體系，更加突出天命不可違。荀子則將天命理解為具有必然性的自然法則，「天行有常，不為堯存，不為桀亡」，「天不為人之惡寒也輟冬，地不為人之惡遼遠也輟廣」，自然規律是不以人的意志為轉移的，但人們可以掌握自然規律，利用自然規律造福人類，「從天而頌之，孰與制天命而用之」。與孔、孟等人相比，荀子更重視人謀，即人的主觀能動性。

人們的行為不能違背自然規律，若違背自然規律必定會受到懲罰，如現在一些國家和地區，過度地開發自然，不注意環境保護，破壞了人與自然的和諧，於是產生了災難性的後果。但人在自然面前也不能消極無為，否則社會就不能發展，應該不斷地認識自然規律，利用自然規律，並有限度地改造自然。

性命之理，即性命義理之學，指宋代以來研究儒家經書義理，探究宇宙和心性本源以及萬物之理的道德形而上學，亦即北宋至明清時期的理學。在中國哲學中，孟子首先談性和命的關係，提出「存其心，養其性，所以事天也。夭壽不貳，修身以俟之，所以立命也」，認為命是在人事之外天所決定的，而性則是天道在人或物身上的具體體現。程頤說：「心即性也。在天為命，在人為性，論其所主為心，其實只是一個道。」宋儒又將性命與義理相結合，二程首先提出「性即理」的命題，程頤說：「性即理也，所謂理，性是也。」性即宇宙根本之理在人或物上的體現，並認為「在天為命，在義為理，在人為性，主於身為心，其實一也」，朱熹更直截了當地說：「只是這理，在天則曰命，在人則曰性。」性便是人「心中所有底道理」。程朱理學的性命義理之學，著重探討人與自然的關係、人性的本源，以及人的道德修養，其思辨日趨精深。然而程朱理學後期流於空談性命義理，只是在哲學的範疇和命題中兜圈子，其理論日益繁瑣而缺乏實踐性，因而王陽明創立心學，反對程朱理學的迂腐空疏，更加重視理論的實用意義。曾國藩則提出「章句、義理、事功」，將性命義理之學落實到安邦治國的事功上。

一九四

魯❶如曾子❷，於道獨得其傳，可知資性❸不足限人也；貧如顏子❹，其樂不因以改，可知境遇不足困人也。

【注釋】❶魯　遲鈍；笨拙。❷曾子　名參，字子輿，春秋戰國人。孔子弟子，是孔子學說的主要繼承人和傳播者，被後世尊為「宗聖」。❸資性　資質、天性。❹顏子　名回，字子淵。孔子弟子，以德行著稱。《論語．雍也》說他「一簞食，一瓢飲，在陋巷，人不堪其憂，回也不改其樂。」

【語譯】愚笨如曾子，卻能獨得道的真傳，可知天資不足以限制一個人的成就；貧困如顏子，他的快樂並不因此有所改變，可知境遇不足以令人困苦。

【研析】曾參十六歲時從學於孔子，孔子對他的評價是「參也魯」，即認為他反應遲鈍。曾子並不因此消沉，而是刻苦學習，頗得孔子真傳。曾參積極傳播儒家思想，聚徒講學，孔子的孫子孔伋（子思）是他的學生，孔伋又將學問傳授給孟子，因此曾參上承孔子之道，下啟思孟學派，在儒家文化中具有承上啟下的重要地位。曾參還將孔子的言行整理成《論語》，並著有《大學》、《孝經》等儒家經典。曾參以他對儒家文化的傑出貢獻，與孔子、顏子、子思、孟子並稱為五大聖人，後世儒家尊其為「宗聖」。曾參的例子說明，天性愚鈍的人，只要刻苦學習，照樣可以在事業上取得成功。一個人的成就主要靠後天的努力，而不是取決於天資的高下。

顏回是安貧樂道的典範，他面臨貧困窘迫的生活，始終保持著樂觀的心情，因為他注重內心修養，致力於對仁德的追求，生活環境的好壞對他並無影響。他的快樂是與物質無關的悟道之樂，因此無論貧富都能自得其樂，正如本書第一九二條所言：「用功於內者，必於外無所求。」

一九五

敦厚❶之人，始可託大事，故安劉氏❷者，必絳侯❸也；謹慎之人，方能成大功，故興漢室者，必武侯❹也。

【注釋】❶敦厚　忠厚誠實。❷劉氏　指漢朝的劉氏宗室。❸絳侯　指周勃。周勃從劉邦起事，是漢朝的開國功臣，封絳侯。《史記·高祖本紀》載劉邦臨終前說：「周勃厚重少文，然安劉氏者必勃。」劉邦死後，惠帝即位，呂后主政，諸呂掌權。呂后死後，周勃與陳平等共誅諸呂，迎文帝即位。❹武侯　即諸葛亮，三國時蜀漢丞相，死後謚忠武侯。諸葛亮跟隨劉備打天下，後輔佐劉禪治理蜀漢，兢兢業業，小心謹慎，後人有詩曰：「諸葛一生唯謹慎，呂端大事不糊塗。」

【語譯】忠厚誠實的人，才可以託付大事，所以安定劉氏天下的人，一定是絳侯周勃；謹慎的人，才能夠成就大功業，所以使蜀漢興盛的人，一定是武侯諸葛亮。

【研　析】敦厚的人講誠信，為人辦事忠心耿耿，不會因夾雜私念而壞事；敦厚的人沒有沽名釣譽之心，辦事踏實可靠；敦厚的人真心待人，也能得到朋友的幫助；敦厚的人遇事不輕易作決定，一旦作出決定就勇往直前，因此敦厚的人是可以託付大事的人。小心謹慎指做事前要深思熟慮，考慮到事情的各種可能性，並設想好應對的方案，做起事來認真負責，不放過每一個細節，這是事業成功的必要條件。

一九六

以漢高祖❶之英明，知呂后必殺戚姬❷，而不能救止❸，蓋其禍已成也；以陶朱公❹之智計，知長男必殺仲子❺，而不能保全，殆❻其罪難宥❼乎？

【注　釋】❶漢高祖　西漢開國皇帝劉邦。❷知呂后必殺戚姬　呂后，劉邦的皇后呂雉，劉邦死後主持朝政。戚姬，劉邦的寵姬戚夫人，趙王如意之母。劉邦屢次欲廢太子，立如意，戚夫人因此為呂后所忌恨。劉邦死後，呂后毒死趙王如意，截斷戚夫人手足，挖去雙眼，飲以啞藥，置於廁中，名曰「人彘」。❸救止　解救阻止。❹陶朱公　春秋時越國大夫范蠡，輔佐越王句踐復國滅吳，功成身退，居定陶，自稱朱公，以經商致富。後以「陶朱公」稱富者。❺知長男必殺仲子　史載范蠡次子在楚國殺人被治罪，范蠡派長子帶贖金去救次子。范蠡明知長子向來愛惜錢財，因捨不得花錢而辦不成事情，但還是派他去了。結果次子未能得救而被殺。仲子，次子。古代常以伯、仲、叔、季為兄弟的排行。❻殆　大概；可能。❼宥　寬宥；饒恕。

【語　譯】以漢高祖的英明，知道呂后必定會殺戚姬，但不能解救戚姬阻止呂后，大概禍端已經形成了；以陶朱公的智謀，知道長子必定會殺仲子，但不能保全仲子，大概他的罪過難以寬恕吧？

【研　析】劉邦寵愛戚夫人，屢次欲廢呂后所生太子劉盈，立戚夫人之子趙王如意為太子，因群臣反對而作罷，戚夫人因此為呂后所忌恨。呂后為鞏固劉盈的太子地位，問計於張良，張良提議請享有盛名的商山四皓來輔佐劉盈。劉邦見劉盈身邊有商山四皓追隨，對戚夫人說：「我想換太子，大臣們極力反對，商山四皓我請都請不到，現在卻輔佐太子。沒有辦法，太子劉盈羽翼已成，難以更動了。日後我去了，呂后就是你的主人。」劉邦知道自己死後，呂后會對戚夫人不利，便派周昌擔任趙王的丞相，保護如意的安全。劉邦死後，十七歲的劉盈繼位，呂后以皇太后的身分臨朝參政，用極其殘酷的手段將戚夫人折磨致死。劉邦明知呂后會對戚夫人不利，卻無法阻止，因為呂后精明強幹，足智多謀，隨劉邦征戰多年，在大臣中很有威信。劉邦做皇帝後，很多政務都要聽取呂后的意見，呂氏家人又掌握了朝廷的軍政大權，因此劉邦雖然寵愛戚夫人，卻不能讓戚夫人取代呂氏的皇后地位，只能用廢立太子的辦法，立如意為太子，將來繼承皇位，「母以子貴」，就能保證戚夫人的安全。誰知劉盈羽翼已成，如意當不了太子，繼承不了皇位，註定了戚夫人母子的悲慘下場。

范蠡是春秋時期著名的政治家和富商。他輔佐句踐興越國，滅吳國，功成名就之後急流勇退，泛舟五湖之中，遨遊七十二峰之間。歸隱期間，經商成為巨富，自號「陶朱公」。世人稱讚他「忠以為國，智以保身，商以致富，成名天下」。據《史記》載：范蠡在經商的時候，次子因殺人被囚禁在楚國。范蠡說：「殺人償命，該是如此，但我的兒子不該死於大庭廣眾之下。」於是派少子帶一車黃金前去探視，可是長子堅持要去，並以自殺相威脅，范蠡只好同意。過了一段時間，長子回家說次子已被處死，家人都很悲哀，唯有范蠡笑著說：「我早知道次子會被殺，不是長子不愛弟弟，是有所不能忍也！長子知道為生的艱難，不忍捨棄錢財，次子被殺是情理中的事情，無足悲哀。」以范蠡的智謀，明知長子救不了次子，還是派長子前往楚國經營此事，也許是因為范蠡覺得殺人償命，次子該死。

以劉邦之英明，不能阻止呂后殺戚姬，說明對於禍患應防微杜漸，將問題消滅在萌芽狀態，若開始掉以輕心，事態發展得嚴重了，就難以收拾，古人說「杜漸防萌，慎之在始」，「道自微而生，禍自微而成」，「禁微則易，救末者難」。人莫不忽於微細，以致其大」。以范蠡之智謀，不能保全兒子的性命，是因為他懂得凡事應順理而行，若道理上行不通的事情，就不能勉強去做。

一九七

處世以忠厚人為法，傳家得勤儉意便佳。

【語譯】立身處世當以忠厚人為榜樣，把勤儉的觀念傳給子孫就好了。

【研析】明代理學家薛瑄說：「深以刻薄為戒，每事當從忠厚。」忠厚是立身之本。為人忠厚，沒有非分之想，不圖意外之財，安守本分做好應該做的事情；為人忠厚，與人相交講誠信，不虛偽不欺詐；為人忠厚，寬容大度，不計較得失是非。忠厚既是必須堅守的道德底線，也是很高的精神境界。

勤儉是治家之本，古人家訓多強調以勤儉治家，司馬光〈訓儉示康〉說：「顧人之常情，由儉入奢易，由奢入儉難。……家人習奢已久，不以頓儉，必致失所。」姚舜牧《藥言》說：「居家之要，在勤儉二字。」「人常咬得菜根，則百事可做；嬌養太過的，好看不中用。」呂坤〈孝睦房訓辭〉說：「傳家兩字，曰耕與讀；興家兩字，曰儉與勤。」袁采《袁氏世範》對勤儉治家的論述更為詳盡深刻：「勤與儉，治生之道也。不勤則寡入，不儉則妄費。寡入而妄費則財匱，財匱則苟取，愚者為寡廉鮮恥之事，黠者入行險僥倖之途。生平行止，于此而喪；祖宗家聲，于此而墜，生理絕矣。」勤能致富，儉能節財，惟勤儉能發家致富，保持家族興盛。勤儉還關係到人的道德修養，勤儉本身就是美德，而且能培養吃苦耐勞、積極上進、安守本分等優良品德。

一九八

紫陽補《大學》「格致」之章[1]，恐人誤入虛無，而必使之即物窮理❷，所以維正教❸也；陽明取孟子良知之說❹，恐人徒事記誦，而必使之反己省心❺，所以救末流❻也。

【注　釋】❶紫陽補大學句　指朱熹對《大學》中有關「格物致知」論述的補充和解釋。南宋理學家朱熹，晚年主講紫陽書院，人稱紫陽先生。朱熹撰有《四書集注》，包括《大學章句》、《中庸章句》、《論語集注》、《孟子集注》。《大學》本是《禮記》中的一篇，宋人將其從《禮記》中抽出來，與《中庸》、《論語》、《孟子》合稱「四書」。《大學》是儒學的入門讀物，其中提及學習的途徑和方法，強調「致知在格物」，通過對具體事物的探討掌握普遍的道理。格致，格物致知的略語。❷即物窮理　通過具體事物掌握真正的道理，即「格物致知」。❸正教　正統名教。❹陽明取孟子句　意謂明代理學家王守仁吸取孟子「良知」之說，創立陽明心學。王守仁，字伯安，浙江餘姚人，明弘治十二年進士，官至南京兵部尚書。以其曾築室於故鄉陽明洞，人稱陽明先生。《孟子·盡心》提出：「人之所不學而能者，其良能也；所不慮而知者，其良知也。」孟子把「良知」視作人類先天就具有的道德意識。陽明心學以心為本，人謂「心即理」，「良知」是心的本體，人們的道德修養就是「致良知」，保持心中的良知，不讓其流失。❺反己省心　反省自己的本心。❻末流　流弊，指敗壞的風氣習俗。

【語　譯】紫陽補充說明《大學》中關於「格致」的章節，恐怕人們陷入空談不實的境地，而務必使他們通過具體的事物掌握真正的道理，目的在於維護正統的教義；陽明吸取孟子關於良知的學說，恐怕人們只知道背誦教條，而務必使他們反省自己的本心，目的在於補救世風之弊。

【研　析】「格物致知」是中國古代哲學的重要命題，儒家經典《大學》首先提出：「古之欲明明德於天下者，先治其國；欲治其國者，先齊其家；欲齊其家者，先修其身；欲修其身者，先正其心；欲正其心者，先誠其意；欲誠其意者，先致其知，致知在格物。」格物在於明辨事物，只有明辨事物才能得到正確的認識，有了認識才能意念誠實，然後才能思想端正。只有具備了以上的條件，自身的修養才能提高，然後才能達到治國平天下的政治目標。朱熹認為《大學》有關「格物致知」的論述有闕文，在《大學章句》中作了補充：「蓋釋格物致知之義，而今亡矣。間嘗竊取程子之意以補之曰：所謂致知在格物者，言欲致吾之知，在即物而窮其理也。蓋人心之靈莫不有知，而天下之物莫不有理。惟於理有未窮，故其知有不盡也。是以大學始教，必使學者即凡天下之物，莫不因其已知之理，而益窮之，以求至乎其極。至於用力之久，而一旦豁然貫通，則眾物之表裡精粗無不到，而吾心之全體大用無不明矣。此謂格物，此謂知之至也。」對於格物致知的解釋，歷來眾說紛紜，明末劉宗周說：「格物致知說，古今聚訟有七十二家。」用最淺近的語言來解釋，格物致知就是通過對具體事物的研究獲得知識和真理。朱熹認為世上所有的事物都體現一定的道理，這道理便是天理，而人本來就有先驗的知識和經驗，朱熹主張以天下事物所體現的天理，來印證吾心所固有的知識和經驗，這便是所謂「合內外之理」。朱熹的格物致知，雖然包含物理，但主要內容是「窮天理、明人倫、講聖言、通世故」的倫理道德，更注重道德修養的實踐。朱熹的格物致知之說，具有實事求是的實踐精神，是對漢代經學家只知解釋經書字義而不聯繫實際的批評。朱熹的學說，在南宋曾被視作偽學而遭禁，至元明兩代，朱熹的《四書集注》成為學校的教科書和科舉考試的標準答案，朱熹的學說也就成為儒學的主流思想，而被尊奉為正學。

朱熹主張隨時隨地格物，並制定了許多繁瑣的教條，士人為應付科舉考試，只知記誦朱熹的《四書集注》，而丟棄了朱熹學說本有的實踐精神。王陽明早期也接受了朱熹的哲學觀點，曾按照朱熹所說的「格物致知」的道理，去格父親官署庭中的竹子，結果竹子的道理沒有悟出來，他反而病倒了。王陽明開始感覺到朱熹的學說不可靠。王陽明通過長期的政治和學術活動，越發感覺到朱熹學說的「支離決裂」，程朱理學只能培養出思想上僵化、學術上空疏、道德上虛偽的庸劣之輩，於是創立心學，對朱熹的學說作出批評和修正。陽明心學的核心理論是「致良知」，錢德洪〈王文成公全集序〉曰：「惟文成公奮起聖遠之後，慨世之言致知者，求之於見聞，而不可與酬酢，不可與佑神。於是取孟子所謂良知，合諸《大學》，以為致良知之說。」陽明用孟子的「良知」來解釋《大學》的格物，創立了「致良知」的理論。「良知」這一概念淵源於孟子，孟子說：「人之所不學而能者，其良能也；所不慮而知者，其良知也。」王陽明提出「心外無理」，「良知者，心之本體」，與孟子一樣，陽明將「良知」視作先驗的道德意識，是人性固有的至善。人們在日常生活中，本心被私欲所蒙蔽，良知隨之丟失，只有通過道德的自我完善，才能去除私欲，把丟失的良知尋找回來，這就是「致良知」的修養工夫。陽明還提出「知行合一」之說，提倡道德意識與道德行為的統一，強調「言行一致」，「篤實躬行」。王陽明的「知行合一」說是針對朱熹的「知先行後」論提出來的。朱熹將知和行割裂開來，形成了道學家空談義理，不幹實事，言行脫節的弊病，陽明心學即為補救朱學末流之弊而創立的。

一九九

人稱我善良則喜，稱我兇惡則怒，此可見兇惡非美名也，即當立志為善良；我見人醇謹❶則愛，見人浮躁則惡，此可見浮躁非佳士也，何不反身❷為醇謹。

【注釋】❶醇謹　醇厚謹慎。❷反身　自我檢束，加強自身的道德修養。

【語譯】別人說我善良就高興，說我兇惡就惱怒，由此可見兇惡不是好名聲，就應當立志做個善良的人；我見別人醇厚謹慎就喜歡，見別人輕浮急躁就厭惡，由此可見輕浮急躁的人不是優秀人士，為什麼不自我檢束做個醇厚謹慎的人。

【研析】人性本向善，因此人稱我善良則喜，稱我兇惡則怒，然而有人為私欲所蒙蔽，迷失了本性，為追求名利不惜損人利己，甚至做出傷天害理的事情。若要好名聲，便當立志行善，然而對某些人來說，實利比名聲更為重要，用好名聲來勸導這些人改惡從善是沒有說服力的。忠厚誠實的人辦事踏實，寬厚待人，能贏得人們的尊重；心浮氣躁的人自以為是，盛氣凌人，容易得罪人。忠厚是立身之本，人人應該做個忠厚的人，但在競爭激烈的社會中，許多人為追逐功名利祿，不免心浮氣躁，總想走捷徑圖便宜，以最小的付出得到最大的回報，這些人自以為聰明，說什麼「忠厚乃無用之別名」，實為道德之缺失。

二〇〇

處事要寬平❶，而不可有鬆散之弊；持身❷貴嚴厲，而不可有激切❸之形。

【注釋】❶寬平　寬鬆平穩。❷持身　立身修身。❸激切　激烈急迫。

【語譯】處理事情要寬鬆平穩，但不可有鬆懈怠慢的弊病；立身修身貴在嚴厲，但不能表現得激烈急迫。

【研析】孔子說「過猶不及」，凡事都有個限度，做得過分和做得不夠都不合適，這就是儒家的「中庸之道」。處事要從容不迫，操之過急會壞事，但太過從容，就變成鬆散拖沓，同樣辦不好事情。做人應該嚴厲，體現在嚴格要求自己，一絲不苟，做事堅持原則，不徇私情，但不能表現得激烈極端。嚴厲並非不講人情，做事不知變通，寬嚴相兼，剛柔並濟，才是完美的為人處世之道。世上的事情都有兩面性，正確掌握分寸，做得恰到好處，是高超的生活藝術。

二〇一

天有風雨，人以宮室蔽之，地有山川，人以舟車通之，是人能補天地之闕❶，而可無為乎？人有性理❷，天以五常❸賦之，人有形質❹，地以六穀❺養之，是天地且厚人之生也，而可自薄❻乎？

【注　釋】❶闕　過失；缺陷。❷性理　人性天理。❸五常　指仁、義、禮、智、信五種道德規範。❹形質　形體。❺六穀　指稻、黍、稷、粱、菽、麥。❻自薄　看輕自己。

【語　譯】天有風雨，人用宮室遮蔽風雨，地有山河，人用車船穿越山河，人能彌補天地的缺失，怎麼可以無所作為呢？人有天性，上天賦予人仁、義、禮、智、信，人有形體，大地用六穀養育人，天地尚且厚待人的生命，人可以妄自菲薄嗎？

【研　析】荀子說：「從天而頌之，孰與制天命而用之。」人在自然面前不是無能為力的，而是能夠改造自然，造福於人類。宋明理學認為，人的本性就具有道德意識，綱常倫理是與生俱來的。上天既在精神上賦予人以道德意識，又給人以六穀以養生，人們應該在精神上加強道德修養，在生活上保養自己的身體，不辜負上天賜予人類的優越條件。

二〇二

人之生也直❶，人苟❷欲生，必全其直；貧者士之常❸，士不安貧，乃反其常。進食需箸❹，而箸亦只悉隨其操縱所使，於此可悟用人之方；作書需筆，而筆不能必其字畫之工，於此可悟求己之理。

【注釋】❶直　正直；正義。❷苟　假如；如果。❸常　規律；通例。❹箸　筷子。

【語譯】人生下來是正直的，人假如出生到世上，一定要保持正直的姿態；貧困是讀書人的常例，讀書人不安於貧困，就是違反了常理。吃飯需要筷子，筷子只是聽從人的操縱被使用，由此可以領悟到用人的方法；寫字需要筆，但筆不能保證字寫得精妙，由此可以領悟到凡事還是要靠自己的道理。

【研析】胎兒在娘肚子裡是踡曲的，出生的時候身體就變直了，從人性上講，儒家認為人具有正直的天性，人只有保持正直的天性，生命才有意義。讀書人經常處於貧困的處境，因此應該安貧樂道，若不甘於貧困，就失去了讀書人應有的節操。筷子受人操縱，若操縱得當，使用起來就得心應手，用人也要得法，要讓人才為自己驅使。筆是寫字的工具，寫字離不開筆，但字寫得好不好，還在寫字的人，做事情必須要有一定的條件，但能否成功，主要取決於自己的主觀努力。此條從具體的事例中悟出人生的哲理，就是朱熹所說格物致知的工夫。

二〇三

家之富厚者，積田產以遺子孫，子孫未必能保，不如廣積陰功❶，使天眷❷其德，或可少延；家之貧窮者，謀奔走以給衣食，衣食未必能充足，何若自謀本業，知民生❸在勤，定當有濟❹。

【注釋】❶陰功　即陰德，暗中有德於人的功業。❷眷　顧念；關注。❸民生　指民眾的生計、生活。❹有濟　有益；有用。

【語譯】家庭富裕的人，積累田產留給子孫，子孫未必能守住。不如廣積陰德，使上天顧念他的德行，或許可以稍為延長家業；家庭貧窮的人，思謀四處奔走求人供應衣食，衣食未必能充足，哪裡比得上從事自己的本行，知道生計在於勤勞，一定會有所收益。

【研析】古人說「富貴之家，三世而斬」，意思是說富貴的家庭，到了第三代就敗落了。古人又說「遺子黃金滿籯，不如教子一經」，給子孫留下豐厚的遺產，不如培養他們成為德才兼備的人

271 者厚富之家

才。如果不注重家庭教育，財產越多，越容易產生驕奢淫逸的紈絝子弟，遲早會將家產揮霍得一乾二淨。古人又說：「積善之家，必有餘慶。」行善積德的家庭，必然興盛，並造福子孫。古人相信因果報應之說，認為行善必有福報，且能庇蔭子孫。且不論報應之說是否真實，從家庭教育而言，家長廣做善事，子弟受其影響，成為一個宅心仁厚的有德之士，就能繼承家業，廣大門楣。

「謀奔走以給衣食」，一指貧窮的讀書人，考不中科舉謀不到出路，於是投身權貴門下作幕僚，以此解決生計問題。也有的人到處打秋風，結交勢要權貴，以自己的學問才藝博取主人的歡心，以此謀取衣食之資，在明清時期形成了一個被稱為「山人」的特殊群體，明代的謝榛、陳繼儒就是這樣的名山人。一指棄農經商者。明代後期，商品經濟日益發展，許多人棄農經商，離開鄉村湧入城鎮，何良俊《四友齋叢說》提及萬曆年間社會現象時說：「余謂正德以前，百姓十一在官，十九在田，蓋因四民各有定業，百姓安于農畝，無有他至。……昔日逐末之人尚少，今去農而改業為工商者三倍於前矣。昔日原無游手之人，今去農而游手趁食者又十之二三矣。大抵以十分百姓言之，已六、七分去農。」中國古代以耕讀為本業，士人讀書求功名，百姓以農耕致富，方是正當的職業。士人奔走豪門，仰人鼻息，棄農經商，難避風險，只有勤事本業，方能衣食無憂。各安本業，對於維護古代社會秩序的穩定是必要的，然而在日益多元化的現代社會，城鎮化規模不斷擴大，不可能再將人們固定在黃土地上，人們選擇職業的自由也越來越多，過分強調各安本業，就不合時宜了。

二〇四

言不可盡信，必揆❶諸理；事未可遽行❷，必問諸心。

【注　釋】❶揆　判斷；衡量。❷遽行　倉猝行動。遽，倉猝；匆忙。

【語　譯】言語不能完全相信，一定要用理來判斷；事情不能倉猝地做，一定要先問自己的心。

【研　析】不能輕信別人的話，一定要通過分析做出自己的判斷，他人所說是否真有道理，輕信人言要付出沉重的代價。吳王夫差滅越後，輕信伯嚭的話，讓句踐回到越國，結果句踐「十年生聚，十年教訓」，最終完成復國大業，夫差戰敗自殺。項羽設鴻門宴欲殺劉邦，結果聽信了項伯的話，放走劉邦，最終落得個烏江自刎的下場。在現實生活中，輕信人言而受損失的事例就更多。現在是信息爆炸的網路時代，網路上充斥著許多欺騙和謊言，稍不留神便會上當受騙，網路詐騙就是利用人們輕信的弱點而得逞的。

《孫子兵法》曰「謀而後動」，做任何事都要深思熟慮，不可魯莽草率。做一件事，事先要想好該不該做，怎樣去做，在做的過程中會遇到什麼問題，只有設想周全，才能少走彎路，提高成功的機率。當然，做一件事，尤其是比較複雜的事情，不可能事先設想得面面俱到，有些問題只有在進行的過程中才暴露出來，需要有應變的能力隨時加以解決，但走一步看一步，摸著石頭過河的方法，在通常情況下是不可取的。

二〇五

兄弟相師友，天倫之樂❶莫大焉；閨門❷若朝廷，家法❸之嚴可知也。

【注釋】❶天倫之樂　家庭中親人團聚的樂趣。天倫，指父子、兄弟等親屬關係。❷閨門　內室之門，泛指家門、家庭。❸家法　治家的禮法，家庭成員必須遵守的禮儀和規矩。

【語譯】兄弟之間互為師友，天倫之樂是最大的；家庭如同朝廷，家法的嚴厲可想而知。

【研析】《弟子規》說：「兄道友，弟道恭，兄弟睦，孝在中。」兄弟和睦就不會讓父母操心，整個家庭其樂融融，這也是對父母的孝順。古代有許多兄弟友愛的故事，最著名的是「姜肱大被」。漢朝姜肱有兩個弟弟，三人非常友愛，天天在一起讀書、玩耍，晚上睡在一起，合蓋一床大被。他們長大後，各自成家立業，還經常像小時候那樣三人睡在一起。有一次姜肱與弟弟去京城，路上遇到劫賊，手裡拿著匕首欲行兇，姜肱擋在前面，說：「弟弟還小，你就殺我吧，放弟弟一條生路。」弟弟說：「你不能傷害我哥哥，還是殺我吧。」盜賊似乎被他們兄弟情深所感動，只是搶了些財物，並沒有傷害他們。古人家庭觀念很重，非常珍惜親情，現代社會物質豐富了，人情卻淡薄了。許多兄弟為爭家產反目成仇，告上法庭爭吵不休，都是為利而丟棄了親情。當今不少學者主張復興儒學，繼承傳統，在一定程度上是希望找回丟失的人性親情。

古人說修身齊家治國平天下，把齊家與治國相聯繫，因為家庭是社會的縮影，國家是個大家庭，齊家與治國規模不同，但道理是貫通的，管理不好家庭，也無法治理好國家。古人重視家法，制定了嚴格的家訓族規，具體規定了哪些事情能做，哪些事情不能做，而其精神不外乎儒家的倫理道德。

二〇六

友以成德❶也，人而無友，則孤陋寡聞，德不能成矣；學以愈❷愚也，人而不學，則昏昧❸無知，愚不能愈矣。

【注釋】❶德 指德業，德行與功業。❷愈 醫治；治愈。❸昏昧 愚昧；糊塗。

【語譯】朋友可以幫助成就德業，人沒有朋友，就變得孤陋寡聞，德業就不能成就；學習可以醫治愚昧，人不學習，就愚昧無知，愚昧的毛病就不能醫治了。

【研析】孔子說：「三人行，必有我師。」與友相交，能學習對方的長處，彌補自己的不足。「他山之石，可以攻玉」，一個人的見識終究有限，若能集思廣益，則可增長閱歷，豐富知識，使自己不斷進步。知識使人聰明，不學習就愚昧無知，這是人們習知的道理。學習應該是廣義的，不僅是學習書本知識，還要向他人學習，向生活學習。死讀書不是真正的學習，缺乏實踐經驗的書本知識是不完全的知識。蘇軾說「人生識字糊塗始」，就是針對死讀書的人而說的。

二〇七

明犯國法，罪累豈能幸逃；白得人財，賠償還要加倍。

【語譯】公開地觸犯國家法律，罪行越積越多，怎麼能僥倖逃脫懲罰；無償地獲取他人的財富，還要加倍賠償。

【研析】「天網恢恢，疏而不漏」，人若犯罪，必將受到法律制裁，即使能僥倖逃脫一時，也逃脫不了一世。財富要靠自己勞動獲得，「不義而富且貴，視之如浮雲」，不勞而獲是可恥的，非法攫取他人財產，不僅不道德，還會觸犯法律，成為罪犯。比如有人貪污受賄，事發鋃鐺入獄，圖一時之財，留終身憾恨，便是貪小失大，何止是加倍償還。

二〇八

浪子回頭，仍不慚❶為君子；貴人失足❷，便貽笑❸於庸人。

【注　釋】❶不慚　無愧；不愧。❷失足　站立不穩，不慎跌倒。比喻墮落或犯錯誤。❸貽笑　見笑；被人笑話。

【語　譯】浪子回頭，依然不失為君子；貴人墮落，就要被平常人嘲笑。

【研　析】俗話說「浪子回頭金不換」，浪子一旦悔悟，痛改前非，因為有了以往的教訓，做人更加謹慎，做事更加努力，就可以成為有德之士，一個有用的人才。唐代蘇渙，年輕時以盜竊、搶劫為生，因使用一副白色弓弩，巴蜀一代商旅深受其害，稱之為「白跖」（跖指盜跖）。後來，他「自知其非，變節從學」，考中進士，官至御史。韋應物在〈逢楊開府〉詩中敘述了自己浪子回頭的經歷，說他年輕時飛揚跋扈，橫行鄉里，藏過逃犯，還設局招賭，與女子偷情。後來他刻苦讀書，學習作詩，最終成為唐代著名詩人。有權有勢的人，往往盛氣凌人，還擺出一副道貌岸然的樣子蒙蔽世人，一旦失足犯錯，就會被人嘲笑。貴人由於社會地位特殊，更為大眾關注，因此行事尤須謹慎，否則一旦有出格的事情，便會成為眾口嘲罵的新聞。現在有些明星，不時傳出緋聞，成為公眾議論的焦點，若這些事情發生在一般民眾身上，也就無人關心了。

二〇九

飲食男女，人之大欲存焉❶，然人欲既勝❷，天理或亡。故有道之士❸，必使飲食有節❹，男女有別❺。

【注釋】❶飲食男女二句　意謂吃飯喝水、男女情愛是人類最基本的需求。語出《禮記・禮運》：「飲食男女，人之大欲存焉；死亡貧苦，人之大惡存焉。」大欲，最主要的欲望。❷勝　同「盛」。興盛；旺盛。❸有道之士　指有道德修養的人。❹節　節制。❺男女有別　意謂男女性別不同，應遵守禮法，不能隨意交往。

【語譯】吃飯喝水、男女情愛，是人類最主要的欲望，然而人欲旺盛了，天理就會淪喪。所以有道德修養的人，飲食有節制，男女有區別。

【研析】飲食男女是人的基本生理需求，宋明理學並不否定人的基本欲望的合理性，只是反對人們過度地追求欲望的滿足，認為過分的享樂會引起道德的敗壞，甚至會觸犯法律，因此提出「滅人欲，存天理」的命題，認為只有節制欲望，才能實現道德的完善。宋明理學提出「滅人欲，存天理」，有其合理的一面，節儉是美德，追求奢靡的生活，必然會導致道德的墮落，在生產力低下、物質不夠豐富的古代社會，提倡節儉也是社會穩定的必要措施。然而，宋明理學用倫理道德限制人們的思想和言行，用封建禮教規範人們的生活欲望，嚴重扼殺人的個性，製造了許多人間悲劇。比如宋代之前，寡婦再嫁是常事，也不反對婦女改嫁，到了宋代，自理學家提出「餓死事小，失節事大」，寡婦再嫁被視作可恥之事，為社會所不容，這樣的封建禮教吞噬了多少女子的青春和生命，因此清代顏元說禮教吃人。

二一〇

《東坡志林》❶有云：「人生耐貧賤易，耐富貴難；安勤苦易，安閒散❷難；忍疼易，忍癢難。能耐富貴、安閒散、忍癢者，必有道之士也。」余謂如此精爽之論❸，足以發人深省，正可於朋友聚會時，述之以助清談❹。

【注釋】❶東坡志林　宋代著名文學家蘇軾所著的筆記。❷安閒散　安樂閒散，多指官職或衙門清閒少事。❸精爽之論　精當豪爽的言論。精爽，神清氣爽。❹清談　此處指閒談。

【語譯】《東坡志林》說：「人生能耐得住貧賤容易，耐得住富貴困難；安於勤苦容易，安於閒散困難；忍受疼痛容易，忍受搔癢困難。能耐得住富貴、安於閒散、忍受搔癢的人，一定是有道德修養的人。」我說如此精當直爽的言論，足以啟發人們深刻思考，正可以在朋友聚會時，引用這樣的言論來增加閒談的興致。

【研　析】一個人身處貧賤的境地，若不能改變現狀，只得忍耐，久了也就習慣，若處於富貴的境地，可以利用權勢為所欲為，要嚴於律己，堅守節操就不容易。有些人在貧賤的時候能安分守己，一旦飛黃騰達，就為非作歹，這就是耐貧賤易，耐富貴難的道理。人若勤苦，為謀生計身心俱疲，無暇顧及其他，閒散時便胡思亂想，生出許多是非，俗話說「一懶生百病」，此即安勤苦易，安閒散難的原因。孟子說「貧賤不能移，富貴不能淫」，曾國藩說「勤苦儉約，未有不興，驕奢倦怠，未有不敗」，能安於富貴，不為金錢地位擾亂心志，能安於閒散，不因安樂清閒而消磨志向，是道德修養的體現。

二一一

余最愛《草廬日錄》❶有句云：「淡如秋水貧中味，和若春風靜後功❷。」讀之覺矜平躁釋❸，意味深長。

【注　釋】❶草廬日錄　明代理學家吳與弼所著的筆記。❷靜後功　指以靜心為途徑的修養方法。❸矜平躁釋　即心平氣和的意思。矜，暴躁乖戾。

【語　譯】我最喜歡《草廬日錄》中有句話：「貧窮的滋味就如秋水那樣沖淡，靜心的修養功夫就如春風那樣溫和。」讀了這句話覺得心平氣和，意味深長。

【研析】吳與弼是明代著名的理學家，提出「身垢易除，心垢難克」，只有加強自我修養，除去各種欲念，才能保持善良的本性。如何才能去除心垢，吳與弼主張「靜時涵養，動時省察」，通過靜心修養摒棄雜念，保持內心的清明純淨。吳與弼十九歲時即棄去科舉，一生未仕，謝絕世俗交往，潛心於學問，過著清貧的生活。他以貧為樂，說：「貧而樂，未易及也。」「富貴不淫貧賤樂，男兒到此是豪雄。」晚年貧病交攻，但心中泰然，表示「誓雖寒餓死，不敢易初心」，並寫下了「澹如秋水貧中味，和若春風靜後功」的詩句，表現出高尚的道德境界。

二一二

敵加於己，不得已而應之，謂之應兵，兵應者勝。利人土地，謂之貪兵，兵貪者敗。此魏相論兵語也❶。然豈獨用兵為然哉？凡人事之成敗，皆當作如是觀。

【注釋】❶敵加於己八句　據《漢書・魏相丙吉傳》載：漢宣帝與後將軍趙充國等商議，欲乘匈奴衰弱之機，發兵討伐，使匈奴不敢騷擾西域。魏相上書諫阻云：「敵加於己，不得已而起者，謂之應兵，兵應者勝。……利人土地貨寶者，謂之貪兵，兵貪者破。」魏相，西漢人，漢宣帝時位居丞相，封高平侯。

【語譯】敵人將戰爭強加於我方，我方不得已而應戰，這就叫應兵。軍隊順應時勢而戰，就能獲勝。為占領別國的土地而發動戰爭，這就叫貪兵，軍隊為貪圖利益而戰，一定會失敗。這是魏相談論用兵時說的話。然而哪裡只是用兵是這樣呢？凡是人世間事情的成敗，都應當用這種觀點去看待。

【研析】戰爭有正義和非正義之別，敵加於己是非正義的侵略戰爭，不得已而應之是正當防禦的正義戰爭，從道義上講，正義之師必勝。掠人土地是非正義的侵略戰爭，理當失敗。為人也是如此，若無故侵犯別人，貪圖別人的財產，不會有好下場。然而世事並非如此簡單，決定戰爭勝負的因素是複雜的，元兵滅宋，清兵入關，都是侵犯者獲勝而防禦者失敗。在現實生活中，也不乏強勢者欺凌弱者的事情。

二一三

凡人世險奇之事，決不可為，或為之而幸獲其利，特❶偶然耳，不可視為常然也。可以為常者，必其平淡無奇，如耕田讀書之類也。

【注釋】❶特　只是。

【語譯】凡是人世間危險怪異的事情，絕不可去做，有時做了僥倖地獲得利益，只是偶然而已，不能認為經常是這樣的。可以經常做的事情，一定是平淡無奇的，如耕田讀書之類。

【研析】有語云「平淡是真」，平淡指人的品性渾厚淡泊，事情平常沒有曲折，風格自然不加雕琢。老子說「大道若夷」，老莊認為大道本是平坦的，事理本是樸素的，人們愛走捷徑，於是有了許多險奇之事。儒家認為道體現在日常生活之中，因此孔子不語怪力亂神，陽明心學的泰州學派提出「百姓日用即道」、「穿衣吃飯即是人倫物理」，險奇怪異之事是不符合常態的「理外之變」。中國的傳統觀念，為人處世要平易正直，做人要堂堂正正，做事要規規矩矩，若行險奇之事，雖能轟動一時，僥倖獲利，並非長久之計，平淡自然符合物理人情，才能持久。每個人赤條條來到人世，都很平常，一生或普普通通，或轟轟烈烈，最終皆歸於平淡。韓愈評賈島詩「奸窮怪變得，往往造平淡」，後人評蘇軾詩「絢爛至極，復歸平淡」，作詩如此，做人也如此。

二一四

憂先於事故能無憂，事至而憂無救於事，此唐史李絳❶語也。其警人之意深矣，可書以揭諸座右❷。

【注釋】❶李絳　唐代名臣，元和中任翰林學士，官至中書侍郎，同中書門下平章事，以直言敢諫著稱。翰林學士有修史之職，故稱唐史。❷揭諸座右　放在座位的右邊激勵自己，即「座右銘」。揭，公開；發表。

【語譯】在事情發生之前就考慮周詳，才能沒有憂患，事到臨頭再去考慮，事情就無可補救了，這是唐代史官李絳的話。這些話有深刻的警示意義，可以寫下來作為座右銘。

【研析】「憂先於事故能無憂」表現的憂患意識，是中華民族自古以來的精神傳統，《左傳》云：「居安思危，思則有備，有備無患。」即使在平安無事的環境中，也要時刻想到有出現危險的可能，隨時有應付意外事件的思想準備，這樣才能萬無一失。朱柏廬〈治家格言〉云：「宜未雨而綢繆，毋臨渴而掘井。」凡事要事先謀劃，事到臨頭再去應對就來不及了。不滿足於現狀的憂患意識，通過理性反思總結經驗教訓，從對事物的肯定中發現潛伏的矛盾，從對現狀的分析中找出事物進一步發展的要求，是對歷史必然性的精神內省，包含著對事物發展的科學預見和積極建構，體現了社會責任感和歷史使命感。

二一五

堯、舜大聖，而生朱、均❶；瞽、鯀❷至愚，而生舜、禹，揆以餘慶餘殃之理❸，似覺難憑。然堯、舜之聖，初未嘗因朱、均而減，瞽、鯀之愚，亦不能因舜、禹而掩，所以人貴自立也。

【注釋】❶朱均　堯和舜的兒子。朱，堯的兒子丹朱，名朱，受封於丹水，故名丹朱。均，舜的兒子商均，封於虞。朱、均皆荒淫傲慢，所以堯禪位於舜，舜禪位於禹。❷瞽鯀　舜和禹的父親。瞽，舜的父親，因雙目失明，故稱為瞽叟。傳說瞽叟與後妻、舜的弟弟象合謀殺害舜，舜知道後仍很孝順父親。鯀，禹的父親，因治水無功而被殺。❸餘慶餘殃之理　指《周易》所說「積善之家，必有餘慶；積不善之家，必有餘殃」的道理。

【語譯】堯、舜是大聖人，卻生了朱、均。瞽、鯀是最愚昧的人，卻生了舜、禹。用「積善之家，必有餘慶；積不善之家，必有餘殃」的道理來衡量，似乎覺得這樣的說法難以作為憑據。然而堯、舜的聖明，起初並沒有因為朱、均而受損毀，瞽、鯀的愚昧，也不能因為舜、禹而被掩蓋，所以人貴在自立。

【研　析】陳勝在聚眾起義時豪言：「帝王將相寧有種乎？」古往今來，許多成功人士皆出身寒門，而富豪子弟多有不成才者。「龍生龍，鳳生鳳，老鼠生的兒子會打洞」的血統論並無科學根據。遺傳基因有一定的作用，但重要的還是後天的努力，所以人貴自立。聖賢之門有不肖子弟，愚昧之家也能出優秀人才，《圍爐夜話》的作者由此對「積善之家，必有餘慶；積不善之家，必有餘殃」的說法產生了懷疑。此書多次提到「積善之家，必有餘慶」，並加以肯定，此條卻對此表示懷疑，觀點有矛盾之處。此書本是作者隨興而發的議論，根據不同的話題作就事論事的評析，有些觀點相左也不足為奇。

二一六

程子教人以靜❶，朱子教人以敬❷。靜者心不妄動之謂也，敬者心常惺惺❸之謂也。又況靜能延壽，敬則日強，為學之功在是，養生之道亦在是，靜敬之益大矣哉，學者可不務乎？

【注　釋】❶程子教人以靜　程子，此處指北宋理學家程顥，與其弟程頤同為宋明理學的奠基者，世稱「二程」。他們把「理」或「天理」視作哲學的最高範疇，認為理無所不在，不生不滅，是世界的本源，也是社會生活的最高準則。在窮理的方法上，程顥「主靜」，強調「正心誠意」，程頤「主敬」，強調「格物致知」。❷朱子教人以敬　朱熹繼承和發展了二程學說，建立了一個完整精緻的理學體系，成為理學的集大成者。在修養方法上，朱熹同程頤一樣，強調「格物致知」，通過體察具體事物之理，融會貫通後掌握天理。❸惺惺　清醒。

【語　譯】程子教導人們要心靜，朱子教導人們要持敬。所謂靜是心不胡思亂想，所謂敬是心經常保持清醒狀態。又何況靜能延年益壽，敬能日有長進。做學問的功夫在此，養生之道也在此。靜和敬的好處很大啊，求學的人可以不在這兩方面努力嗎？

【研　析】「主靜」和「主敬」是理學家提出的修養工夫。「主靜」是要通過靜坐摒除心中雜念，保持本性之靈活妙覺。宋代周敦頤首先提出「主靜而立人極」，程頤、程顥創立了靜坐的修養方法，明儒陳獻章說：「伊川先生（程頤）每見人靜坐，便嘆其善學。此一靜字，自濂溪先生（周敦頤）主靜發源，後來程門諸公遞相傳授，至於豫章、延平，尤專提此教人，學者亦以此得力。」「主敬」是要做到專一、定心、明理。朱熹提出「主一無適之謂敬」，「主一」即專一、專心，「無適」即不放逸、定心；又說要做到「常惺惺」，「常惺惺，心不昏昧之謂」，即理明。「主敬」最初也是程頤提出的，他說「涵養須用敬，進學在致知」，朱熹更將「主敬」之說發揮到極致，提出「敬之一字，聖學之所以成始而成終也」，「敬字工夫，乃聖門第一義，徹頭徹尾，不可頃刻間斷」，「敬者一心之主宰，萬事之根本也」，不僅把「敬」作為致知窮理、成聖成賢的根本，還將之作為一切存在的根本。

二一七

卜筮以龜筮為重❶，故必龜從筮從乃可言吉。若二者有一不從，或二者俱不從，則宜其有凶無吉矣。乃〈洪範〉「稽疑」之篇，則於龜從筮逆者，仍曰作內吉。於龜筮共違於人者，仍曰用靜吉❷。是知吉凶在人，聖人之垂戒深矣。人誠能作內而不作外，用靜而不用作，循分守常❸，斯亦安往而不吉哉！

【注　釋】❶卜筮以龜筮為重　古人占卜預測凶吉禍福，火灼龜甲，根據龜甲爆裂的紋路推測凶吉，稱為占卜，後來用其他方法預測未來，也稱卜。用蓍草占卦，根據蓍草組合顯示的卦象推算禍福，稱為筮。卜筮，指占卜的活動。龜筮，指龜甲蓍草顯示的物象。❷乃洪範稽疑之篇五句　〈洪範〉是《尚書・周書》中的一篇，相傳周滅商後，周武王向箕子請教治國方略，箕子向武王闡述了洪範九疇，即治國的九種大法。〈洪範〉是箕子談話的記錄。「稽疑」為「洪範九疇」之七，講卜筮決疑之事，其中說到「龜從，筮逆，卿士逆，庶民逆，作內吉，作外凶。龜筮共違于人，用靜吉，用作凶。」❸循分守常　遵循本分，安守常道。

【語　譯】占卜以龜甲蓍草顯示的物象最為重要，所以龜象筮象表示順遂才可以說吉。如果兩者有一項不順遂，或兩項都不順遂，那麼就應該是有凶無吉了。然而〈洪範〉中「稽疑」一篇，卻說龜象順遂筮象不順，仍然解釋為在國內做事吉利。龜象筮象都違背人的意願，仍然解釋為靜守吉利。由此可知，吉凶取決於人，聖人留給後人的訓誡很深刻啊。人們真正能在內裡用功，而不是追求外在的形式，遇到事情能夠守靜而不妄動，遵循本分，安守常道，這樣也就能無往而不利了。

【研　析】以占卜預測吉凶禍福，出自命由天定的觀念，此條以〈洪範〉為依據，提出「循分守常，斯亦安往而不吉哉」，即前述「人貴自立」之意，與荀子「人定勝天」的觀念一脈相承。

二一八

每見勤苦之人絕無癆疾❶，顯達之士多出寒門❷，此亦盈虛消長之機❸，自然之理也。

【注　釋】❶癆疾　即癆病；結核病。❷寒門　指門第寒微，出身貧困，地位低下。❸盈虛消長之機　物極必反，此消彼長的道理。盈虛，盈滿或虛空，謂事物的發展變化。消長，增減；盛衰，也指事物的變化。機，事物變化的原由。

【語　譯】常常見到勤苦的人，絕對染不上癆病，顯赫聞達的人大多出身於貧寒人家，這也是物極必反，此消彼長的道理，是事物發展變化的自然規律。

【研　析】物極必反，禍福相依，盈虛消長，往復循環，是自然規律。勤苦之人，因為從事繁重的勞作，鍛煉就強健的身體，因此很少生病；寒門子弟銳意進取，艱苦的環境養就了堅韌不拔的意志和吃苦耐勞的品格，因此能做成一番事業而出人頭地。這就是禍福相依、盈虛消長的道理。懂得禍福相依、盈虛消長的道理，就能正確認識事物的變化，樹立積極的人生態度，艱難困苦的時候不氣餒不放棄，順利得意的時候不驕傲不自滿；貧寒落魄時不依附權勢，保持人格的獨立，功成名就時不倚勢凌人，保持寬厚待人的品格；就有寬廣坦蕩的胸懷，不再為世俗之事患得患失。

二一九

欲利己，便是害己；肯下人❶，終能上人❷。

【注釋】❶下人　下於人，屈居人下。❷上人　居人之上。

【語譯】總想有利於自己，就是害了自己；肯屈居人下，最終能居人之上。

【研析】人生活在社會中，經常會與他人發生利害衝突，若凡事只想著利己，勢必會損害他人的利益，遭致他人的反對，結果孤立了自己，反受其害。一個極端利己的人，在不斷膨脹私欲的驅使下，會做出種種不道德的事情，即使能獲得眼前的利益，最終將身敗名裂。個人合法權益必須維護，若能做到利己利人，雙方共贏，是最理想的結果。肯下人一是要耐得住清貧寂寞，鍥而不捨地為實現自己的理想而奮鬥，也就是「吃得苦中苦，方為人上人」的意思，就像蘇秦懸梁刺股，刻苦讀書而最終學有所成；一是心懷高遠，不為蝸角虛名、蠅頭微利而爭強好勝，就像韓信能忍胯下之辱；一是虛心好學，就像張良為黃石公拾履而得兵法戰策。利己害己，是利害的互相轉換，下人上人，是強弱的互相轉換，體現了禍福相依、盈虛消長的道理。

二二〇

古之克❶孝者多矣，獨稱虞舜為大孝❷，蓋能為其難也；古之有才者眾矣，獨稱周公❸為美才❹，蓋能本於德也。

【注釋】❶克　能夠。❷虞舜為大孝　舜是上古五帝之一，傳說中的聖君，因其祖先居住在虞國，故稱虞舜。舜的父親瞽叟和繼母偏袒小兒子象，曾設計謀害舜，舜仍能恪守孝道。❸周公　姬姓，名旦，周武王之弟，因采邑在周（今陝西岐山縣北），故稱周公。武王死後，盡心輔助年幼的成王，平定管叔、蔡叔和武庚的叛亂，制作禮樂，建立典章制度，使周王朝的政權得以鞏固。待成王長大，周公即將政權歸還給成王。其賢能為後世所稱譽。❹美才　傑出的人才。

【語譯】古代能盡孝的人多了，只有虞舜稱得上大孝，因為他能做別人難以做到的事情；古代有才能的人多了，只有周公稱得上傑出人才，因為他的才能是以德行為根本的。

【研析】孔子說：「舜其大孝也歟！」孟子說：「舜盡事親之道，而瞽叟底豫（得到快樂），瞽叟底豫，而天下化也。」據《史記》載：舜的父親瞽叟和弟弟象都想殺死舜，有一次瞽叟讓舜到糧倉上修補屋頂，瞽叟在下面放火，要燒死舜，舜用兩頂斗笠作翅膀，從糧倉上跳下，幸免於難。瞽叟又讓舜去挖井，瞽叟和象用土填井，要把舜活埋，舜從井壁挖了一條通道逃了出來。儘管瞽叟和象要害舜，舜依然很孝順父親，當了天子後還封象為諸侯。《禮記》曰：「小孝用力，中孝用勞，大孝不匱。」大孝是無窮盡的。舜的孝順，常人難以做到，而且他身為天子，具有很大的教化作用，因此可稱大孝。

周武王死後，成王年幼，周公代成王攝政當國，為招攬賢士「一沐三握髮，一飯三吐哺」，平定叛亂，大行封建，制作禮樂，將周朝治理得井井有條。成王成年後，周公即將政權還給成王。周公不僅有治國的才能，還有高尚的道德，因此成為孔子所推崇的人物，被後世奉為聖人。

二二一

不能縮頭❶者，且休縮頭；可以放手❷者，便須放手。

【注釋】❶縮頭　畏縮而不敢出頭，比喻不敢承擔責任。❷放手　捨棄；丟掉。

【語譯】不能逃避的事情，就不要畏縮；可以捨棄的事情，就要放得下。

【研析】做人要有擔當，也就是要有責任感，遇到事情要挺身而出，不能畏縮不前。孔子說：「士而懷居，不足以為士矣。」如果一個人只想著自己，就不可能成為真正的君子。對於社會，作為一個公民，要盡到公民的義務，對於家庭，父親要盡到養育子女的責任，丈夫要盡到關懷妻子的責任，子女要盡到孝敬父母的責任。杜甫身居陋室，具有「安得廣廈千萬間，大庇天下寒士俱歡顏」的濟世情懷；范仲淹心繫天下，具有「先天下之憂而憂，後天下之樂而樂」的曠達胸襟；顧炎武關心國家興亡，具有「天下興亡，匹夫有責」的強烈責任心，這些都是有擔當的君子。做事要「拿得起，放得下」，拿得起是敢於負責，敢於做應該做的事情，放得下是不可過於執著於某些事情。比如做一件事情，儘管你已經付出了許多精力，當你發現這件事情不值得去做，或不能這樣做時，要斷然放下，改弦更張，去做別的事情，或換個方法去做。放得下是要看輕是非得失，要有曠達的胸懷和瀟灑的態度，若過於執著於某一件事情，如為追逐功名利祿而不擇手段，為沽名釣譽而弄虛作假，為虛幻的愛情癡心不改，名利、榮譽、愛情就像沉重的包袱，壓得人喘不過氣，這都是放不下的害處。

二二二

居易俟命❶，見危授命❷，言命者總不外順受其正❸；木訥近仁❹，巧令鮮仁❺，求仁者即可知從人之方。

【注釋】❶居易俟命　意謂在平安的時候聽天由命，順應事態的自然變化。語出《中庸》：「故君子居易以俟命，小人行險以僥倖。」居易，平安；平易。俟命，等候命運的安排。❷見危授命　在危難的關頭勇於獻身。語出《論語‧憲問》：「見利思義，見危授命。」❸順受其正　順從天命，接受命運的正常安排。語出

《孟子・盡心》：「莫非命也，順受其正。是故，知命者不立乎巖牆之下。」❹木訥近仁　木訥的人與仁相近。語出《論語・子路》：「剛毅木訥，近仁。」木訥，質樸而不善辭令。❺巧令鮮仁　用花言巧語和媚態偽情來取悅於人，就很少有仁德了。語出《論語・學而》：「巧言令色，鮮矣仁！」巧令，巧言令色的略語。巧言，花言巧語。令色，偽善、諂媚的臉色。

【語　譯】處於平安的境況下聽從命運安排，在危難的時刻勇於獻出自己的生命，講命的人總不外乎順從天命正常的安排；稟性質樸、不善言辭的人與仁相近，花言巧語、神色諂媚的人缺少仁德，尋求仁德的人由此可知向人學習的方法。

【研　析】居易俟命，就是安時處順的意思，即順應自然，聽從命運的安排。《莊子》曰：「安時而處順，哀樂不能入也。」人生在世，都受到時代和環境的侷限，不可能為所欲為，也不可能事事如意，要接受現實，放棄不切實際的幻想，只有居易俟命，安時處順，才能心地坦蕩，淡然面對是非得失，做到「哀樂不能入」。居易俟命，並不是無所作為，而是要「見危授命」，在危難的時候挺身而出，敢於擔當。明代高啟在〈缶鳴集序〉中說：「天下無事時，士有豪邁奇崛之才而無所用，往往放於山林草澤之間，與田夫野老沉酣歌呼，以自快其意，莫有聞於世也。逮天下有事，則相與奮臂而起，勇者騁其力，智者效其謀，辯者行其說，莫不有以濟事業而成功名。」這就是居易俟命，見危授命。

質樸木訥的人，忠實誠信，待人寬厚，有仁愛之心。巧言令色的人，表面上偽善恭順，滿肚子陰謀詭計，處處為自己的私利算計別人，所以孔子說：「巧言令色，鮮矣仁。」

二二三

見小利，不能立大功；存私心，不能謀公事。

【語譯】只看到蠅頭小利的人，不能建立大的功業；存有私心的人，不能謀劃公眾的事情。

【研析】《論語》載：「子夏為莒父宰，問政。子曰：『無欲速，無見小利。欲速則不達，見小利則大事不成。』」做事情要有大局觀念，不能貪圖眼前的小利。世上的事情總是有得有失，有其利必有其弊，倘若貪圖小利，往往會損害整體的利益。朱熹《論語集注》說：「見小者為利，則所就者小，而所失者大矣。」存私心者，做事只從自己利益考慮，自然不能真心實意地為民眾謀福利。

二二四

正己❶為率人❷之本，守成❸念創業之艱。

【注釋】❶正己　端正自己的思想、言行。❷率人　為人表率。❸守成　即守業，保持祖先遺留下來的事業。

【語　譯】端正自己是為人表率的根本，守業要想到創業的艱難。

【研　析】身教重於言教，對於領導而言，只有作出表率，才能立威駕馭下屬，孔子說：「其身正，不令則行；其身不正，雖令不從。」唐太宗說：「若安天下，必須先正其身。未有身正而影曲，上治而下亂者。」蘇軾說：「威不可立也，惟公則威；明不可作也，惟虛則明。」對於家長和教師而言，要對子弟進行道德教育，糾正子弟品德不良的種種傾向，需要借助於道德形象。伴隨著道德形象的出現而產生的情感體驗，左右著子弟的行為。這類道德形象，可以是歷史上的英雄豪傑，可以是現實中的先進人物，可以是文藝作品中的典型形象。然而，最直接、最常見、也最容易產生影響的，則是家長和教師自己的形象，因此古人說：「教子貴以身教，不可僅以言教」。

《資治通鑑》載：「上（唐太宗）問侍臣：『創業與守成孰難？』房玄齡曰：『草昧之初，與群雄並起角力而後臣之，創業難矣！』魏徵曰：『自古帝王，莫不得之於艱難，失之於安逸，守成難矣！』上曰：『玄齡與吾共取天下，出百死，得一生，故知創業之難。徵與吾共安天下，常恐驕奢生於富貴，禍亂生於所忽，故知守成之難。然創業之難，既已往矣，守成之難，方當與諸公慎之。』」創業難，守成不易。俗話說：「前人栽樹，後人乘涼」，先輩通過艱辛的努力創立起事業，後人坐享其成，體會不到一切來之不易，不知道珍惜先輩用血汗換來的成果，滋生驕奢淫逸的習氣，就會將祖業敗光。只有時刻牢記先輩創業的艱難，並以此警策自己，繼承先輩艱苦奮鬥的精神，不斷努力進取，才能守住先輩留下的事業，並將之發揚光大。

二二五

在世無過百年，總要作好人、存好心，留個後代榜樣；謀生各有恆業，那得管閒事、說閒話，荒我正經功夫。

【語譯】人生在世不超過百年，總要做個好人，存有一顆好心，留給後代一個榜樣；謀生各有自己的職業，哪有時間管閒事、說閒話，荒廢我做正經事的功夫。

【研析】在世無過百年，如何實現自己的人生價值，是每個人都必須考慮的問題。不同的時代，不同的個體，人生價值有不同的標準，但最基本的尺度，是個人的行為是否符合社會發展規律，是否通過實踐促進了社會的進步，是否用自己的勞動對社會和他人做出貢獻。然而，這些評判標準只是對人們行為結果的評判，對個體而言，如果能做好自己，就是對社會有益，盧梭說「人的價值是由自己決定的」，首先要對自己負責，實現了自身的價值，才能對社會有貢獻。而要實現自身的價值，最起碼的就是存好心、作好人。一個人的能力有大小，對社會的貢獻也不相同，但只要做個好人，做一個有益於社會，有利於親朋的人，就體現了人生價值。

人生苦短，光陰易逝，有許多正經事等著我們去做，沒有時間去管閒事、說閒話。魯迅說「浪費別人的時間就是謀財害命」，浪費自己的時間就等於自殺。管閒事、說閒話容易惹出是非，若引起糾紛，就會耗費更多的時間和精力。然而，事情總有其另外一面。一個人應該珍惜時間去做與生計有關的事情，但不可能整天工作而不說一句閒話，不做一件閒事，而且有些閒事、閒話並不是毫無意義的無聊事、無聊話。有些人樂於助人，為人排難解困，往往被別人說愛管閒事；有些人愛發議論，敢於批評社會不良風氣，往往被別人說愛講閒話。如果沒有這樣的閒事、閒話，社會就失去了公道和正義。

文學的・歷史的・哲學的・宗教的　古籍精華　盡在三民

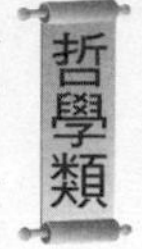今注新譯叢書

哲學類

新譯四書讀本
新譯論語新編解義
新譯學庸讀本
新譯孝經讀本
新譯易經讀本
新譯乾坤經傳通釋
新譯周易六十四卦經傳通釋
新譯易經繫辭傳解義
新譯禮記讀本
新譯儀禮讀本
新譯孔子家語
新譯老子讀本
新譯帛書老子
新譯老子解義
新譯莊子讀本
新譯莊子本義
新譯莊子內篇解義
新譯列子讀本
新譯管子讀本
新譯墨子讀本
新譯公孫龍子
新譯晏子春秋
新譯鄧析子
新譯荀子讀本
新譯尹文子
新譯尸子讀本
新譯鶡冠子
新譯鬼谷子
新譯韓非子
新譯呂氏春秋
新譯韓詩外傳
新譯淮南子
新譯春秋繁露
新譯新書讀本
新譯新語讀本
新譯潛夫論
新譯論衡讀本
新譯申鑒讀本
新譯人物志
新譯張載文選
新譯近思錄
新譯傳習錄
新譯呻吟語摘
新譯明夷待訪錄

文學類

新譯詩經讀本
新譯楚辭讀本
新譯文心雕龍
新譯六朝文絜
新譯世說新語
新譯昭明文選
新譯古文觀止
新譯古文辭類纂
新譯樂府詩選
新譯古詩源
新譯千家詩
新譯詩品讀本
新譯花間集
新譯南唐詞
新譯絕妙好詞
新譯唐詩三百首
新譯宋詩三百首
新譯宋詞三百首
新譯元曲三百首
新譯明詩三百首
新譯清詩三百首
新譯清詞三百首
新譯唐人絕句選
新譯拾遺記
新譯搜神記
新譯唐才子傳
新譯唐傳奇選
新譯宋傳奇小說選
新譯明傳奇小說選
新譯容齋隨筆選
新譯明散文選
新譯明清小品文選
新譯人間詞話
新譯白香詞譜
新譯幽夢影
新譯菜根譚
新譯小窗幽記
新譯圍爐夜話
新譯郁離子
新譯歷代寓言選
新譯賈長沙集
新譯揚子雲集
新譯建安七子詩文集
新譯曹子建集
新譯阮籍詩文集
新譯嵇中散集
新譯陸機詩文集
新譯陶淵明集
新譯江淹集
新譯庾信詩文選
新譯初唐四傑詩集
新譯駱賓王文集
新譯王維詩文集
新譯孟浩然詩集
新譯李白詩全集
新譯李白文集
新譯杜甫詩選
新譯杜詩菁華
新譯高適岑參詩選
新譯昌黎先生文集
新譯劉禹錫詩文選
新譯柳宗元文選
新譯白居易詩文選
新譯元稹詩文選
新譯李賀詩集
新譯杜牧詩文集

新譯李商隱詩選
新譯范文正公選集
新譯蘇洵文選
新譯蘇軾文選
新譯蘇軾詞選
新譯蘇轍文選
新譯曾鞏文選
新譯王安石文選
新譯唐宋八大家文選
新譯柳永詞集
新譯李清照集
新譯辛棄疾詞選
新譯陸游詩文選
新譯歸有光文選
新譯唐順之詩文選
新譯徐渭詩文選
新譯薑齋文集
新譯顧亭林文集
新譯納蘭性德詞
新譯方苞文選
新譯鄭板橋集
新譯袁枚詩文選
新譯李慈銘詩文選
新譯聊齋誌異選
新譯閱微草堂筆記
新譯浮生六記
新譯弘一大師詩詞全編

教育類

新譯爾雅讀本
新譯顏氏家訓
新譯聰訓齋語
新譯曾文正公家書
新譯三字經
新譯百家姓
新譯幼學瓊林
新譯增廣賢文・千字文
新譯格言聯璧

歷史類

新譯史記
新譯漢書
新譯後漢書
新譯三國志
新譯資治通鑑
新譯史記——名篇精選
新譯尚書讀本
新譯周禮讀本
新譯逸周書
新譯左傳讀本
新譯公羊傳
新譯穀梁傳
新譯春秋穀梁傳
新譯戰國策
新譯國語讀本
新譯說苑讀本
新譯新序讀本
新譯吳越春秋
新譯西京雜記
新譯列女傳
新譯越絕書
新譯燕丹子
新譯東萊博議
新譯唐六典
新譯唐摭言

宗教類

新譯金剛經
新譯高僧傳
新譯碧巖集
新譯百喻經
新譯楞嚴經
新譯梵網經
新譯圓覺經
新譯法句經
新譯六祖壇經
新譯禪林寶訓
新譯維摩詰經
新譯經律異相
新譯阿彌陀經
新譯無量壽經
新譯妙法蓮華經
新譯景德傳燈錄
新譯大乘起信論
新譯釋禪波羅蜜
新譯八識規矩頌
新譯永嘉大師證道歌
新譯華嚴經入法界品
新譯地藏菩薩本願經
新譯悟真篇
新譯无能子
新譯坐忘論
新譯列仙傳
新譯抱朴子
新譯神仙傳
新譯性命圭旨
新譯老子想爾注
新譯周易參同契
新譯道門觀心經
新譯養性延命錄
新譯樂育堂語錄
新譯沖虛至德真經
新譯長春真人西遊記
新譯黃庭經・陰符經

地志類

新譯山海經
新譯水經注
新譯佛國記
新譯大唐西域記
新譯洛陽伽藍記
新譯徐霞客遊記
新譯東京夢華錄

政事類

新譯商君書
新譯鹽鐵論
新譯貞觀政要

軍事類

新譯孫子讀本
新譯司馬法
新譯尉繚子
新譯三略讀本
新譯六韜讀本
新譯吳子讀本
新譯李衛公問對